関係の原像を描く

「障害」元学生との対話を重ねて

篠原睦治 編著

現代書館

関係の原像を描く

——「障害」元学生との対話を重ねて——

目次

装幀　若林繁裕

〈対話〉をはじめるにあたって

ぼくは、一九七三年春から和光大学（東京都町田市）に勤務してきたが、昨春（二〇〇九年）で、定年（七十歳）退職を迎えた。三十六年間、ここで教員生活をしたことになる。ぼくの専攻分野は何かと聞かれると正直困るのだが、学歴・職歴上、特殊教育と臨床心理学と答えてきた。大学院を出て、東京教育大学特殊教育学科で五年ほど助手をしていたが、この職場に勤務するころには、「障害の種類・程度別に分けて教育すること」、「私たちの行動を個人の心に還元して理解すること」、「他者の心を操作すること」などに疑問を持ち出していたので、特殊教育と臨床心理学を問題化しながら考えるというのが、ぼくの主なる関心事になった。

在職中、そんな問題意識を引きずりながら、「臨床心理学」、「障害児・者問題試論」、「手話・点字とコミュニケーション」「心理学の社会史」「現代社会と生命観」などの授業を担当してきた。三十六年間続いたものもあれば、二十一世紀に入ってから開講したものもある。なお、上記のうち、「手話・点字とコミュニケーション」、「現代社会と生命観」は同僚教員との共同授業だった。ゼミナールでは、これらの授業に参加しながら触発されて、三年生、四年生、そして卒論へと、ぼくと丁寧に付き合ってみようと思う学生等々が集まってきていた。

また、九〇年代前半までだが、ぼくは、学生生活主任や学生生活部長の立場などで、教職員と学生たちで協議する学内組織「障害学生の生活等に関する懇談会」に参加して、「障害」学生と「健常」学生、そして教職員が「生き合い学び合う」キャンパスをどのように創っていくかについて、一緒に模索してきた。

退職を間近にして、ぼくは、これらの時間と場所のなかで体験し思索したことを、当時の「障害」学生たちと再会して振り返ってみたくなった。そして、彼、彼女らが、現在、どのような立場で、どのような問題・課題にぶつかっているかも知りたくなった。

あのこと、このことに関わって、次々と思い出した面々は沢山になった。何人かは、卒業以降も何かと一緒に考えてきたが、何人かは、連絡不能だった。結局、有り難いことに、十七人の者たちに会うことができた。

ぼく自身は、「障害」者は「健常」者中心社会のなかで作り出される相対的・関係的概念だと考えてきたし、したがって、「障害者」問題は『健常』者と『障害』者の関係」問題であるとこだわってきた。もちろん、今回の対話者のなかには、そのように考える者もいるし、そのように考えない者もいる。だから、対話者とぼくは共鳴し合ったりせめぎ合ったりしている。

特に、多くの対話者が語っているが、「障害者」問題には、「さまざまな『障害』者同士の関係」問題もある。これは、確かに、本書が紹介する山場の一つなのだが、「障害者」問題をあえて「『健常』者と『障害』者の関係」問題と強調したのは、ぼく自身が大学教員であるという立場も含めて「健常」者社会・文化のあり方を問い直すことにこだわってきたからである。したがって、「さまざまな『障害』者同士の関係」問題にしても、ここへの一つの回路として味わい尽そうとしてきた。

ところで、この「障害」元学生との〈対話〉は、これらの問題を、主にはお互いが大学で体験した諸事態、諸問題のなかで振り返っているのだが、とすれば、大学は、彼、彼女らに対して、どのように開いてきたか、さらには、彼、彼女らによってどのように開かれてきたかを考えることになる。八〇年代当初、ぼくは、職場での体験を踏まえて、大学論としてこの問題を論じたことがある[1]が、今回も、そのような問題意識を持っていて、今回は、対話者たちとそのことを考えている。

〈対話〉を振り返って、ぼくは、対話者たちが、当時からはじまって現在に至るまで、さまざまな新鮮かつ刺激的な問題提起をしてきたことに感動し、感謝を禁じえないでいる。そして、今回も、彼、彼女らと一緒に考えられたことを誇らしく思っている。そんなわけで、この本が発するさまざまな問い掛けや提案は、〝私たちのメッセージ〟になっている。さまざまな立場、分野の皆さんにとって興味深いものになっていればと願う気持ちでいっぱいである。

現代書館社長、菊地泰博さんには、本書の出版を引き受けていただいた。そして、かつてのゼミ生下河辺明子さんには、本書の編集担当として熱心に伴走していただいた。お二人に感謝したい。

昨春、卒業生の企画で「篠原睦治さん退職記念授業『障害児・者問題試論』三六年」が行なわれたのだが、そのときの呼びかけ人代表の榎本達彦さんには、本書の作成過程にも丁寧に付き合ってもらった。ありがとう。

かつての同僚で教育史研究者、中野光さんには、和光大学の草創期と梅根悟初代学長の思想に関わる貴重な情報とご意見をうかがうことができた。お電話でのことだったが、なつかしく有り難いときだった。

また、妻洋子には、余りにも長い間、本書の集約に至る教員生活と、本書完成への過程を支えてもらった。感謝の気持ちを記したい。

〈追記〉

※〈対話1～16〉は、対話者たちが入学してきて、ぼくが出会った順に並べた。そのことによって、本書に登場したいくつものテーマにそって、問い掛けと応答の連鎖、循環の流れが見えやすくなると考えた。

※本書では、「障害者」は、「障害」者、「身体障害」者、「視覚障害」者、「聴覚障害」者などと表記することが多い。また、「ろう文化宣言」(一九九五年)の文脈では、ろう者、聴者と表記することがある。しかし、個別、具体的な場面では、「歩ける」者、「見える」者、「聞こえる」者などとの関係で、「歩けない」者、「見えない」者、「聞こえない」者などといった具合に表記した。なお、権利保障論やノーマライゼーション、メインストリーミングなどの文脈では「障害者」にカッコを付けずに、そのまま使う場合がある。といって、このような約束に基づいてすべて的確に表記できたか自信がない。要は、その表記が置かれる文脈が重要と

考えていただきたい。なお、表記をめぐる詳しいことに関しては、「終わりに——〈対話〉を振り返って」で考えている。

※本書によく登場する舞台に、授業「障害児・者問題試論」、授業「手話・点字とコミュニケーション」、「障害学生の生活等に関する懇談会」、学生サークル「障害者問題を考える会」がある。煩瑣《はんさ》を避けるために、多くの場合、それぞれ「障問《しょうもん》試論《しろん》」、「手話・点字」、「障懇《しょうこん》」、「障問会《しょうもんかい》」と略称する。

※敬称は、お互いの関係で呼び慣わしてきたものをそのまま表記した。したがって「先生または篠原さん」「○○君または○○さん」になる場合が多い。また、ぼくや対話者が関わった者たちに言及している場合は、当時における通称のままにした。読書の皆さんには、お見苦しい印象を与えないかと気がかりだが、旧知の者同士の対話という性格上、お許しいただきたい。

（1）篠原「大学論としての『障害者』問題——和光大学での体験と思索」和光大学人文学部紀要一四　一九八〇年五二〜六六頁

第I部

バリアフリー化を問いつつ「共用」を探る

〈対話1〉新井健司さんと振り返る

「見えない」まま学ぶこと・働くこと

筑波移転と学会闘争の渦中で

一九七三年の春、ぼくは、東京教育大学特殊教育学科の助手を辞めて、和光大学人間関係学科所属の教員になった。もともと、特殊教育と関わって心理臨床や教育相談を行っていて、研究業績もそれなりにあり、研究職（助手）で給料をもらう身になっていた。助手になったのは一九六九年の春だが、まもなく、学内は筑波移転問題で大荒れになっていったし、ぼくの所属していた臨床心理学会は、「『臨床心理士の資格化』は『される』側にとって役に立つのか」という問いを軸に、大揺れに揺れだしていた。ぼくは蛍光灯みたいなところがあって、自分の視点・立場を定めるのに、いささか時間を要するのだが、それでも七〇年代に入るにつれて、「筑波移転」にも「資格化」にも反対を表明するようになっていった。

そして、ぼくの関わっていた領域で言えば、問われていることは、当時の用語で、「精神薄弱児」とか「学力不振児」とか「情緒障害児」とか「問題児」とか言われる子どもたちやその親たちを対象とする「心理臨床」「教育相談」そのものであった。

助手時代、「特殊教育臨床」と関わって二つの大きな体験をした。一つは、特殊学級適当かどうかを判断するための知能テストなどを実施したときに、特殊学級に送られることに対する怒りと悲しみを表して、「オレ、『普通（学級）』に行きたい」と叫んだ子どもたちに出会ったことである。もう一つは、兵庫県が、羊水チェックでダウン症など障害胎児を発見し、人工妊娠中絶することを、指導・助言して経済的にも支援するという、「不幸な子どもが生まれない」施策を実施すると発表したことである（一九七二年）。

そんななかで、一九七二年春、ぼくは、共鳴する親、教師、学生たちと合いはからって、「勉強ができてもできなくても、地域の普通学級に行こう」と呼び掛けつつ、「教育を考える会」を開くことにした。ぼくの側から言えば、「教育相談の公開と共同化」ということだったが、これが子供問題研究会の出発である。(1)(2)(3)(4)(5)

「臨床心理学実習」はお断りして

東京教育大学を閉鎖して、そこを土台に筑波大学を新設することを決定したことに伴って、各教職員は身の振り方を考えだすのだが、ぼくは、そのときまでの自分の言動からしても、その大学に行きたくなかったし、行くことができないと思っていた。和光大学は、ぼくのそんな立場も知った上で拾ってくれたのである。経済的にも精神的にもとても有り難いことだった。

このとき、ぼくは、「臨床心理学」「障害児心理学」を講ずることができるスタッフとして採用された。どうやら、学科の教員たちのなかには、それらを批判的に論じられる人として期待する層と、まともに教えてほしいと思っていた層があったようで、ぼくは当初から、後者の人たちを裏切ることになった。すなわち、打ち合わせの冒頭、当時すでにあった心理テストやカウンセリングの知識・技術を身に付けるための「臨床心理学実習」の担当を要請されたとき、これはやりたくないと拒否し、むしろ「障害児・者問題試論（以下、障問試論）」を開設したいと伝えた。ただ、講義「臨床心理学」は、臨床心理学を要請する歴史的・社会的事情を探りながら、そこに盛り込まれている「障害・病気」観や「治すこと・直ること」を考え直すために、そのまま引き受けた。

「障害児・者問題試論」開講のころ

「障問試論」が開講された七〇年代当初を振り返ると、脳性マヒ児のわが子を母親が殺してしまい、その母親に同情して、減刑嘆願運動が起こったことに対して、脳性マヒ者の全国組織「青い芝の会」が「母よ！　殺すな」と、この運動を批判する運動を起こしている（一九七〇年）。また、自分たちを乗車拒否する公共交通機関、バスの前に発車直前に座り込んで抗議しているし、これらの事態を盛り込んだドキュメンタリー映画『さようならＣＰ』の上映運動がはじまっている（一九七二年）(6)。

さらには、優生保護法「改正」の動きが出てきている。その内容は、同法第一条の「不良な子孫の出生防止」を再確認して、中絶可能条項として「重度障害胎児」を新たに加え、そこから「経済的理由」を削除しようとするものだった。このとき、女性解放の視点からは、後者のことに焦点が当てられつつ反対運動が起こったし、「青い芝の会」など障害者運動の側からは、前者のことが問題化された。

「障問試論」も、このような状況と無縁ではなく、ある日の授業には、女性解放の視点から優生保護法「改正」に反対する学生グループが突如登場して、この問題を考えよ、と迫ったことがある。もちろん一緒に考えたが、ぼくなどは、「重度障害胎児」問題も重ねて考えなくてはならないと加えた。世間の運動でも、とかく対立しがちな「改正」反対の二つの視点だが、その後、世間の運動でも、ぼくらの授業でも、この二つの視点を同時に抱えながら、考え続けることになる。

もう一つの思い出を書き記しておく。「身体障害」があることを理由に、長年にわたって、地元の学校から入学を拒否され続けて、三十歳近くになって、地元の小学校に入りたいとの長年の思いで就学運動を起こしていた八木下浩一さんとは、すでに助手時代から知り合っていたが、彼から、この授業の開講にあたって、「青い芝の会」の東京のリーダー、若林さんにアドヴァイザー的に関わってもらったらどうかの提案を受けた。当時、ぼくは、臨床心理学会改革運動のなかで、「『される』側に学び、『される』側と共に」という姿勢と方法で、「臨床心理学」や「障害児心理学」を再考しようと願っていたので、この提案を快諾した。学科は、その趣旨を理解し、彼の交通費負担だけを約束してくれた。

ところが、あるとき、あるところから、「篠原は、自分の授業のために、『障害者』を利用している、けしからん」という話が飛び込んできた。当初、意外なことを聞いて不快だったが、よく考えてみると、ぼくは、彼をただ教材として扱っていたような気がしてきたし、非常勤講師並みの賃金も払っていなかったのだから、そのことは否めないと気付いたので、あくる年からはお断りした。以後、ぼくは、学生であろうとなかろうと、「健常」者であろうと「障害」者であろうと、その教室に登場するひとであれば、誰とも一緒に考えるという軸にこだわってきた。

読書権の主張と対面朗読室の開始

第一年度の授業に、明確な問題提起をした「視覚障害」学生がいた。新井《あらい》健司《けんじ》さんといって、彼は、ぼくより先に、この大学にいて、このとき四年生だった。彼および彼の仲間は、「視覚障害者の読書権」の保障を要求して、すでに、大学図書館に対面朗読制度を開始させていた。

篠原　読書権や対面朗読制度の思い出を話してくれますか。

新井　ぼくが読書権運動の影響を受けたのは、二年先輩の田辺さんからです。田辺さんは、当時、川崎市で盲人図書室事業に関わっていた弱視の市橋正晴さん（故人）たちと、視覚障害者読書権保障協議会を立ち上げているんですね。具体的には、七〇年代当初に、日比谷図書館を視覚障害者にも使えるようにという運動からはじまりました。

それが広がっていくなかで、和光でも、田辺さんが呼び掛けだすんですね。「せっかくこれだけの図書を備えていて、我々が利用できないのはおかしいよね」という話を聞いて、当時ぼくは、障害者問題研究会というサークルに入っていたので、サークルとして図書館利用を求める運動をしようという話になりました。

具体的には、対面朗読制度を作れということですが、無料奉仕では私たちが気兼ねするんで、権利としての読書という考え方に立って、かならず朗読をする人には謝礼を支払ってほしいという要求をしました。世間では、「有償ボランティア」という言葉は当時からあったのですが、私達は「ボランティア」という言葉に疑問をもっていたので、できれば図書館職員の仕事としてやってほしいと思っていました。しかし、それは現実には難しいだろうということで、場所の確保と、アルバイト程度で働いてくれる学生を探すことをしてもらいました。

篠原　その交渉はスムーズにいったの？

新井　かなりスムーズにいったと思いますよ。

篠原　当時の図書館長は、杉山康彦先生だったよね。

新井　そうですか、ちょっと憶えていないんですが、事務長が笹田さんで、親身に対応してくれました。対面朗読は週に二時間ぐらいからはじまって、卒論などで沢山本を読まなきゃいけない人には、週四時間はありましたね。時給はいくらか憶えていないけど、当時大学が学生に支払うバイトの賃金が基礎だったと思いますよ。

また、自分たちのレポートなど提出物については、点字で受け取れという要望をしましたね。なるべく点字で試験を受けさせ、点字の解答については、プライバシーの面から言うとよくないけど、大学は、点字の読める学生に読ませていましたね。あるいは、学生じゃなくて、ボランティアだったかもしれませんが。ただ、私の卒論を墨字（「見える」側が普段に書いたり印刷したりする文字）に直した学生を知っていますから、点字のできる学生に委託していたことは事実ですね。

篠原　これも、図書館が窓口だったんですか。ぼくが着任した以降は、学期末のレポートなどに関しては、教務課が担当していたよ。

新井　レポートについては、当時も教務課でした。

「見えない」学生のレポートに付き合いながら

篠原　新井君より後輩なんだけれど、やはり、「見えない」久保田さん（対話3）が、ぼくに出した自分の点字レポートが教務課経由で墨字化されるのは、自分の思想や考えを、篠原に直接伝えたいのに、誰かに読まれるのでいやだと言ったのね。ぼくは、その趣旨がわかったから、困ったね。テープに吹き込んでもらったものを聞いたりしたなぁ。娘が点字を読めるようになってからは、娘に託して墨字にすることだけは勘弁してほしいと言いながら、その後、何年か、そんなふうにやったよ。

新井君は、他の学生にはいつもの教室で、レポートを書いてもらいながら、別室に呼びだして、面接をしたんだよね。点字ができないぼくなりの工夫だったんだけど、振り返ると、「一人だけ別室」という特別扱いはいままでも気になっているんだけど、どう思いますか。

新井　やはり点字で出せることが有り難かったですね。そして、第三者が読むことには抵抗がありました。直接先生が読んでいただければ、有り難いと思いますね。妥協案としては、書いたレポートを、その場で私が読み上げて、それにコメントをいただければ、第三者が入らなくてもできるという思いはありました。そうやった語学の教員もいまして、試験の後で別室に呼ばれて、「解答を読んでください。それを基に採点しますから」と言われました。

篠原　教員によっては、君の点字レポートは受け付けないよとか、墨字にすべきだとか、そういう言い方をする人もいたの？

新井　「何とか私に読めるレポートを書けませんか」と言われた教授がいました。「タイプライターはどう？」って。あまり得意ではないけど、英文タイプならできるけど、ローマ字でよければ出すと言って出したことが、一度ありましたね。

篠原　どの教員も、「視覚障害」学生の存在を無視している様子はないね。教員の側にも、いろんな試行錯誤があったのだと、いささか自己弁明的だけど、そう言ってしまっていいかなあ。

新井　そう思いますね。

対面朗読制度の限界を超えるために

篠原　話を対面朗読室のことに戻させてもらいます。当時の議論にもあったと思うけれど、対面朗読制度の充実を誰もが言うことで、普段のゼミや友人の関係のなかで、お互いが読み合うことを忘れちゃっているんじゃないかという問題提起があって、共鳴したことがあるんだよ。また、対面朗読室では、教科書や専門書など、かたい本を読んでもらうし読んであげることになる。それじゃあ、娯楽本はどうするかってね。その辺、どう考えますか。

新井　大学が保障する対面朗読は、最低限勉強に必要な本を読むための制度であると理解しています。ですから、それがあればすべて解決というわけじゃないし、お互いが読み合う関係は大事だと思いますね。

篠原　新井君は、そういう関係をどうやって作ってきたの？

新井　学生時代には、そういう友人はあまりいなかった。就職後には、個人的にボランティアを頼む形で、好きな本を読んでもらうとか、これは制度でも何でもなくて、謝礼もないまま、たまたま共鳴してくれた人に読んでもらっていた時期がありましたね。娯楽本なども、いまでは点訳されたものがずいぶんあって、データベース化されているので、他人に気兼ねしないで一人で読めますよ。

その当時、教科書を持って授業に出ることは少なくて、確実に点訳したのは語学のテキストと、ゼミや専門科目のための一部の専門書ぐらいでした。大抵、講義を聞いてメモを取るんです。その程度でも、最後にレポートを出す前に、少しまとめて図書館で本を読んだりすれば、レポートぐらいは何とか書けました。語学だけは点訳テキストがないと、まったく参加できなくなっちゃうんで、これだけはほとんど無料のボランティアに頼んで作ってもらっていました。

篠原　英文テキストを点訳する人たちは、どういうふうに頼んできたの？

新井　これは、先輩とのネットワークで紹介してもらいました。私がいちばんお世話になった点訳者は、ミッション系の女子大を卒業されて、学生時代に覚えられたようですが、英語の点訳ができるボランティアさんでした。その方に、かなりたくさん作ってもらいましたね。それでも間に合わない本については、二つ年下の弟や父親がテキストを読んでくれて、自分でそれを点字にしました。

篠原　その方はまったく無料報酬？

新井　はい。でも、親が気にして、ときどき贈り物はしていました。

篠原　「善意で」とか「好意で」とか「無報酬で」とか言うと、障害者の学習権の保障という観点からは、これでは駄目、もっともっと制度化しなくてはとなる。ぼくは、このような制度化を否定するつもりはないけれど、新井君が体験してきたような直接的な人間関係のなかで、ボランティアとか言わずに、読んだり書いたりするということがあるほかないし、あったほうがいいと思うんだけれど、どうですか。それにしても、制度化が進行するにつれて、逆比例的に、このような関係が後退していると感じるんだけど、あなたの経験ではどうですか。

新井　点字ブロックが敷設されると、ブロックの上までは案内して、そこからは一人で行ってくださいと手を離す人がいますが、読み書きに関しては、そこまで露骨ではないと思いますね。頼めば、読んだり書いたりしてくれる人はいますよ。

新井さんのキャンパス・ライフについては、入試試験の点訳・墨訳作業に関わったこと、小説を書き出したことなど、さらにいくつか紹介したいことがあるが、割愛して、このキャンパス・ライフ以前と以後の話に進もう。

盲人ルートから飛び出したいと、大学へ

新井　盲学校では高等部まで普通科でした。卒業の時点で、マッサージ、鍼灸などを勉強する気は起こらなかったし、卒業が近づいてきても、まだまだ職業を決めたくなかった。そのまま理療科に進めば、その仕事しかないと思って、職業選択の時期を四年間延ばすために大学に入ったようなものです。また、盲学校は閉鎖社会だから、社会人になる前に、ステップとして、何千人という人と触れ合える場所に行きたかった。

篠原　用意された盲人のルートから飛び出したい、そこが大学であると考えたのね。

新井　はい。

篠原　いまでも、そうかもしれないけれど、当時の東京教育大附属盲学校は、全国からの「エリート」が結集していたところだよね。だから、「大学へ」の思いも当然のようにあったわけだ。それにしても、東大や早稲田などは、まだ開いていなかったから、おかげで、和光には勉学意欲も問題意識も旺盛な若者たちが何人も来てくれた。この辺りのことは、養護学校出身の天野君たちが大学に来る場合とはまったく違いますね（対話2）。

新井　早稲田は、二部に入学した「視覚障害」者がいたはずですけど。私のいたころの和光でも、車イスの学生は拒否されていました。受験もできなかったんです。脳性マヒの方でも、自力または杖で歩行できる何人かはいましたけれども。ろうの人はもういましたね。私のちょっと後輩で教育大附属聾学校から来た人でした。彼女は

口話はできたけれど、手話のほうが得意でしたね。彼女にとっては、授業に出るより図書館で勉強するほうが、知識の吸収という点ではむしろ意義があったようですよ。そして、やはり東京教育大附属の桐が丘養護学校や都立光明養護学校から来た方もいました。

篠原　いろんな学校から来ていたんだね。ただ、伝統あるエリート校に限られていた。いずれにしても、これらの事実は、初代の梅根学長が、「何もできないけれど、よかったら、どうぞ」といった、ぼく流に言えば、障害者に〝閉じない〟姿勢を表明したことの結果だと思うのね。その分、車イスの学生だけは七〇年代半ばになるまで、いなかった（対話2）。彼らには、特別な施設・設備が必要で、金が掛かると考えていたからだよ。

川崎市盲人図書館へ、そこで二十二年間

篠原　ところで、卒業後は、どうなったんですか。

新井　四年間勉強して、一応英語の教員免許は取りました。当時、東京と神奈川の採用試験は受けられたけれど、千葉は完全に拒否されました。埼玉は受験を認めてくれたけれど、口頭出題・口頭解答でした。それで、東京と埼玉を受けたんですが、どちらも駄目でした。

それで、大学の進路指導課から、履歴書に大学の推薦書を添えて、首都圏の主だった点字図書館に送ってもらいましたが全滅でした。そのときに、川崎市盲人図書館で、職員募集をするという話が飛び込んできたのですね。

篠原　その情報は、どのように来たの？

新井　社会福祉会館に勤務して、盲人図書室事業をやっていた市橋さんから、田辺さん経由で言われました。

篠原　あなたが大学に入って、読書権運動に入っていくきっかけを作ってくれたお二人からですね。

新井　川崎市では盲人図書館という名称を、いまでも使っています。「盲人」という言葉は、差別語だからやめろという指摘がときどきあるんですが、当時、その名前を採用した理由は、点字図書館と言ってしまうと、録音媒体などがむしろ主流なのに、少し違うイメージを受ける人がいるのじゃないかということでした。他ではあまり使っていませんけれどね。

篠原　なるほど、〝盲人のための〟ということを強調したのですね。時代とともに、盲人の情報媒体も、点字本だけではなくなるんだ。あなたが盲人図書館に入ったころとそれができ上がったころは同じなの？

新井　そうです。一九六二年に、川崎市社会福祉会館のなかで、盲人図書室事業が市内のボランティアが関わって、職員が手伝いをする形で、スタートしました。ちょ

うど私が就職した一九七四年に、盲人図書室事業を大幅に拡大して、新築の福祉センター内に移転して、川崎市盲人図書館の名称に変えました。その職員募集のときに、市橋さんが、こういう施設には絶対全盲の職員が必要になるだろうとかなり力説して、それで市側も採用に踏み切ることになったんですね。

一応競争試験の形をとったけれど、私一人しか応募しなかったようで、筆記試験免除で、大学の卒業見込み証明書とか成績証明書とか、書類審査と面接と健康診断で合格させてもらいました。そこでの仕事は、ボランティアや有償ボランティアが作った点訳本の校正作業でした。その延長線上で、点訳ボランティアを育てる仕事もしましたけれど。そこには二十二年間いましたよ。

なぜ、二十二年間も?

それにしても、公務員が一カ所に二十二年間もいるのは長すぎる。その事情はどうなっているのだろうか。新井さんの説明はこうである。

新井　長すぎる盲人図書館勤務は、私がそこにいれば、点字の専門家ということで、それなりに能力を評価してもらえていたということと、市側も私も、他の職場を具体的にイメージできなかったことのためだと思いますね。

後輩の「視覚障害」者、伊藤さんの採用時(一九九〇年)には、受験案内にすでに、配属先は「盲人図書館」であるとまで書かれていました。私は、一般職員の場合、勤務先は採用が決まってから決めるものなので、これは差別だろうと思って、私の職場を挙げて、人事委員会に文言の取り消しを申し入れました。当局は、印刷されてはいるけれど、その部分については白紙撤回すると言いましたが、それは口答のままでして、結果的には他に配属場所がないからという理由で、盲人図書館になってしまいました。そして、彼も十五年を越えましたけれど、まったく移動できていません。

移動後の職場で初めてのパソコンと格闘しながら

それにしても、新井さんは、一九九六年から五年間、職員研修所で仕事をする。二〇〇一年には、総合教育センターのなかの生涯学習研究室に移ったが、二〇〇六年からは、高津市民館に勤務している。通して、職員と市民に対する研修・学習に関わる企画・運営の仕事である。現在の仕事を、もう少し詳しく紹介してもらおう。パソコンの問題が頻出していることに注目してほしい。

新井　ここ高津市民館は教育委員会所属の職場で、社会教育法に規定されている公民館施設です。ここでは会議室等を貸す業務もやっているけど、市民館主催の行事や事業もあります。そのなかで私がこれまでしてきた仕事は、市民から募集した企画委員や職員と一緒に、平和・人権学習とか男女平等推進学習とかのタイトルで企画・運営していくことです。

それから、ボランティア研修というのがあって、ボランティアに関することであれば、どういう範囲からテーマを選んでもいいということで、二〇〇六年度には、「視覚障がい者と共に生きる社会」というタイトルで、視覚障害に関する各種ボランティアと、その受け手としての視覚障害の人に、生まで語ってもらうという企画をしました。例えば、点字の基礎を勉強してもらおうということで、市内で最も歴史のある点訳グループのリーダー格の方にお願いして、指導していただいた。この他に、外出支援のこと、パソコン使用のことなどですが、これらの企画を進める上で、「視覚障害」者にとっての一番のネックは、パソコンに関することですね。

今はどこの地方公共団体でも、ほとんどの事務がパソコンを利用したネットワークで結ばれていて、企画をする場合でも、講師情報などもネットソフトを使って調べるのです。が、このような作業は、「視覚障害」者である私たちにとって使いやすいツールではありません。でもそれも使わざるをえない。

ある程度企画がまとまってきた時点で、講師ともメールでのやり取りがはじまるし、そこで内容が決まってくると、学級・講座の企画のための起案の作業とか予算執行の作業とか、全部パソコン上でしなくてはならない。しかし、この部分でも、現在、川崎市の全職員に利用されている総合財務会計システムとか文書管理システムとかは、それを一〇〇％音声化して使うことはできないんです。これは私の技術レベルの問題もあるけど、熟練した視覚障害のユーザーでも、単独で使用することは非常に難しいようですよ。

私たちは、開発の段階で様々な要望を出しました。その当時の人事課やシステム企画課のような、システムを開発する立場にいる人たちと、二〇〇三年に、情報のバリアフリー化に関する研究会を持ったけど、なかなか成果が出てこないままです。

「視覚障害」者の私たちの要望は、マウス操作はできないので極力キーボードだけで対応できるシステムにしてほしいとか、音声化するためのスクリーン・リーダーといったソフトや、自動で点訳するソフトが出てきているので、それらに極力対応できるものにしてほしいとかいうことでした。しかし、なかなか実現していません。これらのことは、普段のパソコンにちょっとソフトを追加するだけで済むものではなくて、そういう条件をクリアするように、根本的にシステム開発をしなければいけない。だけれど、大半の職員には、システム化を急ぐ大目的のために、「障害」者は多少使えなくても仕方がないという雰囲気がありましてね。それゆえ、開発業者にも、その辺はあまり伝わっていなかったようです。

パソコンで漢字仮名まじり文を求められることから

パソコン使用に伴う、もう一つの格闘は、漢字の問題である。このことについて、彼は次のように話した。

新井 「見えない」私たちは、漢字文化のなかでは育っていません。私がパソコンをやりはじめてから、十数年になります。一九九六年に、職員研修所という職場に初めての移動を経験して、そこで専用のパソコンを与えられるんですが、なるべく漢字仮名まじり文で書いてほしいと言われました。それが、パソコン上での初めての漢字仮名まじり文との出会いでしたね。

実は、学生時代から、文学趣味、小説趣味であったことから、漢字とは早くから出会っていて、一九八三年に、最初に自費出版で小説集『暗雲の街』を出したんですが、原稿づくりの段階で、学生のボランティアにお願いして、私が点字の原稿を読みながら、手書きで書き写してもらったときからです。

その際、その都度、漢字はどれを選ぶかという相談をしながら進めましたが、そんななかで、少しは漢字の知識を増やしました。例えば、作中人物の名前の漢字の選び方が私のイメージといくらか違っていたときに、アドバイスされて変更したこともあって、それが漢字修業の大きな出発点でした。でもとても悔しい思いをしたことがあるんですが、活字になったときに、文学好きな方にずいぶん読んでもらったんですが、夥《おびただ》しい誤字があると言われました。これは私の責任でもあるけど、学生の漢字能力の問題でもあったんですよ。そのころから漢字には興味がありましたね。

一方で、「漢点字」といって、点の組み合わせで漢字を表記する方法があります。漢点字には、漢字のつくりに触れている八点漢字と、母校の全盲の先生が開発した、六点漢字があります。こちらのほうはどちらかと言うと、音読みと訓の組み合わせだけで、字の形の構成はあまり問題にしていません。このように、二種類の漢点字があるんですが、いずれもあまり勉強する気にならなかった。漢点字に熱心な人からは、小説を書くのに、不勉強だ、けしからん、と言われましたけれどもね。

そして、パソコンのソフトが変わってきて、最初は八点漢字か六点漢字かを知らないと、漢字仮名まじり文の入力ができない時代がしばらくあって、そのころは、漢字仮名まじり文を書くことを諦めていました。

そのうちに、普通のワープロソフトに、音声化するスクリーン・リーダーというソフトを合わせると、漢字の変換候補を読めるようになりました。これで、漢点字を憶えなくても、漢字仮名交じり文が書けるという段階になりました。このとき以降から、職場の要請もあって、私はパソコンを使いだしたことになります。

篠原　墨字を使う大多数の「見える」側から言うと、これで、「見えない」人と普通に一緒にオフィス・ワークはできると思い込んじゃうんだよね。いまでも、苦労することは多いんでしょう？

新井　体系的に勉強していませんからね。いまでもとんでもない文字を書くことがありますよ。講座をお願いする方とのやり取りもメールでやったりしているけど、粗雑な書き方をしているのにチェックが甘くて発見できないときと、思い込みで違う文字を書いてしまう場合とがありますね。正式な文章の場合は、非常勤の事務補助者がいるので、誤字のチェックをしてもらっていますが。

篠原　「見える」者にとって、どの場合も、墨字は〝見ながら〟読み書きするものなのに、あなた方の場合、パソコン上では、〝聞きながら〟読み書きするんだから、大変なギャップだよね。しかも、新井君の場合、パソコンに出会うのは四〇代に入ってからだから、いまなお、自信がないと言うのは余りにも当然と思いますね。

実は、ぼくは、新井君よりもっと遅くて、二〇〇〇年になってからで、しかも六〇代に入ってからだった。ぼくは、もともと極端に筆圧が強くて手首がすぐ疲れ、挙句の果てに乱筆で相手に読んでもらうのに申し訳ないと思ってきたので、原稿書きも交信も、いまではパソコンがとても便利になってしまった。そうすると、相手が、見えようが見えまいが、手指の動きが器用であろうがなかろうが、それに付き合ってもらおうとするんだよね。

「見えない」学生との関係でも、昔は、律儀に、「点字レポートでもいいよ、なんとかするから」と言っていたけれど、「君だけ、メールで送ってもいいよ」って、恩に着せるような言い方をしてしまうことがあって、反省はするんだけどね。やはり、新井君にとって、「点字こそが自分の文字」という思いはずっとあるんでしょう？

新井　人の手を借りずに自由に読み書きできるという意味では、点字は唯一の文字だと言いたいところですね。しかし、少なくとも読書については、他のどんなメディアよりも、点字図書が一番ですね。ただ、パソコンが使えなかったら、毎日の仕事を続けられないし、ＩＴによる恩恵は沢山ありますよ。点字を知らない人とも、これまでは難しかった「聴覚障害」者との間でも、メールで意思を伝えられるのはうれしいことですしね。だけど、パソコン上で、音声を頼りに、墨字で文書を作るとなると、誤字・脱字の確認が難しいし、ましてや見た目に読みやすい書式で図表なども適宜に挿入してなんて言われると、ほとんど降参ですね。もちろん墨字を完璧に使いこなしたい気持ちもちょっとあるけど。

篠原　「視覚障害」者にとって、点字で書くこと・読むことはホーム・ランドということは、パソコン時代とは言え、変わらないということですね。「見えない」者にとって、「触る」ことの確かさは「聞く」ことの前提だと言ってしまっていいかな。とはいえ、おっしゃるように、「見えない」者、「見える」者、それぞれの世界をつないで往復するのに、パソコン時代は「福音の到来」なのかもしれませんね。ただ、ぼくは、この時代は、「見えない」側を「見る」側の都合にいよいよ引っ張っていくような気もするんですね。忸怩《じくじ》たる思いです。このことについては、これから、他の人たちとも考えていこうと思っています（対話9、11）。（二〇〇七年十月二十四日川崎市高津市民館にて）

（1）子供問題研究会編『自主講座　実践的主体形成の模索～教育差別と特殊教育』自主出版　一九七二年
（2）同会編『共に生きる――「ゆきわたり」第一期総括集』自主出版　一九七三年
（3）同会編『俺、「普通」に行きたい』明治図書　一九七四年
（4）同会編『続・俺、「普通」に行きたい』明治図書　一九七六年
（5）篠原『「障害児」観再考――「教育＝共育」試論』明治図書　一九七六年
（6）横塚晃一『母よ！　殺すな』生活書院　二〇〇七年（最初の刊行、すずさわ書店　一九七五年）

〈対話2〉天野誠一郎さん・境屋純子さんと振り返る

「車イス」に乗ったまま・「車イス」に乗り換えて

「車イス」学生の受け入れには慎重そのものだった

一九七六年の春、境屋純子《さかいやじゅんこ》さんが「車イス」に乗ったまま入学してきた。このとき、天野誠一郎《あまのせいいちろう》さんは「松葉杖」を使って歩く学生だったが、その前年から、キャンパス・ライフをはじめている。天野さんの入学にあたっては、前例もあって、なんら問題はなかったが、境屋さんのときには、受け入れ側は大騒ぎだった。二人は、同じ「脳性マヒ」者であり「身体障害」者だったが、両者には、「車イス」に乗っているかどうかで決定的な違いがあった。

というのは、〈対話1〉でも触れたが、この時点で、この大学には、「見えない」者、「聞こえない」者、「松葉杖で歩く」者などは、すでに当然のように居た。当時、梅根悟初代学長は、「大学教育に、目の見えない者や、その他の障害者をあずかるということがはじまったのは、和光大学ができてからの話で、国立大学のなかのごく一部が私の大学に見学に来ている状態です」と自負している[1]。

一方で、梅根学長は、「点字辞典、英字参考書を豊富に備えつけるには、多額の経費を必要とする。また、車イスによる教室移動を必要とする者のためには、そのためのエレベーター、スロープ階段などの施設を要する。これらの備品、設備のためには、多額の経費を要するので、本学のような小規模私学では、その費用に耐えられない。本学での経験によって言えば、障害者の大学教育は、国費でまかなっている国立大学が主として受け入れて、十分の施設設備をすべきであり、そのためのセンター的大学が地域毎に設けられるようにすべきである」と、外部機関の質問に回答している（一九七二年）。

受け入れに消極的な姿勢を公言した一九七二年と、「自負」を述べている七七年の間には、五年の歳月が流れているが、この期間は、大学構成員の多くが、幾人もの「障害」学生とのキャンパス・ライフをリアルに知り、そして共有しだしたときである。

とはいえ、その後も、大学は、「拒否はしない。ただし、特別なことはしない」という姿勢では一貫していた。この文脈で言えば、「車イス」に乗る者に関しては慎重にならざるをえなかったのだ。彼らには、「施設・設備が絶対必要、費用が多額に掛かる」という前提があり続けたからである。(2)

「歩けなくてはダメ」と言われ続けながらも大学へ

実は、大学に入る以前から、天野さんは「車イス」のまま暮らせれば、どんなにか楽だろうと思っていた。にもかかわらず、そのことは許されることではなかった。彼は、次のように語っている。

天野 父親が、浦和市の教育委員会に行ったら「お宅の息子さん、歩けないから学校に来なくていいですよ」と言われたのが、ぼくが「歩けないと、学校に行けない」と思わされた最初の体験だった。それで、一年間、就学猶予して、国立整肢療護園（東京・板橋区）に収容されて、そこから東京教育大学附属桐ヶ丘養護学校二部に通学した。

篠原 途中で転校したようだけど、和光に来るまではずっと養護学校だよね。

天野 そう。「健常」者のいる学校、ましてや大学なんかは意識になかったし、雲の上の存在だった。

篠原 「雲の上」ってことは、それなりにイメージがあったんじゃない？

天野 イメージとかはあったよ。すごく頭のいい、五体満足な人たちばっかりがいるところってね。盲学校とかろう学校とかにしても、彼らはたんに見えない、聞こえないだけで、能力的には「健常」者と近いと思い込んでいた。

篠原 能力的に、って言うけど、特に、どういうところで？

天野 彼らは歩けるということ。盲人にしても「聞こえない」人にしても、達者に動けちゃうということで、偉いと思っちゃってた。養護学校や施設では、歩けるようになれ、なれ、って言われ続けるから、コンプレックスを持っちゃってね。ぼくは、歩けない、格好悪い、どこにも行けない、惨めだと思い込んでいたんだ。

篠原　歩けないということがポイントなんだ。普通の高校とか大学に行きたいって、考えたことはなかったの？

天野　収容施設の看護婦さんとかに、普通高校に行けとけしかけられた。頭は大丈夫だから、鍛えられて強くなるからってね。オレはそう言われても、怖くてなかなか決断ができなかった。

篠原　それでも、大学に来たんだよね。和光に来るまでの経過はどうなってるの？

天野　さっきも言ったように、整肢療護園に入りながら桐ヶ丘養護学校二部に小学部三年までいたけど、松葉杖で歩けるようになった途端、これ以上、二足歩行は無理だろうと判断されて、療護園から出された。それで、今度は、近くの都立北養護学校に移った。浦和から親の車で通った。そして、高校二年のとき、そこのある先生が、ぼくに大学進学を強く勧めて、大学に行くためだけに、高三のときに、都立光明養護学校に転校した。

篠原　そこは、戦前からある、伝統ある肢体不自由児養護学校だよね。そこで、トップだったので、推薦制入試に推薦してもらえたんだ。

天野　そう。

聳《そび》え立つ階段に驚嘆しつつ

篠原　君は大学受験をする前に和光を見に来てるの？

天野　行ったと思うよ。

篠原　そのときに、坂がある、階段があると気付いたんでしょう？

天野　すげえ大学だと驚嘆した記憶がある。

篠原　でもそのとき、これは無理だとは思わなかったの？

天野　思わなかったな。行くんだ！　と言うかさ。

篠原　君が入る前までには、こんなところじゃ無理だって、親とか教師が思って、受けないでさっさと諦めちゃったという話はあるんだろう？

天野　ある。何人か、諦めているという噂を聞いていた。

篠原　それって、むしろ、大学に入ってから聞かされた話？

天野　いや、高校段階から。だからぼくにとっては、正面のあの高い階段は、物理的な障壁であるだけじゃなくて、自分の背負った歴史のなかで言われ続けてきた、「歩けなくては、大学に入れない」という強烈なメッセージを発していたんだよね。

篠原　それでも萎えなかったんだ。でも、その挑戦にあたっては、車イスじゃだめで、松葉杖でなければって思うわけね。

天野　そうだよ。

歩けなければ、そして車イスのままでは、「健常」者社会は受け入れないという意識は、彼の養護学校・療護園の教育・治療のなかで刷り込まれたことであった。そして、このような観念は、和光大学の姿勢のなかでも、既述したように、常識化していたのである。

「車イス」のまま受験可能な大学を探す

このような厳しい状況下で、あくる年、境屋さんは〝車イスのままで〟入学を希望してやってきた。まず彼女が、一九七六年春に、一学生としてキャンパスに登場するまでの経過を振り返ってみよう。

篠原　あなたにも大学に入りたいという思いを募らせていく十代後半のときがあったと思うけど。

境屋　大学に入りたいと思ったのは、小さいときからで、父親が、肢体不自由なだけで、頭がいいし何でもできるんだから、大学まで行けるといいねって、よく言っていた。

篠原　お父さんはそうやって夢を語っていたわけだ。

境屋　子どもだった私は、いい気になっていた。養護学校に行ってたんだけど、それなりに勉強はできていたというのもあって、このまま中学校だけで終わろうとは思わなかった。通信制の高校には一度断られて、一年間、足踏みするんだけど、その後、群馬から東京に出てきて、養護学校の高等部に行った。

篠原　東京教育大学附属桐ヶ丘養護学校だよね？　あなたの場合、天野と違って、一部でしょう？

境屋　はい。クラスは六人しかいなかったんだけど、大学に行きたいし、行けそうな人が三人ぐらいいて、私は名古屋の日本福祉大学を受けたんだけど、落ちた。でも一回受けただけで大学を諦めるのはいやだった。「障害」者用の職業訓練校みたいなところに行ったとしても、私の障害の程度からして、何かができるわけでもないし、一年いるだけで、そのあとは収容施設に入れられるのが目に見えていた。親も年を取っていたってこともあるし、このときを逃したら、もう一回、大学へなんて言っても絶対無理だろうと思ったから、群馬に帰らないで小金井（東京）で暮らすことにしたのね。

まず、ある仏教系大学の通信教育を選んだ。お金を振り込んで入ったけど、入学者の名簿が送られてきて、誰だか知らない名前ばかりが並んでいる。このままでは、お互いの顔も見られるわけではないし、私がやりたいのはこれじゃないと思って、一回もレポートを提出しないで辞めてしまった。

このころ、父も母も、半年ぐらいしか違わないで、ほぼ同時に死んだ。それで、群馬県から、心身障害者扶養共済年金で一カ月二万円をもらえることになった。今年（二〇〇八年）で、この制度はなくなるんだけど。それに奨学金をもらえば、生活保護が取れなくても、大学に行けるという目処が立った。

大学に行くためには、門戸を開いてくれる大学を見付けなきゃいけないということで、入れてもらえるかなと思うところとか社会福祉学部がある大学とかにアンケートの手紙を出していった。

篠原　どんな内容の問い合わせをしたの？

境屋　そのころの資料がないんでよく憶えていないんだけど、車イスだけど受験させてもらえるか、入学させてもらえるかなどを尋ねた。そして、私は机の上で字が書けないので、床に座って書かなければいけないのだけれど、床に座って受けさせてもらえるかみたいなことも聞いた。

篠原　それは何カ所ぐらいだったの？

境屋　五、六校よりちょっと多かったけど、十校はなかったと思う。

篠原　そして和光からは、どんな返事が来たの？

境屋　「一回、見に来てください」って。そこで、教務課長と面接になって、「和光大学は階段だらけの大学なんですよ」とか「今まで車イス学生はだれも入っていません」とか「こういう状況なんだけど大丈夫ですか」とか聞かれた。

篠原　受験直前には、あなたは、入試委員長の中野先生にも会っていると思うけれど、その前で、車イスじゃなくて、階段を手すりにつかまりながら、「歩ける」って言って、上って見せたんだよね。学科会議で、その報告を受けた記憶がある。

境屋　そうよ、ミヨちゃん（介助者）に、反対の手を持ってもらいながらね。

篠原　それって、車イスじゃなくても、キャンパス・ライフはできるということを見せたかったわけ？

境屋　とりあえず大学に入るには、この階段を突破するしかないから。そのころ、まだ車イス学生はいなかったしね。どっかの誰かさん（天野さんのこと）も、一生懸命歩いてたしね（笑）。

小論文を手と足で書く?!

　こうして、一九七五年の秋、境屋さんは、推薦制入試を受ける。この制度は､出身校関係者の推薦書と作文「私の経験と課題」を提出したあとに、受験当日、小論文を書き面接を受けるのだが、彼女の成績はいずれも優秀で、悠々と合格圏に入った。しかし、他の合格者と一緒に発表されることはなかった。この時点では合格保留になったのである。結果的に、まもなく合格となったが、その経過を、ぼくらの記憶のなかで振り返っておく。まず、小論文の別室受験の様子に触れる。

篠原　それで、受験の日を迎えるんだ。小論文は別室受験で一・五倍の時間を使って、床に座って、足で書いたんだよね?

境屋　手で鉛筆を持って書いたけど、手だけだと不随運動が激しくて足で手を押さえていた。

篠原　あっ!　今まで、足で書いたとばかり思い込んでいた。

境屋　他でも、篠原さんみたいに言われたことが何回かあったけれど、足で書くんだって手で書くんだって同じようなもの。だから、いいか、ってことにしてたのね。

篠原　ぼくが、そうやって言いふらしていたからかもしれないね。天野はもちろん知ってたんだろう?

天野　知らなかった。小金井の掘っ立て小屋で、足で書いていたような気がするけどなぁ。

境屋　天野はちゃんと見ていないんだよ。

篠原　天野まで、今の今まで三十数年、そうやって誤解してたんだ。

天野　そう、すごいね。悪かった。

大学は受け入れをめぐって大揺れに揺れたけれど

篠原　学科会議では、担当した教員たちから、境屋さんは、小論文も面接もなかなかの出来で、悠々と合格ラインを超えているという報告を受けた。ところが、彼女は「車イスの人」なんで、どうしようかっていうことになって学内は大騒ぎになった。スロープもエレベーターもないとか、受け入れることは望ましいけれど現状では無理じゃないかとか、いった意見も出て、学科会議も教授会も喧々諤々だった。

　中野さんは口が裂けても、断るって発言はしていないんだけれども、断固入れるべきだという音頭とりもしなかった。でも、和光は「障害」者に対しても学習権を保障する必要があるんだという、教育学者としての姿勢は一貫してあった。ずいぶん葛藤されていた様子だったね。ぼくなんかは、あんまり誠実に考えちゃうと、「いま、ここではお断りするほかなくなる」と思ったので、あの階段は、出入りする学生たちが、彼女を車イスごと担いで上り下りしてしまえばいいじゃないかって、思い付き的な乱暴な発言をした。

そういうなかで、断るわけにはいかないということになっていくんだけど、大学側は、保護者が外部の介助者たちをつけることを約束することで、受け入れることにしたんだよね。このことについては、後日、あなた方が問題にするんだけれど、このとき、ぼくは、抵抗していない。そのあたりが全学的な妥協点だった。

天野　当時、ぼくは一年で、かなりくたびれた体をして、B棟の階段の踊り場付近で休んでいたら、中野先生が来てね、「天野君、車イスの人が受験するんだけど、どうしようか悩んでいるんだ」って話し込まれたのね。オレも生意気な学生で、「先生、大丈夫だよ。入れちゃえば」って言っちゃった。今、考えると、当時、オレは、車イスに乗ってはならないと言い聞かせながら、必死で松葉杖で歩いていたのに、何でそんなに偉そうなことが言えたのかわからないけど。

でも、入れちゃえば何とかなるっていうことは思っていた。階段だって、皆で、持って歩けばいいって、オレのなかに、そんなイメージがあった。普通の町中ならともかく、大学でしょう？　皆、暇じゃんって思ってね。それで、あのとき、オレは、中野先生に「何とかなりますよ」って、ボーンって肩を叩いちゃった。そしたら「わかった！」と言って立ち去って行った。後日、そのことで、「天野君とあのとき、話して、気持ちが決まったんだよ」と言われた。

篠原　その話は、今日、初耳だ。それにしても、君も、階段は担げばいいというイメージを持ったんだぁ。振り返ると、この思い付き的なイメージは、その後、車イスに乗る者たちがキャンパス・ライフをしていくのに、原点的な問題提起になっていくんだよね。

ぼくは、彼らとこんな話をしたあと、中野光さんと、本当に久しぶりだったが、電話で当時を振り返っている。そのなかで、中野さんは、当時を鮮明に想起しながら、「ぼくは、なんとか入れたいと思って、階段のスロープ化の可能性を具体的に考えてみたけれど、天野君は、この問題は、大学の一人ひとりが彼女とどういう関係を創るかということですよって、教えてくれましたね」と語っている。

あの階段は「健常」者と「障害」者、そして「障害」者間を分断してきた

篠原　天野は、境屋さんの入学とともに、松葉杖を棄てて、車イスに乗ることになるんだよね。

天野　ぼくは、松葉杖で相当無理をしていて、鞭打ち症の状態で悩んでいたら、車イスのまま境屋が入ってきたでしょう。彼女って、登校してくる学生四人を捕まえて、ミコシのように持ち上げてもらっているんだよね。それを見ながら期待通りで安心したんだけど、オレも勇気づけられて燃えちゃったっていう感じかな。

篠原　それはいつなの？

天野　彼女が入ってから一カ月ぐらいじゃないかな。

篠原　それで、君も車イスに乗っちゃおうって思うんだ？

天野　楽だな、って、まず思ったんだよね。そのうち、自分が無理して歩いてきたことに対しての強制力みたいなことに気づいて、自分で頭にきちゃったのね。養護学校や収容施設で適応を強いてきた環境がだんだんわかってきた。

篠原　ちょっと話を飛ばすけれど、そのころ、「障害学生の生活等に関する懇談会」（以下、「障懇」）が、教職員側と学生側の間ではじまったばかりだったんだけど、ぼくは、学生生活主任の一人として、そこに関わっていた。「障懇」の最初の議題が境屋さんのことだったんだよね。冒頭に、外部の介助者たちの履歴書を出しなさいという大学側の要求が告発されたんだけど、ぼくらは、これはまずいと気付いてすぐに撤回した。いま、思うと、実際にやった窓口をかばいながら尻拭いしたようなものだけどね。

このとき、あなた方には、外部の介助者を同伴するという約束を反故にして、キャンパス内で、車イスに乗ったまま暮らすということと、そこで日常的な介助する・される関係を創るという魂胆があったんでしょう？　だから、大学側としては、境屋さんが入ってきたことをきっかけに、スロープを作ろうとしたんだけど、君たちはこのことに対してストップを掛けた。ぼくには、スロープを作ることはよいことだと思っていたから、衝撃的だったなぁ。

境屋　スロープの持つ恐ろしさを体験していたからね。スロープって、あのころは、人がいちばん通るところには付けなくて、空いているところに付けることで、しっかりと「障害」者用通路と「障害」者用じゃないところができる。それが、不満だったし恐怖でしたね。

怖かった話で思い出すことがあるんだけど、ある大学で、周囲の人が私を一人でエレベータに乗せくれたのね。目的階を間違えて途中で降りてしまった。そこで、もう一度、乗り込もうとするんだけど、周囲には誰もいない。やっとドアを開けられても、自力で乗り込むには時間が掛かって、何度、挑戦しても、閉まってしまった。あのときは、無人のフロアーに閉じ込められた感じで怖かったなぁ。

篠原　あなたが学生のころ、その話、何回も聞いたけれど、ぼくの記憶は、今の今まで「無人のフロアー」ではなくて「無人のエレベータ」だった。「健常」者側は、スロープやエレベータがあれば、「車イス」の人も一人で移動できるって思い込みがちなんだよね。

天野　スロープ化にストップを掛けたのは、七〇年代という時代に限定された論理だったとは思うんだよ。多くの大学が「障害」者に門戸を開いていなかった背景があるし、あのころは、町中を出歩く「障害」者は少なかった。ようやく「障害」者の施設収容反対とか、町中で住んでいこうとかいう主張がはじまった時期だった。そうした状況のなかで「健常」者の価値観としては、楽な方向、つまり設備さえ作ればいいんだろうみたいな設備万能主義が出てきた。それでは、スロープを使える者と使えない者、エレベータのボタンを押せる者と押せない者みたいな形で、いよいよ分断がはじまっちゃうんじゃないかという不安感が、ぼくらには強くあった[3]。

篠原　その意味で、あの階段にどのようにこだわるかということは、「障害」者、「健常」者、いずれにとっても、でっかい問題だったというわけだ。

天野　境屋とオレからすると、あの階段は、「障害」者を拒絶する「健常」者社会のシンボルとしてあったし、「障害」者間を分断するシンボルでもあった。だから、その階段に直面することで、オレたちの生い立ちや歴史を振り返るきっかけになったわけだよ。つまり、大学に来てしまったオレたちの側から言うと、寝たきりの友だちとか収容施設にいる友だちとかを置き去りにしてきたという忸怩《じくじ》たる思いを引きずっていたんだよね。彼らと大学生になった自分たちとはどこで折り合いをつけられるのかって悩んでいた。いまでも、町中で暮らしながら、その課題はあるんだけどね。

篠原　そのことは、町中に暮らしている君と、いまも施設収容されているかつての友人との間のこととして、何回か聞いてきたけれど、当時から君の課題としてあったんだ？

天野　そうだよ。

オミコシの風景はキャンパスの外にありつつ内には新鮮に

篠原　キャンパスに向かう正面の階段で、あなた方以後の学生もそうだけど、周りの学生たちが抱えて、オミコシを担ぐように、キャンパスに上がって行くという風景を作ったんだけど、境屋さんがそのイメージを出したとぼくは思うんだけど、そう？

境屋　天野じゃないの？

天野　そうだよ。最初、境屋が、大学との取り交わしをしっかり守っちゃって、介助者付きということで、ミヨちゃんと一緒に、何日間も来ていた。それで、ミヨちゃんが頑張って、通行人に声を掛けたりした。

境屋　私にとってみたら、電車に乗ったり降りたりしているわけで、ＪＲとか小田急とかの駅員をわざわざ頼まないで、すっぽかして行っちゃったほうが速いからね。だから、オミコシはけっこうよくあるパターンだったのよ。

篠原　入学以前に、キャンパスの外で、オミコシの体験はもうあったんだぁ。それにしては、天野もぼくも、そんなことは想像もしていなかった。オミコシは、ぼくの思い付きだったって、得意げに吹聴してきたんだけどなあ。

一年のときのキャンパスは怖かったしやさしかった

篠原　ところで、話を戻すけれど、天野が、初めて、大学に入ってきた第一年目の話をしてくれるかなぁ。

天野　階段の手すりにしがみついて歩装具を付けて松葉杖を腕に抱えて上がって行こうとすると、周りの「健常」者が手伝ってくれる。こんなこと、今まで考えたこともなかった。皆、無視して、おまえ一人でやれよみたいな感じで、通り過ぎて行くだけだと思い込んでいた。そのうち友だちもできてくるじゃん。何だか今までと価値観が違ってきちゃうというか、皆、やさしい人たちなんだよね。

篠原　当時、松葉杖をついてキャンパスにいたのは、何人かいたの？

天野　いねえ。オレ、ひとり。

篠原　そうすると、周りの者は、松葉杖をついた男とどうやって付き合っていいかって、そういう戸惑いみたいなことはあっただろうねぇ。

天野　わかりません。そんなゆとりなんかないもん。こっちは必死だから。でもねえ、ぼく自身は目立っていたみたい。自分で車を運転して来て、学内では松葉杖でしょ。この落差はでかいよ。ちぐはぐで変だよね。変な話だけど、もし、あの階段がなかったら、手伝おうかって声を掛けてくれる学生はいなかったと思う。つまり、それで「健常」者学生となじめたんだよね。

篠原　ぼくは、君から「健常者ノイローゼ」ということを何度も聞いたけど、それって、一年のときから言ってた？

天野　言った。同時進行だよね。怖くて怖くてたまらなかった。

篠原　だれが怖かった？

天野　だれってことはないね。皆怖かった、パッケージで、大学自体がね。大学に着いた途端に緊張していた。そうしたら、プロゼミ（専門教育への導入ゼミ）や講義を一緒に取ってる人たちが、杖で歩いてると、声掛けてくるわけじゃん、最初は唖然としたよ。

篠原　養護学校では、そういう体験って、教職員からということはあるにしても、同じ世代の人からはなかったんだ。

天野　養護学校や収容施設だと、そういうことは手伝ったらだめなの。自分のことは自分でやるって。

篠原　なるほど、自立のための訓練ということだね。

天野　画一的な関わりなんですよ。松葉杖は自分で持つこと、階段は自力で上ることってね。大学に入ったら、それが崩れちゃった。すごくやわらかくて、幅のある大学だったよ。篠原さんは、最初から気を遣ってくれたよ。

篠原　入試のとき、オレが面接したんだっけ？

天野　そうだよ。鈴木先生と一緒に。

篠原　オレ、どんなふうに聞いていたの。

天野　ぼくが、ヨタリながら部屋に入るとき、「大丈夫か？　倒れるなよ、松葉杖、持ってやろうか？」って。

篠原　そんなこと、言ったんだぁ。それから、あくる年には、二人が中心になって、「障懇」でも問題提起するんだよね。でも、最初から君たちに共鳴する学生たちの広がりがあったと思うんだけど、どうやって作ったの？

天野　ぼくが一年目で作っちゃったんだよ。体を痛めてかなり深刻な状態に追い込まれていたんだけど、興味しんしんで、方々に人間関係を作っていった。「健常」者社会を見てやろうみたいなところがあってね、右から左まで付き合ってた。その人たちが、オレが本気で動きはじめたとわかって、「天野が初めて、ビラ撒いてるの、見た」って言って、それで「障懇」にも来てくれたんだよね。

篠原　ビラに、どんなことを書いたか、憶えてる？

天野　境屋の受け入れに当たって大学側が取ったことを

暴露するビラだったと思うけれど、学生運動をやっていた先輩たちが、横のつながりはちゃんと作れよとか、助言してくれた。

同じ年、M学院に「車イス」「障害」者受験拒否が起こって

篠原　たしか、境屋さんが和光を受けた年（一九七五年）の前後だったと思うけれど、M学院では、「車イス」に乗る者の受験を拒否する事件が起きたよね。こちらのほうは、マスコミでも騒がれたけれど。

境屋　このことが起きる前史があるんだけれど、私は、M学院には社会福祉学部があるし、夜間の二部に行こうと思っていた。一回、受けたけど落ちた。他に、同級生で一緒に暮らしていた車イス生活の栄太君と車イスに乗っていない脳性マヒの人が、二回ほど、そこを受けたんだけど、どちらもずっとダメだった。彼らの三回目のときが、私が和光に入ったときだったのね。

天野　そのころ、既にぼくの先輩二人は、受験に失敗して聴講生でM学院にずっと通っていた。

篠原　正規の学生になろうとしていたんだ？

天野　そうです。

境屋　彼らがそこで広げた人間関係のなかから、支援する学生たちが出てきて、自分たちの力で、いちばん授業があるメインの建物にスロープを付けることをやりはじめてたんだけど、その時期と学費値上げのときとが重なったのね。彼らの一人は、学費値上げ反対の団交で華やかに頑張るグループのひとだったということもあって、彼らの受験は警戒された。

篠原　それで、その人たちが受験をしようとしたら、拒否されたんだ。その年は、あなたが和光に入って来たときと同じじゃなかった？

境屋　そうだったと思う。その年、栄太君が、三度目の挑戦で願書を出したんだけど、送り返されてきた。たしか私のもね。でも口惜しくて、受験当日、行ったんだけど、一緒に受けた車イスに乗らない同級生は正門から入って行けたけど、車イスの私と栄太君は本当にシャットアウトされた。

篠原　ここでも、同じ「身体障害」者、「脳性マヒ」の人でも、車イスに乗る者と乗らない者の分断が起こったんだ。そんなことがあって、全体として車イスはダメというふうになっていくんだ。だって、栄太君は、その前年までは受験できていたんだものね。

天野　そういう風潮になったんだよね。

篠原　それから間もなくして、そこの学生たちから、和

光が車イスに乗る者を受け入れたというので、その体験を聞かせろと言われて、彼らが企画したシンポジウムに、ぼくらは皆で出かけたよね。面識のあった学生部長が気まずそうに挨拶に来たっけ。

安全管理の対象としての「障害」者学生と治安管理の対象としての介助者チーム

篠原　この話をしながら、堺屋さんの介助者チームに履歴書提出を求めたことで思いだしたんだけど、あのときに、大学側の窓口は、その理由を二つ、言っているんだよね。一つは、本人にケガなど何か事故があった場合の連絡先を知っておかなくてはならないということ、もう一つは、「大学の自治を守るため」ということだった。後者のことでは、「東大ポポロ座事件」（一九五二年二月ポポロ座上演中の観客のなかに、私服警察官が入り込んでいたという事件）にまで言及している。(2)

M学院の受験拒否事件がマスコミでも取り上げられた後だったから、そんなこともあってと思うけど、「車イス」の境屋さんと介助者チームは「大学の自治」を乱すかもしれない集団として警戒されたのかもしれない。そんなときでも、境屋さんは、自分とは直接話そうとしないで、いつも介助者経由だということで、ずいぶん怒っていた。「障懇」などで、あなた方は、大学側が「履歴書提出」を求めている経過を暴露しながら、これは、自分たちを安全管理・治安管理の対象として扱っていると告発している。

天野　「障害」者は、特に歩けなくて介助者がついていると、保護すべきか弱い対象と見られてしまって、一人では生きていけないと思われる。したがって、相手は、自ずとまずは介助者に話をしてしまうということだと思うのね。そんなだから、M学院の場合、典型的な例だけど、「障害」者は、介助者に煽られて受験闘争させられていると映ったんだろうね。和光でも、一部では、そんな経過もあって、介助者チームが「障害」者を受験させて、大学を掻きまわそうとしていると思われたかもしれない。とすれば、境屋さんには直接話さずに介助者チームに話をしてしまうのは、まずは保護者に伝える、という感じもあっただろうけれど、警戒すべき交渉相手ということもあったかもしれない。

篠原　そうか、ぼくなんかは、自己主張する「障害」者が介助者を引き連れて乗り込んできたというイメージがあったのかなと思ったけれど、一方で、左翼運動が「障害」者を利用している、という見方もあったんだ。そうだとすると、介助者チームが治安管理の対象、境屋さんは安全管理の対象ということになるね。

境屋　この話は、今も、というよりも、今では、もっと一般化していると思うのね。昔は、「障害」者は、施設とか養護学校とか限られたところで、保護や安全管理の対象として扱われてきたけれど、今では「障害」者が町のなかで暮らすようになった分、介助者制度の拡充などで、どこでもしっかり登録されているし管理されている感じがする。介助者だって、いよいよ資格とか身元保証がうるさくなっていますからね。

天野　そうだよ。九〇年代までは、資格があろうがなかろうか、「障害」者が依頼した介助者に、この制度が経済的に保障するということがあったけれど、昨今はとても面倒くさくなっている。ニートとかホームレスとか不法滞在外国人とかが介助者にもぐりこんでいないかということもあって、警戒的なんだよ。

篠原　介助者制度の充実ということは、「障害」者が施設を出て、町の中で暮らすために、「障害」者自らが行政に要請してきたことでもあるよね。しかし、行政の論理の中で、この同じ制度が、必然的に、いま、お二人が言ったような面を引き起こしてきたとも言えるよね。

天野　障害者運動の側は、その辺のことをあらかじめ危惧していたんだけど、それでも決断したということがあるんだよね。ぼくなんかもそう思うけど、いま、その辺を考え直さなくてはという意見は出てきている。

篠原　かつて、和光で描いて体験した〝オミコシ〟の風景は成り立ちようもないね。

境屋・天野　そうそう、とてもとても、だね。

妊娠を知らされたとき・入学祝に出かけたとき

話を戻すが、ともかく境屋さんにも他の学生と同様なキャンパス・ライフがはじまった。ぼくとは「障懇」で一緒に考える関係が生まれてきたし、授業「障問試論」には、一年のときから参加してくれた。この授業は、学年指定を行わず、しかも「重複履修」可であった。もっとも、このような授業は、特にぼくの所属した学科では決して珍しいことではなかった。そんなわけで、二人は、この授業を何度も履修している。

彼女の一年生のとき、冬のあるときと思うが、この授業が終わった直後、彼女は、一人の女子学生と一緒にぼくをわざわざ呼び止めて、妊娠していることを告げた。

篠原　あなたは、あのとき、何でぼくに、赤ちゃんが生まれるという話をしゃべろうと思ったの？

境屋　行く行くはわかっちゃうことだし、信頼関係を作ってきている人たちに対して、他の人から聞いたってなるよりも、私から言っちゃおうみたいなことがあった。大学側との問題があって、私は辞めるわけにはいかないことはすごく思っていたから、一二月のぎりぎりまで、和障研（サークル「和光大学『障害』者問題研究会」の略称）の皆にも内緒だった。今も憶えているけど、十二月の二十二日か二十三日に、社会福祉論のレポートを出すために大学に行ったとき、車イスごと階段を運んでもらっている最中に、「お腹、大きくなったね、太ったね」って言われたので、すぐに「生まれるんだもん」って応えたのね。そしたら、彼らは、踊り場で立ち止まって「あ、びっくりした。今、落としそうだったよ！」って。それから、たぶん、天野と篠原さんぐらいには言っておいたほうがいいだろうと思ったのね。

篠原　あのとき、ぼくが戸惑いながらしゃべったセリフ、憶えてる？

境屋　憶えてない。先生がたしか、あの子の入学祝いにきてくれて、あのときは悪かったみたいことをおっしゃったのは憶えていますけど。

篠原　あのとき、ぼくは、「妊娠して出産して、それで、学校を辞めるなんて言わないでよ、せっかく、ここまで、一緒に苦労してきたんだからね」って言ったんだよ。大学との関係では自己保身的に、あなたとの関係では恩を着せるようにね。だから、あのとき、あなたに素直に「おめでとう」って言えなかった。いまも、あのときの感じを忘れていない。それで、康君の入学のときには、二人に謝りたい、今度こそ心から「おめでとう」と言いたいと思って駆けつけたんだ。

境屋　あのときも、私は辞めるとは思ってなかったけど、大学に入ること自体が、私の目標になっちゃってたから、大学に入って何かを学びたいとかやりたいとかは、入った途端、どうでもよくなっちゃっていたというのは本音としてあった。とにかく「車イス」学生として、全うに最低限で卒業すればいいだろうみたいな感じだった。

篠原　あなたが、授業のなかでも「大学に入ること自体が目標」と言っていたことをとても印象深く覚えている。頑なに「車イスに乗る」者に閉じていた大学の一角をこじ開ける勇気と知恵はものすごいものだと思ったし、「車イス」学生第一号の事実は、その後、幾人もの「車イスに乗る」者を励まして招き入れることになるんだからね（対話4）。

学友たちと子育てごっこ

篠原　それで、あなたは出産をしていくわけだけど、当時、いくつものところで中絶を勧められて、やっとカトリック系の病院で産めたという話をよくしてくれた。

境屋　その記憶は、ちょっと違いますね。優生保護法指定医に行ってしまったら、私の気持ちを飛ばして、保護者と話して中絶させられてしまうと思ったから、最初から、これは避けなくては思ったのね。悩んだ結果、おっしゃるようにカトリック系の病院に行った。検査をして、「できちゃいましたね。うちでは堕ろせません」と言われた。「おめでとうございます」ではなかった。

篠原　そこでは、「どうせ、あなたは堕ろしたいんでしょ？」って思い込まれているんだぁ。あのころ、どんなふうに学生たちがあなた方のところに応援に駆けつけたの？

境屋　あのころは、女の子が多かったけど、石田や荘二郎たちも出入りしてた。

篠原　彼らはどんなことをやってたの？

境屋　私が大学に行き帰りするのに付き添ってくれたり、子どもの世話をしてくれたりしてくれましたね。天野に子どもの世話をさせたら、引っ掻かれたこともあったね。

天野　そう、顔中、血だらけになっちゃった。大変だったんだよ。こんなにちっちゃい手が動くわけよ。学生は単純だからそれに感動してるんだよ。講習会まがいに、四、五人が囲んでオシメを換えたりするんだけど、真ん中に康が寝かされて、ああやるんだ、こうやるんだ、くせえなとか言いながらね。

境屋　それで、康は大人と遊ぶのがうまくなった。天野は康によくおちょくられていた。

天野　完全に遊ばれてた。今だって会うとそうだよ。

境屋　康は大学にも連れて行ったし、篠原さんの授業にも出た。

篠原　そうそう。小・中時代の同期で、もっぱら科学映画を作っている武田純一郎という友人がいるんだけど、当時、彼らが、二、三年、ぼくの教室に入って、その風景を撮影していた。それが『人間』（アイカム（株）一九八二年）という映画の一部になるんだけど、そのなかに、ぼくが康を抱いて、君たちとやり合っている場面が出てくる。いまから思うと、よってたかって子育てごっこしていた感じだね。

「障害」者であること・女であること・エリートであることを見つめて

篠原　境屋さんは、結局六年間掛けて卒業したんだっけ？

境屋　いや、五年よ。四年目の十一月に、二人目の悠を産んじゃったから、いくら何でも、それから卒論を書き上げて、春に卒業するというのは無理だと思ったので、卒論だけのためにもう一年延ばした。

篠原　卒論は、どんな内容だったっけ？

境屋　当時、優生保護法「改正」反対の運動があって、「産む、産まないは女たちが決める」という、女たちの主張があったでしょ。一方で、「障害」者側からの「母よ、殺すな」という主張があって、[4] 私には、どうしても女たちの主張にぶつかってしまう現実があったのね。それは、「障害」者である母親として胎児に付き合ってきた現実ですよね。その葛藤は、今もあるけど、当時はもっとあった。女として否定されてきた私がいて、結婚するなんてありえないとか、子どもなんか産めっこないって、周りから思わされて、自分でも、そう思ってきたんだけど、しかし、障害を持ってる女として、子どもを産んで育てている現実がある。そこら辺を何とか一本の線につなげたかったというか、バラバラになっている私のなかの意識や記憶を何とか統合したかった。それが卒論になった。

篠原　ぼくは、あなたの卒論を読んだ記憶はないんだけれど、卒業して大分経ってから、あなたは『空飛ぶトラブルメーカー――「障害」者で私生子の私がいて』（教育資料出版会、一九九二年）を出すよね。あれは、卒論を土台にしているんでしょ？

境屋　副題に書いたように、「私生児であること」も私のテーマとしてあるわけで、そこらへんも展開してみたかったと言うか、卒論の中身を広げたくて書いたのね。

篠原　あの本は自分史を軸に、いくつもの問題提起をしていて、面白く読んだ。それに、ぼくらとの付き合いの話も出てきて、なつかしかった。卒論で自分史を書こうとする学生たちは何人もいたけれど、ぼくは、大抵の場合、余り歓迎しなかった。渦中の自分を突き放して見直しながら、独りよがりにならずに描き論じるというのは難題だよね。だけど、境屋さんの場合、自分の置かれている立場は、否が応でも自分にも他人にも明確だし、「障害」者、女、そして〝選ばれた〟「障害」者、それぞれの位置をリアルに体験しているから、この自分史にはすごいメッセージ性があったなぁ。

なぜ就職活動をしなかったか？ なぜ生活保護か？

篠原　もともと〝伝統的な〟大学では、研究者になったりエリート社員になったりという形で世の中に出て行くことが期待されてきたけれど、和光を出たからと言って、いいところに就職できたとか偉くなるとかいう話はもともと一般的にない。天野にそって言っても、大学は出たけれど生活保護を受けて暮らしている、ということがあるよね。いくつか就職の可能性はあったんでしょ？

天野　就職してる人たちもいたから、探せばあったと思うよ。ぼくの場合、一年のときから体を酷使して、脳性マヒの二次障害を発症して体を壊しちゃったんだよね。あと一つ、当時の時代の限界もある。就職口が何と言っても少ない。この二つが重なっているから、二、三年生で、就職戦線からリタイヤした感じだね。

篠原　そういう点で言えば、わざわざ「オレは、『健常』者中心の企業には行かないぞ！」といった、積極的な意味付けをして就職しなかったというわけではないんだ？

天野　積極的な意味は、その後くっつけたかな。つまり頭でっかちの論理だけど、「健常」者と「障害」者の区分けがあるとしたら、とりあえずぼくは「障害」者の枠に留まって、「健常」者の価値観を変えていくような生き方をしたい、町中でそれを取り組んでいきたいとね。

篠原　当時、八木下浩一さんたちが生活保護を受けながら、町中で堂々と暮らすという発言をしていたんだけど、(5)そのへんのところで、天野も共鳴していなかった？

天野　そう、共鳴した。そう言えば、「障問試論」でも、境屋と、働かないで生活保護を受けながら、〝重度〟のやつらとつながろうよって議論したね。

篠原　七〇年代前半の府中テント闘争のあと、(6)「障害」者が町中で暮らしていく願いや模索が、「健常」者たちを巻き込みながらはじまるんだけど、天野たちの大卒後の暮らしも、その一環だったと思うけど……。

天野　卒業してからも、大学をウロウロしていて……、

篠原　学生たちをかなり巻き込んでいったんだ。

天野　そう。何人かの学生が介助にやってきてくれた。社会事業大や東大へも行った。

篠原　あちこち出かけて、仲間を作っては地域で暮らしだしたんだ。

今でもある、親元や施設への衝動

篠原　でも、施設で暮らさざるをえないかなとか、施設に入っちゃったほうが楽かなって、思ったことはあったんだろう？

天野　いまだって二、三カ月に一回は、そう思うよ。介助者が集まらなくなると、それは惨めなもんよ。いくら電話を掛けまくっても見付からなくてね。そんなとき、親のところにいたほうが楽だったかなって思っちゃう。

篠原　今でも、そう思うんだぁ。当時と比べて今では、職業としての介助とか、資格・専門性をもった介助者とかが制度化してきて、その意味で充実してきているよね。

天野の話を聞きながら思うんだけど、制度化された介護の下でも、施設や家族へ退却する思いが日常的に深刻に襲っているらしい。「だから、町のなかは無理」と言うのではないよね。むしろ、町のなかに暮らしたいし暮らしているから、こんなこともあってしまうと思うんだけど……。

天野　七九年春に卒業してから、親元を離れて「障害」者運動の仲間と一緒に生活をはじめた。四、五年は続いたかな。その後、ずっと一人暮らしだけどね。あのころから三十年経っても、未だに自分の介助体制は安定していない。最近は、三カ月に一回という感じだけれど、介助のローテーションがうまく組めずに、一日分くらい穴が空いちゃうことがある。

そういうときは、ぼくのようなベテラン(!?)の「障害」者でも弱気になっちゃうんだよ。こんなときには、親は高齢なので無理とわかっていても、親に介助してもらえれば、どんなに楽だろうって思ったりする。ぼくの場合、ぼく自身の個人的なつながりで集まってくれる介助者たちが事業所などに登録してくれて、ぼくの介助に関わっている。これだと、ぼくの人脈が尽きた場合、介助者が集まらなくなることが考えられるんだけど、その場合、今度は、介助者集めも含めて、丸ごと、ヘルパー派遣会社に依頼することになると思うのね。そうすると、当面、ぼくの介助者不足は解消できるかもしれないけれど、現実には、派遣会社自体にヘルパーの絶対量が不足しているということがあるから、「障害」者が地域で生活することは依然として厳しいんだよね。

篠原　自前で介助者のネットワークを作りながらというのは、天野の場合、ずっとだよね。ただ、それをシステムのなかに組み込みながらというのは今日的なんだ。きみを介助している人に会うたんびに、「友だちの友だち」といった親しい気持ちになるのは、そういうこだわりがあるからかなぁ。

境屋　病気なんかして、ゆっくり休みたいと思っても、介助者のローテーションがうまくいかなくて焦ったり、人が入れ替わり立ち代りで、気を遣ったりするときなんかは、施設に入ったらどんなに楽だろうって思っちゃうよね。

介護のシステム化、町中のバリアフリー化のなかでも

境屋　私も、今は、お金が、介護する者とされる者との間に入っているけど、やり方は天野と同じだったし、いまでもそうだけれど、それだけだと足りなくなっている。そこで、やっていること・やってもらうことは基本的に

は昔からあまり変わりないんだけど、ただ私の場合、以前と比べると障害が重くなっていて、例えば、この座椅子に座らせてもらうのにも、初めての慣れてない人がやると、いよいよ面倒くさくなるし、一々説明するのが大変なのね。だから続けてくれる有償介護になる。それに、世の中が変わってきて、学生たちがバイトとかに忙しくなって、お金を出さないでは人は集まらない。それに、以前みたいに、障害を持ってる人に関心を持つ人が少なくなっている。

篠原　出産して子育てをしているころには、同世代の友だちが中心と思うけれど、出入りした若い人たちがいたわけだよね。そういう関係が変わっていくのは、いつごろからなの？

境屋　二十年くらい前かな。八八年とか八七年辺りに、以前からあったんだけど、全身性障害者介護人派遣制度を使って、初めて有償で介護を頼むということをはじめた。それ以前は、市役所のホームヘルパーさんが、一週間に二回来るだけだった。でも、有償になってから、そのホームヘルパーさんも、だんだん時間数が増えて三回とか四回になってきた。

篠原　八〇年代後半から、システム化していくんだ？振り返ると、八〇年代に入ると、施設収容を拒否して町のなかで暮らすという、あなた方の模索が処々に顕在してくるし、そのための介護の制度化、一般社会への障壁の除去（バリアフリー化）を、地方行政そして国に要求していく運動が出てくるよね。一方で、その動きを後押しするように、国連が呼び掛けた国際障害者年（一九八一年）をきっかけに、「障害者の社会参加と平等」とか「ノーマライゼーション」の思潮や施策が「上」からも出てくる。

ぼくは、これらの思潮や施策によって、一般社会での「健常」者と「障害」者の分断とか、障害の種類・程度別による囲い込みが進行することにならないかと警戒してきた。これには、「どの子も地域の学校へ」の主張や運動とか、和光での（今流の用語で言えば）バリアフリー化の分断・隔離性を問う提起とかに共鳴して納得してきたということがあるんだよね。このへんについて、いま、あなた方はどう思うかを聞きたいなぁ。

天野　いま、公共施設では障害者用駐車場があるよね。他の駐車場では、車イスで出入りするには極端に狭い。和光でどうやったかと言うと、駐車場が空いてないと、その場で、先に停めてる「健常」者の車に対して、「悪いけど、ちょっとどけてくれないかなぁ。ぼく、車イスなんで……」とか言って頼むと、どかしてくれた。人間関係のなかでやりくりしてたんだね。いまでも、町中で、本当はそうしなきゃいけないとわかっているんだけど、しんどくて面倒くさくてね。それで障害者用駐車場を使っちゃっている。

篠原　当時は、顔の見える関係だったので、やりくりが可能だったというわけだ。もう一つ、気になっていることだけど、「障害」者が町中で暮らすことはよいこと、という社会的合意は成り立ってきたように思うけれど、でも「健常」者社会に迷惑は掛けないでねっていう前提があるよね。そういう文脈で、バリアフリー化は、お互いにとって都合のよいものとして進んできたことってないかなぁ。その意味で、介助・介護の制度化、特に介助・介護の職業化・専門化というのも同じようなところがあって、ここも一種のバリアフリー化になっていると言えない?

天野　ぼくにも介助者なしで生活していた時代があるけどね。そのときは、和光時代と同じやり方だったんだけど、通行人に声掛けて手伝ってもらったり、お金を下ろすときには、銀行員に手伝ってもらったりしてね。そのころは、銀行員が駐車場でぼくを待ってるんだよね。そんなとき、町の人と触れ合ってる醍醐味があって楽しかったなぁ。だから、先生の言っている意味、よくわかるよ。介助者付きで外へ出てると、介助者がやり過ぎて、つまらない。それ以外の人との関係が広がらないものね。収容施設に入っているような気分になっちゃう。行った先でトラブルも少ないしね。

バリアフリー化の時代を捉え返し続ける

境屋さんも天野さんも、七〇年半ば、今流の言葉で言えば、バリアフリー化を拒否して、その分断・隔離性を、自他に、つまり「障害」者側にも「健常」者側にも問題提起した。振り返ると、ここには、施設隔離を拒否して町中で暮らそうとの流れが生まれてきていて、町中での特別な施設・処遇においても、「健常」者と「障害」者の分断や後者の囲い込みになってはならない、ということに鋭敏にさせられていた時代状況があった。彼らがこだわったことは、あの階段での〝オミコシ〟に代表され象徴されるのだが、生身の者たち同士の肌身の関係で生きようとすることだったし、そのころ、そのことに共鳴する「健常」者側との関係が成立したときだった。

いま、彼らも、介助・介護のシステム化、バリアフリー化のなかで暮らしているし、そのことは闘い取ってきたものでもある。にもかかわらず、そのなかで、そのシステムに囲われてしまって、関係の柔軟な広がりが後退していっていることを実感しているし、町中から施設収容への不安や衝動が生じてしまうこともあろう。

とすれば、最後のほうで語られていくお二人の葛藤的な発言は、和光大時代の彼ら自身の問題提起で照らし返されなくてはならないし、その意味で、この提起は依然として今日性を持っていると言わざるをえない。すなわち、今日、進行するバリアフリー化や介助・介護の制度化の現実を「関係」論的に点検することはいよいよ求められているし、それは、「障害」者、「健常」者、誰にとってもの課題なのである。

なお、このような問題提起は、実験と創造の場としての「大学」という時空間であったがゆえに生まれたことである、との振り返り方があるかもしれない。とすれば、「大学論として障害者問題」が成立するということが言えるかもしれない。すなわち、この問題を通して「大学」の現在を検証し、あり方を探るということである。ぼくは、在職中、そんな関心を持ってきたが、このことについては、他のところでも考え続けることにする。（二〇〇七年四月七日　天野宅にて　二〇〇七年八月十一日　境屋宅にて）

（1）『人権と教育』（大西問題を契機として「障害」者の教育権を実現する会機関紙）、五四（一九七七年　三・二〇）
（2）大学論としての「障害者」問題―和光大学での体験と思索　和光大学人文学部紀要一四　一九八〇年　五三〜六六
（3）天野誠一郎「障害者の歴史の中でのぼくとして、和光大学の階段の持つ意味と地域生活へのこだわり」『ゆきわたり』二〇〇八年一二月号
（4）横塚晃一『母よ！　殺すな』生活書院　二〇〇七年（最初の刊行、すずさわ書店　一九七五年）
（5）八木下浩一『街に生きる―ある脳性マヒ者の半生』現代書館　一九八〇年
（6）日本社会臨床学会編『施設と街のはざまで―「共に生きる」ということの現在』影書房　一九九六年

〈対話3〉久保田貞子さんと語る

「聞く」ことと「触る」ことを往復しながら

北海道から東京へ、そして「附属盲」へ

久保田貞子《くぼたていこ》さんは、一九七六年春に入学して、八〇年春に卒業しているが、ぼくは、昨年（二〇〇八年）末、二〇数年ぶりに再会した。卒業して直ぐに、日本赤十字社が運営する神奈川県ライトセンターに就職したことは承知していたが、このたび、彼女は、職場結婚の関係で転職し、現在、神奈川県保土ヶ谷県税事務所でオペレーターとして働いていることを知った。同県は、全国に先駆けて、「視覚障害」者の職場として、長年、この職種を開放してきたのだが、その需要は減ってきているとは言え、今日でも県全体で二〇人程度が働いている。特に税務署における県民からの電話受信の頻度は非常に高く、一般事務職のところだけではとても対応しきれない状態で、専門職種としての電話交換は依然として必要とされている。

久保田さんは、東京教育大学附属盲学校高等部の出身だが、中等部までは道立函館盲学校にいた。高等部は道内（札幌）にもあったのだが、そこに行けたのだが、先生たちに「附属盲」を強く勧められて上京している。

七〇年代から八〇年代にかけて見られた、「附属盲・ろう」から和光など大学へ、というパターンは、本書（対話1、5、6、7、8）においてもうかがえる。このように〝選ばれた〟「障害」者の立場と課題を、授業「障問試論」などキャンパスのところどころで、教員であるぼくや「健常」学生やのそれらと関連させながら考え続けた。本書は本〈対話〉も含めて、その一端を紹介している。彼女との出会いは、第一年度からで、その場は「障問試論」であった。

「障害」学生の発言を「健常」学生が掘り下げていく衝撃

久保田　正直言って私にとって、あの授業はとても衝撃的で、私は、それまで盲学校という温室にいたので、自分の障害とか他の障害を持っている人について、あまり真剣に向き合ったことがありませんでした。あの授業では、ほかの「障害」を持っている人も「健常」の学生もいましたよね。最初、カルチャーショックで、ただ黙って聞いていることがほとんどだったですね。

篠原　どんなふうにショックだったの。

久保田　「健常」の学生が、「障害」を持った人の発した意見についてどんどん掘り下げていくやり取りみたいなのがあったんですが、私は、こんなとき、「エッ、アッ、大変だ！」と思っても、言えずにいたんですね。

あるとき、一年先輩の竹内君が、いつものように、私のところにビラを持って来たんです。受け取るのが当然だみたいな感じでね。そのとき、私が「あなたは自分の活動を知ってほしいときだけ私のところに来るんだね」、「いくら読んでほしいって言われても、墨字のままじゃ読めじゃないの！」みたいなことを言ったらしいんですね。後日、彼は、それですごくびっくりしたと言っていました。そういうことがきっかけで、彼ともいろいろな人ともだんだん話せるようになっていったし、いろいろな価値観に接しました。かなり衝撃的な一年でした。

篠原　久保田さんが読めないと言ったとき、彼はどうしたの。

久保田　かい摘まんで読んでくれればいいと言ったのですが、それから、内容をパパッとその場で読んでくれるようになりました。

篠原　カルチャーショックはお互い様だったんだぁ。授業で話せるようになる契機が、教師から学生へからではなくて、先輩から後輩へであって、しかも、先輩が後輩に叱られるところにあったというのは愉快な話だ。

手話を学ぶべきの問い掛けに「見えない」私たちのことは？

篠原　あの授業で、越智君が、「あなた方は、我々とのコミュニケーションのために手話を学ぶべきだ」という提起をしたよね（対話6）。

久保田　はい、ありましたね。その手話は、私たちの点字みたいなものだとわかったんだけど、それを覚えるべきだと言いながら、手話の講習みたいな話まで進んだと思うんですね。しかし、その話は「健常」の人中心に展開されていて、それで私は「エッ、それじゃぁ、見えない私はどうすればいいの?　あなたは、『視覚障害』の人に手話を教えることを意識したことがあるの?」みたいなことを言った記憶がありますね。それで越智さんはどういうふうに言ったのか、覚えてないんですよ。

篠原　越智君とは先日会ったのだけれど、久保田さんたちに言われたことを覚えていて、大変ショックだったと言っていたよ。ぼくは印象深く覚えているんだけど、あなたと境屋さんが隣合わせで座っていて、私たち、「見えない」者と「手の使えない」者のことをちゃんと考えているの、あなたが向き合っている人は「健常」者だけではないかって、異口同音にしゃべったんだよ。

久保田　そういうふうなニュアンスで言ったかどうかは覚えていないけれども、「エッ、じゃぁ、私とジュンペイ（境屋）はどうするわけ?」というふうな思いはあった。

篠原　ぼくも、お二人の意見にハッとしたし、そうだよなと思いながら、異なる「障害」を持った者同士のコミュニケーションを考え出した最初のきっかけだったように思う。実は、それから二年ぐらいして、「見えない」古賀君が、筑波盲ろう短大問題などを手話でも話し出した（対話8）。この間のインタビューで、越智君は、「手の不自由な」勝又君が、手話を読めるようになったという話をしてくれた。あのころ、ぼくたちは、手話を「見る」言語、「手指を動かす」言語というオーソドックスなイメージにしばられていたのかもしれないね。

久保田　そうですね。

点字レポートを読んでほしいと言ったとき・言われたとき

篠原　あの授業にそって、もう一つ、思い出しておきたい、あなたの問題提起がある。それは、何かと言うと、当時から、「視覚障害」学生の点字の学期末レポートなどは、教務課業務として墨訳してくれて、当該の教員に渡るというシステムが大学にはあった。あなたは、教務課経由はイヤだ、レポートは思想、心情を込めた私信みたいなものだから、篠原が直接受け取って読んでほしいと言いだしたのね。

久保田　そうですね。あのころ、たぶん私が思ったのはそんな深い意味はなくて、こういう授業をしているのだったら、私も含めて、いろいろな「障害」の学生がいるのだし、先生は点字レポートくらい、ちゃんと読むべきよ、みたいな気持ちがあったんではないかなぁ。

篠原　なるほど、ぼくを試すような気持ちだったんだぁ。

久保田　たぶん私のことなので、そうだったかもしれません。

篠原　あなた方が卒業してから、何人かの教員と「手話・点字とコミュニケーション（以下、手話・点字）」という授業を開講したんだけれど、いま、久保田さんが言ったような感じで、何度も言われた。ぼくは、できないよりできたほうがいいと思ったから、何度か挑戦したんだけど、長続きしない、ついに[1]開き直って、「できない」先生の「えらそうな」授業をやると決めていくのね。それで、点字や手話ができないということを理由に、「障害」者たちとの関わりから逃げちゃいけないとか、彼らとのコミュニケーションはできないなんて絶対言わないとかって言い聞かせてきた。

ただ、あのころ、あなたの提起を〝試されている〟といった感じでは受けとめていなかったと思うなぁ。むしろレポートというのは自分の思想、心情を託するものであると主張しながら、ぼくとの直接的なコミュニケーションを求めたと思ったから、ぼくはすごく納得したんだよね。だから、どうしたのかなぁ。先輩の新井君のときには、彼にレポートを読んでもらった記憶があるし、娘が高校生になって点字を覚えたので、当該の学生には了解してもらって、娘に墨訳してもらっていたけれどもね。

久保田　私の記憶では、レポートについては、私が吹き込んだテープを渡したと思いますね。卒論は、点字のできる友人に頼んで墨訳して提出しました。

篠原　そうだったんだぁ。ぼくのところでは何も負っていないねぇ。ちょっと開き直った言い方をすると、そんな厚かましさがあって、いろんな人たちと付き合い続けられたのかもしれない。

〝触る〟点字と〝聞く〟文字を往復しながら

篠原　話題を変えさせてもらうけれど、ぼく自身、パソコンが不可欠になりつつあって、しかも、それに縛られ翻弄されていることがある。そして、それで相手を急かしたり縛ったりしていることがあって、反省することもある。そんなこともあって、ここ数年、「視覚障害」者にとって、特に「晴眼」者との関係で、パソコンとは何かを考えてきたのね。特に、「視覚障害」者にとっては、点字が自分の文字であったのに、そこへパソコンが入ってきたわけで、〝触る〟文字から〝聞く〟文字への大変更ですよね。あなたがはじめたのは何年ですか。

久保田　八〇年に卒業して、ライトセンターに入って四年目くらいなので、八〇年代半ばですね。最初は、漢点字を覚えていないと使えなかったので、すごくめんどくさかった。でも、そのうちに職場では、起案文書の作成とか事務処理にちょくちょく使いはじめたんですが、なかなか定着しなかった。二年ほどして、漢点字ができなくても、点字で入力すると、変換リストの漢字を選択してＥｎｔｅｒキーを押せば、どんどん文章を作っていけるようになりました。そして、最初は点字入力だったものが、やがていろいろな音声ソフトが出てきて、一般の人たちと同じローマ字入力もできるようになった。今では、点字入力とローマ字入力の両方を使っていますね。

篠原　そうすると、点字は、どんなときに使っていますか。

久保田　私は、ほとんどパソコン点訳本で読んでいます。点字を使うときというのはそれくらいですかね。点字を打つ場合は、職場でちょっとメモで使うくらい。

篠原　そうすると、「視覚障害」者にとって、かつては、〝聞いて〟ということもあったけれども、書き言葉に関して言うと、〝触って〟だよね。それが、ひたすら〝聞いて〟というふうに切り替わっていくわけでしょ。

久保田　必ずしもそうとは言えません。触読と音声ということで言えば、「視覚障害」者のなかでも、音声がいい人と触読がいい人ってやはり分かれるんですね。もちろん音声で聞くのは速いのですけれども、音声で聞いて済ませられるものとそうでないものがあります。例えばテキストなど、きちっと読まなくてはならない文章の場合、私は、音声で聞くだけではとても無理で、触読をしないと駄目なんで、必ず点字として印刷してもらいます。

篠原　「晴眼」者も、メールなどパソコン上でサッと読める場合と、論文を読もうなんていうときにはプリントアウトして読むものね。だから、点字からパソコンへ、ではなくて、両方を往復するんだ。触読の世界など、〝触る〟世界を疎外していくものとしてパソコンはある、といった議論がありそうだけれども、それについてはどうですか。

久保田　そうですね。でもピンディスプレイというものがあって、それをパソコンにセットすると点字が浮き上がってくるんですね。

篠原　なるほど。〝聞く〟パソコンだけでなく、〝触る〟パソコンもあるというわけだ。

久保田　なので、触って読みたければ、そうすればいいという選択は残っているので、点字に限って言えば、触ることの疎外はないと思います。ただ、例えばＰＤＦ形式とかパワーポイントとか、いろいろなものが視覚的に何でも置き換えられてくるようになっていますから、これから「視覚障害」者には確かに疎外される要素が増えていくと思いますね。

篠原　そこはどう考えても点字化が難しいということですね。

触りつつ知る世界と触る作法

篠原　触るという話でぼくには思い出があるんだけど、あなたがたが卒業するときにセーターを編んでくれたよね。ぼくや妻だと絶対選べない、とても明るい華やかな色合いなんだよね。いまではほとんど着ないけど、あるときまでずいぶん長く着させてもらいました。あれは、四、五人のチームで編んでくれたんだよね。

久保田　そうですね。隅田さんや根本さんたちがいましたね。私は、たまたま編み物ができたので、たぶん参加したんだと思います。

篠原　卒業の日だったけど、そのとき、あなたが、ぼくの着たセーターを触ったんだよ。

久保田　覚えてますよ。

篠原　そんなうれしい思い出があるんだけれども、「見える」側から言うとそれこそ触ることは普通はしないで、見て済ますというのが作法になっているところがある。したがってその分、「見えない」人の触れる世界を禁止していく、制約していくってことがあると思うのね。久保田さんにとっての体験はどうなっているんですか。

久保田　そうですね。実際触らないことにはわからないという現実は確かにあるので触られるものは極力触ります。例えば美術館に行ったときとか。あと触ってもいいですかって交渉もしますね。だけれども、「健常」者のなかで、「触らないとわからないでしょ」という私への配慮で、「私の顔、触っていいわよ」とか言う人もいますけれども、私はそういうことにはあまり興味がない。

小さいときから触っていなければ、果物一つにしたって名前と物は一致しないですよ。私の母は、デパートとかどこでもそうなんですけれども、お店の人がダメと言わない限りは自由に触らせていたという経緯があって、それによって私はたくさんのものを習得しました。

篠原　触ることで世界を知るということだと思うけど、「晴眼」者は、見ることで、触ることを先取りしてしまうんだよね。例えば、見て肌触りがよさそうと思っていても、実際に触ったら肌触りが悪いということはいくらでもある。もう一つ、あなたは、他人の顔は触らないと言われた。触るマナーは、どんなときにもあるんだと思いました。親しい「見えない」男子学生が、周囲の話を聞いて「シノハラさんのヒゲ、触らせてよ」と言って撫で回したことがあるけれど、こんな関係のときには、とても自然だったけれどね。

自宅通学にあこがれつつ寄宿者生活

久保田さんは、函館から車で二時間掛かる漁村、熊石町で生まれ育った。ただし、小学校に入るとき、彼女は函館盲学校の寄宿舎に入って、小学部に通学しだしている。間もなくして、父上は北海道電力の技師だったが、三人の子どもたちの教育のことを考えて、函館に転勤した。しかし、彼女には、学校の方針で、自宅通学は許されず、そのまま寄宿舎生活が続いた。以下では、親元を離れた生活、寄宿舎の暮らし、そして盲学校の教育を、「健常」者と「障害」者の関係という観点から振り返ってみたい。

篠原　寄宿舎制の盲学校の体験は振り返るとどうだったのですか。

久保田　そうですね。基本的な生活習慣を身につけるとかいうことで言えば寮生活はとてもプラスだったと思うんですが、ただやはり普通に親元で暮らせてたらどんなによかったかというのももちろんありますね。

篠原　それはどんなことを描くことによってですか。

久保田　例えばすっごく平凡なことなんですけれども、休みに帰ったときに一緒に買い物に行ったりはするけど、ずーっと一緒の生活のなかで親子げんかをするとか、仲良くなって元に戻っておしゃべりするとかいうことはやはりないですよね。だから私はすごくそういうものにあこがれました。東京に来て、附属盲でも、ほとんどの生徒は全国から集まってきていますから、ほとんどは寮生活だったけど、何人かは自宅通学でした。すごくうらやましかったですね。

篠原　特に小学部・中学部では、そこも訓練の場なのだ。

久保田　自分のことを自分でする、そういうための訓練ですね。

篠原　そう考えると、寄宿舎の生活が盲教育の場であり軸であって、教室の教育はそのなかの一端という印象なんだけど、どうですか。

久保田　附属盲高等部の体験で言うと、ちょっと違いますね。寄宿舎は、あくまでも一般的に必要な生活習慣を身につける場だったのに対して、教室は、カリキュラムに基づいて学力をどんどんアップさせるところでした。はっきり棲み分けされていたような気がします。

寄宿舎という枠組みの外で、特別な指導、支援が必要

篠原　ご存知のように、ぼくは、勉強ができてもできな

くても、地域の普通学校・普通学級で、一緒に育とうと呼びかけてきた経過があるんだけど、勉強はできるけれども「見えない」子どもの場合でも、そんなことがあった。しかし、そういう子は概して、盲学校に行って、やがて大学で合流するという感じだよね。そのへんは、どんなふうに思いますか。

久保田　私は、専門教育は基本的には必要だと思っているんですね。そのおかげで今の私があると思っているので。「視覚障害」者特有に必要なものはきっとあると思うんですよ。

篠原　それの中心軸は何ですか。

久保田　そうですね。よく言われていることですが、点字とか一人歩きとかは、基本的な自立という意味で、そうですね。あと、お掃除でも洗濯でも何でもすべてにおいて、「晴眼」の人と同じペースではできないわけだから、そのへんは具体的にかなり細かく見てもらわないとわからないところもある。体育の授業一つとっても大勢のなかではゆっくり教えてもらえないことも丁寧に教えてもらえるという良さもある。だけれども、例えば寄宿舎制度があって、そこに必ずはめ込まれていることがあったわけだから、そういうのはとても不自然なことだと思っています。

だから、アメリカなどにはあるそうですが、そういう枠組みのないところで、普通の学校に通いつつ、そこに、ハンディがある人たちのために先生たちが回ってきて特別な指導、援助、配慮をしてくれる、そういう形が取れればものすごくいいかなと思いますね。実際は、一応タテマエは手厚くできるところという意味で、盲学校（現在、視覚支援学校）に行かせるというのが主流ですね。

大学ですら「障害」者と「健常」者が一緒なんだから

篠原　ぼくたちは、大学で、「見える」者、「見えない」者、「聞こえる」者、「聞こえない」者、「歩ける」者、「歩けない」者が一緒のキャンパス・ライフを体験してきたんだけど、とすれば、大学でやれてることがなぜ小学校・中学校でできないのかというふうに思ってきたのね。そんな思いをもって、ゴチャゴチャいるゼミ合宿の体験などを外でもよく話してきたんだよ（対話13、14）。

一方で、ある人に言わせれば、盲学校やろう学校のていねいな教育があったがゆえに、大学生活が可能になったのだということになる。事実問題そういうところがあって、特に附属盲などに集まってくるような人たちはもともと勉強のできる人たちだし、そこで、目が見えないということも含めて配慮、援助して教育するわけだから、大学教育を受けるにふさわしい能力がそこでだから育つとかいう話は十分にある。教育効果論的な文脈で言えば、ごもっともと思うけれど、分けて教育するという問題から考えると、ぼくは、ていねいな盲教育、ろう教育にも納得していないのね。あなたの意見を聞きたいなぁ。

久保田　そうですね。ライトセンターにいた時代から、いろいろな学校に行って、「視覚障害」者についての啓発教育をしてきたんですが、その啓発プログラムのなかで私が感じたことは、偏見って、出会わないから起こるのだなということです。実感で知らないことによって、勝手に自分のなかで「障害者」の枠組みを作り、それを押し付けてくるというのがありますよね。子どもたちは、そんな枠組みを使って、いろいろな残酷な質問をするのですが、でも、子どものうちに「視覚障害」についてよりいっぱい知ってもらうことによって、彼らの印象は大きく変わる。それはすごく実感していますね。大人になればなるほど、その思い込みはなかなか排除しづらい。

先生がおっしゃるように、大学でできることなのだからというのは私も思います。子どもたちは残酷だけれども、会ってしまって、それが毎日毎日になったら、それなりに付き合っていくのではないかと思いますね。

つながりつつ一人ひとりが違うことを知る

篠原　ぼくの授業でも、「障害」者を招いて話してもらうことがあるんだけれど、例えば、ぼくは、久保田さんの「見えないまま働く」ことの体験を個別、具体的に話してもらったつもりでも、学生たちは、「視覚障害者」という人の特有な労働体験といった形で類型的に受け取ってしまうことが多いんだよね。そして、その「障害者」は遠くからやって来て、また遠くへ去っていったという感じになる。でも、クラスメート同士のなかで、あなたが話したことは、「貞子ちゃんは、そう言うけれど…」とか「あなたが言うように」とかになると思うのね。そのへんの、あなたの体験的な感想を聞かせてくれますか。

久保田　お互いが何も知らないところで出会って、何もわからない状態から触れ合うことでいろいろに知り得ていくという関係性はあると思いますね。

篠原　「エーッ、あなた、見えないの⁉」なんていう話からね。

久保田　そうなのですよ。そういう関係性のほうが自然なのかなとは思いますね。だけれどもそれだけではやはり補えない。つまり、私たちは、あまりにも絶対数が少ないわけだから、こちらから出掛けていって、こちらに目を向けてもらうということがあるんです。基本的なところだけでも理解を広げていかないとね。

篠原　基本的な理解って？

久保田　「見えない」人だって個性があって皆一人ずつ違うんだよ、例えば「見えない」人は性格が暗いって言っちゃうのは偏見なのだよということです。

篠原　一括して人を見ちゃうことだよね。久保田さんという個人が子どもの前で話すことによって、「同じ『見えない』人たちのなかにも、いろいろな人がいるんだ、一括して人を決め付けるのは間違いだ」と気付かせるわけね。一方で、同じ人間同士なんだといった、つながっている感じはどうなの。

久保田　それは、これから私が話すこととつながるかどうかわからないんですけれども、私の職場のことですが、公務員の世界もほとんど「健常」者ですよね。そこにある日突然、私という「視覚障害」の人が来ると、四十人いれば半分くらいの人しか私とは接しないんですよ。残りの人は自分とは別世界の人って感じで思っている。

でも、残りの二十人は私と付き合ってくれる。しょっちゅう付き合っているなかで最初は誘導の仕方一つ、わからなくても、ある人が私を誘導している人のを見て、また次の人が同じようにしてくれるということがあったりするんです。

あるとき、私がものすごく仲良くしていた同僚が転勤することになったとき、私が彼女に「次の事務所に行ってもし視覚障害者の人がいたら私と同じように仲良くしてね」と言ったのね。そしたら、彼女は、「それは約束できないな」と言った。「私はね、久保田さんだから仲良くしたんであって、視覚障害者でも自分が気が合わない人だったらきっと仲良くできないと思うよ」って。私は感動したんだけど、彼女は、率直で自然に私と付き合っていたのだなと思ったんです。特に職場のなかでは「視覚障害ってこうだよ」という話はほとんどしないわけで、日常の私を見て皆が理解しているだけなわけであって、そういうのがすごく自然なつながりだというふうに思いますね。

篠原　さっき、いろいろな人がいることと、人と人はつながっているということとは別々であるような聞き方をしたけれど、いまの話で、それは裏表の関係なんだってよくわかった。

いろいろ主張していく、補い合っていく

篠原　最後に、包括的な質問させてもらいますね。あなたは圧倒的な少数派として、多数派の「見える」人のな

かで生きてきたんだけど、面倒くさいとかオタオタしちゃうとかという、そういう体験って当然あると思うのね。そのへんをどんなふうにやり過ごしながら、人との関係をつくってきたか話してくれますか。

久保田　私は、いま、ほとんど「晴眼」者のなかで生活しているんですね。私にとってそれは何の違和感もないし、そんなに苦痛でもないのです。どうしてかというと、一つには、和光大学でのことがいまのベースになっている。私は、入学のころ、だれか声をかけてくれるのを待っているようなタイプでした。でも、ある人から、それでは駄目だよ、あなたが声を出さない限り周りは何もわからないんだからと言われた。そうなのだと思って、だんだん自分から声を出すことにしました。最初はすごくいろいろ戸惑いもあったんですけれども、「いざ、いろいろ言ってみたら、どうってことないじゃん」と思うようになってきた。それがベースにあって、社会に出てからも極力自分で声を掛けるようにしてきました。

篠原　キャンパス・ライフのなかで、見えないことに伴ってあなたが困ったことで、友人や先生に応援してもらったことには、具体的にどんなことがありましたか。

久保田　例えば板書が多い授業の場合、あとで読んでもらったりしましたね。学内の移動でわからなくなったりしたときには助けてもらいました。それから、板書が多い先生には、「あれ」とか「これ」とか言わずに、具体的に言ってほしいって注文しました。

篠原　ぼくも、つい代名詞で言っちゃうんだよね。言われてハッと気が付くんだけど。ぼくの場合、板書が苦手で、ろうの学生には不親切だった。その分、口で補おうとするから、逆にくどくなるけど、「視覚障害」学生には親切だったかなと思っているんだけど。

久保田　大学の授業は講義が多いですからね。聞く限り困ることはなかった。だから、休んでいる友だちに、私の講義ノートを読んであげることもありましたよ。

篠原　助け合いだね。

久保田　そうですね。補い合いというか。

いま、講壇からの教室風景を思い起こしながら

いま、ぼくは講壇からの教室風景を思い起こしている。年度初めなど、そこから教室を眺め回す。「視覚障害」学生はいるか、ろうの学生はどんなふうにいるかなどと。ろうの学生の傍には、大抵ノートテーカーか手話通訳者がいる。なかには、ろうの学生なのに周囲に声を掛ける様子もなく、ただ座っているのがいる。聞くと、「口話で大丈夫」と言う者がいるが、とはいえ、講義するぼく

にも受講する彼にも、それで自信がありそうもない。そんなとき、ぼくは、彼に代わって、受講生にノートテーカーを呼び掛けることがある。そのとき、なぜ自ら頼まないのか、自ら気付いて引き受けようとしないのかと嫌味を言いたくなるし、言うこともある。

ぼくは、手話通訳やノートテークをしやすいように講義したいと自分に言い聞かせる。しかし、すぐに、そのことを忘れて、早口になったり、〝思考翻逸〟なおしゃべりになったりしてしまう。ぼくは、緊張すると、手が強張り震えるので、板書がめちゃくちゃに困難になる。それでも、手の調子がいいときがあって、板書をすることがある。すると、ろうの学生に親切かなと思ったりする。「視覚障害」の学生には、「ここ」とか「そこ」とか言わずに丁寧に説明しようと意識したりする。でも、事態は、いつも元の木阿弥になっている。

ところで、ぼくは、彼らのために気を遣っているといった恩着せがましい気持ちを持つことはまずないと思う。それどころか、ノートテーカーも手話通訳者も、ぼくの講義を彼らにも伝えるために協力してもらっている人たちであるとの思いで、ありがたい気持ちになる。

そして、ノートテークや通訳のしやすい講義ができれば、そして、「視覚障害」学生にわかりやすい話になっているとすれば、それは、だれにもわかりやすい講義になると思ってきた。そのような思いに自信はあるが、実際に成功してきたかについてはまったく自信がない。せいぜい、それぐらいの気楽な感じでいかなければ、いろいろなハンディを抱えた学生たちを排除しない授業は成立しないと言い聞かせてもきた。（二〇〇八年九月六日　篠原研究室で）

（1）篠原「『できない』先生の『えらそうな』授業」『障害児を普通学校へ』九八号（一九八七・一一）

〈対話4〉鈴木治郎さんと振り返る

「関係」にこだわって共用施設をつくる

鈴木治郎《すずきじろう》君は、「車イス」で、一九七七年四月に入学して来た。〈対話2〉で述べたが、前年度には、境屋純子さんが「車イス」で受験して、入学前後には、大学側と彼女側の間で解くべき問題が次々と起こった。が、話し合いが進むなかで事態は徐々に改善されていった。したがって、鈴木君が入学するにあたって、大学側が難色を示すということはなかった。むしろ鈴木君側に入学に先んじて、解くべきいくつもの課題があったようである。この対話では、まずは、そのことを振り返ってみる。そして、彼も関わった、「関係」「共用」の発想に立つキャンパス内施設・設備の模索はどんなことだったのかを考える。そして、最後に、彼の社会活動・職業生活、そしてバリア・フリー化が進行する今日的状況を、かつてのキャンパス・ライフと照らし合わせながら、語り合うことにする。

大学に行きたい、とすれば歩けなくてはならない

篠原　鈴木君は、大学に入りたい、ついては歩けなくてはならない、そのためにリハビリを受けると決断していく経過があるよね。まず、そのあたりから話してくれますか。

鈴木　ぼくは、父の仕事の関係で家族と北海道で暮らしていたけれど、小学二年のときに歩く訓練を目的に家族と離れて、施設に入り、施設と併設している養護学校に通い、高等部二年まで北海道にいました。そしてまた、父の仕事の関係で、海老名（神奈川）に引っ越して、県立平塚養護学校に転校しました。ここでも、自宅通学ではなくて寄宿舎生活をしていました。そのころは車輪のついた歩行器で歩いていたんですよ。

養護学校では、大学に行くことは本当に考えられない

状況で、そのなかで「漠然となんだけど、やっぱり大学へ行きたい」と言いだしたら、先生方も家族も皆、そんな学力で行けるわけがないし、ましてや「車イス」を受け入れる大学などあるわけがないって反対されました。とすれば、歩けるようにならなくてはいけないんですよね。それで、厚木市にある七沢リハビリ（神奈川県総合リハビリテーションセンター更生ホーム）へ入ってみることにしました。

当時、われわれ「車イス障害者」が行けそうな学校は通信教育と職業訓練校くらいだったんですよ。訓練校へ行くと、結構、好条件の就労に結び付くということで、先輩たちはそこに行っていたわけですけど、ぼくは、もうちょっと違う世界に行きたい、通信大学ではなく、通って大学に行きたいと思ったんです。

篠原　当時、その養護学校では、大学に行くことなど、ほとんど考えていなかったんだ。ところが、君の場合、その前の札幌の養護学校高等部は道内唯一で、そこには優秀なのが全道から集まってきて、そのなかでも、君は勉強ができたということもあって、そんな思いを膨らませていたというわけね。

鈴木　そう、当時のもう一人の「車イス」クラスメートは北海道大学に行ったんだ。

篠原　それにしても、大学進学は車イスでは無理なので、その目的を達成するためにリハビリへとなるんだ。

リハビリ中、車イスで入学した話を聞いて車イスに乗り直す

鈴木　そういうことね。リハビリでは、もう本当に一年間きっちり歩く練習をして、自分なりには、一応歩けるようになったんだよ。でもね、両手を広げて何とかバランスを取りながら、一〇〇メートルをそれこそ二十分かけて歩くわけよ、大汗かいてね。でも、PT（理学療法士）から、この施設で歩けるようになったからと言って、これ以上、いくら頑張っても、社会で通用するほどになるとは思えないって、はっきり言われましたよ。ぼくも、とても大変だというのがわかってきたし、七沢リハビリは一年限りだったから、さて、このあと、どうしようか本当に迷っていましたよ。

そんなときに、ここに、大腿骨の骨折で手術とリハビリのために入院をしてきた和光の学生が境屋さんのことを教えてくれて、そして、彼女は、退院すると、大学の友人を介して、境屋さんや天野君や篠原先生にも会わせてくれたんだよね。

篠原　あんまりよく覚えていないけれど、そんなことが

あったね。もちろん、そのとき、車イスに乗ってきたんだよね。

鈴木　そう、そのときでしたよ、「歩けなくても行ける大学」があるのだって、はっきり知ったのは。だから、ぼくの和光大学を受けた動機は、これだけですから、もう本当に不純ですよ（笑）。でもね、やはり歩けなくても、車イスに乗ったままでも、世の中で生きていけるかもしれないと思ったことは大きかったし、重荷というかコンプレックスが取れて楽になりましたね。

篠原　そのへんのことは、大学に入ってきた当初からよく話してくれたよね。君がリハビリの最中に、境屋さんが車イスのまま大学に入ったということを聞いた途端に、君は「もう歩くの、やめたっ！」と思って、車イスにドカッと座り直したって、言うよね。もう一つ、何とかヨタヨタ歩き出した、鏡に映ったわが姿を見て、みっともない、いやだ、って思ったって言ったのを印象深く覚えている。車イスに座ったままのほうが「カッコいい」と思った君のダンディズムはなんか非常に新鮮だった。

鈴木　たしかに、そんなことがありましたね（笑）。

初めての下宿生活、そして自動車で自宅通学

篠原　とにかく合格したわけだ。君の場合、それまで学校には自宅通学ではなくて、養護学校へ施設や寄宿舎から通ったんだよね。大学には、どうしたの？

鈴木　大学にまかり間違って入ったじゃないですか。養護学校の先生も、ましてや両親は入れるわけがないと高をくくっていたから、最初に「本当に困った！　どうしよう?!」っていうことになったんです。だって入学金のこともあったけど、第一、どうやって通うんだというこ とがあったんですよね。

それをクリアしてくれたのが、先輩になる松田さんたちだった。松田さんとは、受験前に来たときに天野さんから紹介されていて、「応援するよ」って言ってくれていたんです。あのころ、松田さんは、文学科の学生と一緒に、一軒家を借りて、百合丘駅（小田急線、大学の最寄駅鶴川から三つ目）から三十分位かかるところに住んでいました。そこに居候させてもらった。そのとき、松田さんたちは、オヤジやオフクロに会いに来てくれて、「大丈夫ですから」と言ってくれたんですよ。とても心強かった。

それで、彼らと百合丘駅から、電車に乗って通いはじめました。初めての電車通学です。六月の梅雨の季節になって、学校に着いたら、皆、ビチャビチャになっちゃう。これじゃあダメだということで、車の免許を取るこ

とにしたんですけど、またしても、無茶のはじまりなんですよ。
　そのころまだ、神奈川では脳性マヒの「車イス障害」者は免許取得が難しかったので、東京で障害者を受け入れている自動車教習所で合宿してチャレンジしました。夏休み前後を使ったんだけど、なかなか取れなくて、やっと十月になんとか取れて、あんときはうれしかったなぁ。

篠原　それからは自動車通学なんだ。

鈴木　そう、それが二度目の家族との生活および自宅通学になるんですよ。ぼくは、六歳のとき一年間、就学猶予をして、北海道の地元の普通小学校に入ったんです。しかもオフクロが付き添ってね。北海道の人口三千人くらいの村だったから、ぼくら家族のことは、皆よく知っていたし、小学校ものんびりしていましたよ。教室では、教壇の台を使い、その上に畳を敷いて、寝転がって勉強していましたからね。

篠原　だけど、どうして、養護学校へ、っていう話になっていくの？

鈴木　やはり先ほども話したとおり、訓練して歩けるようになってほしいという親の思いがあったんで、訓練施設と併設している養護学校へと、なったんでしょうね。

篠原　ぼくは、学校や教育委員会の勧めで、いやいや養護学校へという話はよく聞いてきたけれど、君のような話もたしかにあったよね。

鈴木　それからずっと親元を離れて、施設や寄宿舎などに入りながら、養護学校に通うことになって、ぼくは五人きょうだいの次男だったんだけど、「どうして、オレだけっ?!」という思いはずっと拭えなかった。施設が旭川や札幌で、家族は白滝村（現在・北海道遠軽町）だったから、夏休みなんかに帰宅するときはうれしいんだけれど、十日ほどして、オフクロが送ってくれて施設に戻るときなんか、もうイヤだったなぁ。列車のなかでずっとメソメソしていましたよ。

篠原　とすれば、なおさら、和光に入って初めての、先輩の下宿に居候とか自動車での自宅通学とかはとても新鮮だったんだろうね。

養護学校では〝歩けるようになること〟が目的

篠原　先に進む前に、ちょっと、養護学校時代を振り返ってほしいんだけど、そのころの忘れられない思い出というと、どんなこと？

鈴木　ひとことで言えば、養護学校には、〝できる・できない〟、特に〝歩ける・歩けない〟という話が軸にありましたね。そのことで、いつも思い出すことは、旭川時代の養護学校中学三年のとき、修学旅行に行けなかったことで、これは悲しくて悔しかった。それまでの遠足や見学はずっと学校が仕立てたバスで行っていたから、車イスでも行けたわけだけど、その年度から、列車での移動になって、車イス組はダメだって言われた。

　そのときに、先生から「これから、オマエにはつらいこと、苦しいことがたくさんあるのだから、こんなことで泣いちゃダメだ！」って言われた。それだけでなくて、「悔しかったら、歩けるようになればいいんだ」って厳しく言われたのを覚えてますよ。

篠原　そんな言い方、もろにしたの？

鈴木　言ってましたよ。修学旅行に行けないことで、「歩けないと損だ」ということが身に沁みて、それが歩くバネになるんだとね。

篠原　そうかぁ、連れて行かないことによって、君の歩こうとする意欲を掻き立てようとするというわけだ。それにしても、言い方がひどすぎる。むしろ連れて行けないという気持ちが先にあって、あとで付けたへ理屈みたいな感じもするけどなぁ。

　それともう一つ、北海道の養護学校全体が神奈川と比べて、ほとんどの生徒は障害の程度が軽くて、何とか歩けていたということがあったんじゃないの？

鈴木　ほとんどの仲間はポリオだったからね。中学も高校も車イスは、ぼくともう一人だけでしたね。

篠原　だから、〝絶対歩けない、じゃあ、そのままでどうするか〟というイメージや発想を、養護学校の先生たちは持とうとしなかったんだ。

鈴木　それとね、あのころの養護学校って、施設と一体化していたから、それこそ全部のプログラムが「養護・訓練」と言って、社会に出るための生活訓練中心だったんですよ。

篠原　なるほどね。なかでも「自立＝二足歩行」という大前提があったんだ。

鈴木　そういうことをおかしいとか批判できるようになるのは、大学に来てからかなぁ。篠原先生には、「障害」を個人の問題にして、その個人を責めるのはおかしい、「関係」論の問題として解くのだと突きつけられましたしね。あのころの先生は、迫力があって怖かったんですよねぇ（笑）。

「スロープ」でなくて「遊歩道」に

篠原　境屋さんや天野君たちは、あの正面の〝聳え立つ〟階段問題を、スロープ化ではなくて、担ぐ・担がれる〝オミコシ〟の関係で越えていこうという提起をしたんだけど（対話2）、もう少しあとの君たちは、このイメージは前提にあったとは思うけれど、例えば、〝車イス用スロープ〟ではなくて〝遊歩道〟を作ろうといった形で、「関係」や「共用」にこだわった施設・設備を模索し出すんだよね。そのへんのことを思い出しながら、振り返ってみないか。

鈴木　あのころ、ぼくらは、あの正面の階段はできる限り避けて、脇道から入ったところにある生協食堂の傍に車を停めて、その近くの階段から、キャンパスに入るようにしていました。なぜかというと、食堂あたりに学生が一番たくさんいるから、介助してくれる学生を捕まえやすかったわけですよ。もう一つ、理由があったんだけど、正面の階段を上りきったところは舗装されていなくて、雨の日なんかはぬかるみができて、「車イス」は大変だったんだよね。

篠原　とすれば、真っ正面の階段を何とかしなきゃという話は出ていたの？

鈴木　内々には話していたけど、そこから外へ提起したことは積極的にはありませんでしたね。むしろ、大学が、やっぱりスロープを作ろうと言い出して、「障懇」で議論がはじまったんだと思いますけど。

篠原　ぼくの記憶では、当時、図書館を新設することに伴って、蔵書を台車で運びこむ坂道が必要だという話がまずあって、それじゃあ、ついでにそれを「スロープ」にもできないかという話が出てきたんだね。いまでもよく覚えているけれども、「障懇」で、山田君が予定の設計図を見ながら、「障害」者だけ、なんで、そんなに遠回りさせるのか、キャンパスにできる限り直行できるような道を考えるべきだと熱弁をふるった。

鈴木　そう、あれだと、三回くらい折り返ししなくてはならなかったからね。とすると、「歩ける」者は、そんな道を行かないから、「車イス」で行く者が分断されることになるという議論だった。そのときは、境屋さんたちがあの階段という難関を関係論的に考えてきたことが出発点になりましたね。

　車イスで手漕ぎのできる学生は、スロープにすれば、自分で移動できる、それでいいじゃないかという意見だったけれど、ぼくや山田君なんかは、関係論にこだわっていたんだよね。だから、学生間の議論では、作らないという線も出たけれど、結局、作らないという選択はしなかった。一緒に上る坂道で行こうと。

篠原　そうか、作らないという議論もあったんだ。ぼくなどは、比較的初めから、車イスを押す側にとっても楽ということや、ゆっくり裏道を散歩風に歩くというイメージなどがあって、坂道を作ることに賛成だったんだよね。当時は、学生運動が盛んだったから、中央の通りを通って研究室に行こうとすると、次々と、いくつものグループからチラシを受け取らなくてはならなくて、わずらわしいときがあってね、そんなときには、この裏通りで研究室へ向かうのもありだなって思ったのね。

鈴木　途中に踊り場を作って、ひと休みするベンチを置こうとかいうこともあって、「遊歩道」という名前が自然に出てきました。

篠原　要するに「スロープ」と呼ばせないということね。

鈴木　そうなの。だから、あの看板だって、そうじゃないですか。

篠原　看板って?!

鈴木　「遊歩道」を作った経緯を書いておこうということで、やった記憶があるんだけど……。

篠原　それは、ちょっと、いま、思い出せないなぁ。

鈴木　要するに、ときが経ったら、いつの間にか「車イス用スロープ」という名前になっちゃうんじゃないか、そうなったら、折角議論した意味がなくなるからってね。

篠原　とすれば、その看板は、「障懇」で学生と教職員で合意して書いたものに違いない。忘れてしまって申し訳ない。実は、いま、あの坂道は、完全に「車イス用スロープ」として、「障害」者側も「健常」者側も思っちゃってるし、そのようにしか使っていない。教職員のなかには、ぼくなんかもそうだけど、便利な近道の感じで使っている者がいるけどね。この間も、授業で確かめたら、あの坂道の存在それ自体を知らない者が結構いたよ。

ところで、もう一つ、あの「遊歩道」を作るにあたって、坂の角度をどうするかっていう議論をしたでしょう。君などが車イスに乗って、押す側にとって、どのくらいで十分かなどの計算をして、「障懇」で報告してくれた。たしか普通のスロープの角度よりも高かった記憶があるけれど、そのへんの話をしてくれるかな。

鈴木　あのときは、「車イス用スロープ」にはしたくない思いがあったので、一般的な角度（基準では四度）にしてしまうと、とても長いものになってしまって「専用化」するし、あの場所の景観を考えてもよくないのと、いくらスロープがあっても一人では使えない「障害」者がいる。もっぱら「押す側」を必要とする「車イス障害」者は存在するんだという前提から、若干角度が高くなったように記憶しているんですけど……。

障害者用トイレでなく「皆が使えるトイレ」を

篠原 それから「障懇」で、新設の図書館のなかに男性用と女性用の間に障害者用トイレを作る、という設計図が出てきたときに、君たちは、「障害者には性（セックス）がないというのか！」って怒り出したんだよね。

鈴木 ぼくらは、男子用トイレ、女子用トイレ、それぞれに障害者も使えるものを作ろうと言ってたんだ。

篠原 そう、しかも、そのトイレは「障害者用トイレ」と言わないで……、

鈴木 「皆が使えるトイレ」ってね。あの発想は、いまでこそ、一般社会で普通になってきたけれども、やはりすごく先駆的な考え方だったと思いますよ。

篠原 そのあと、ある女性「障害」者が、「私には、それでも不十分、私にも使えるようにしてほしい」って言って、細かい注文を出したんだよね。

鈴木 たしか、彼女は握力が極端になかった。自分でも水の流しやすい装置を付けてほしいということだったと思うよ。

篠原 そうだよね。それでぼくがいら立った。なぜ次々と、こういう体、ああいう状態に見合うトイレを作れ、というのかって言っちゃうのかってね。「皆が使えるトイレ」というのは、「障害者のためのトイレ」を作るという話とは違うんじゃないかと思ったし、ましてや、公共の施設を個別化しちゃうのはお互いにとってよくない、という思いがあったんだよね。あのとき、共感してもらえたのかなぁ。

鈴木 あのころは、障害者の側にも、違うもう一方がいて、「自分でできることは自分でしたい」、「自分でできるようにしてほしい」という思いが強かったからね。

篠原 ぼくの発言は、いま、考えても、それでよかったと思っているけれど、女性のトイレの話だからね、なんか釈然としない余韻がいまでも残っているよ。

図書館のことで、もう一つ、重要な議論があった。本棚が、人が自由に出入りできる幅を置いて何本も並ぶんだけれど、その幅の広さを、車イスでも入っていけて、そのまま回転できるようにすべきだという提起だった。君などが、古い図書館で実際に動いてみながら具体案を出したと思うんだけど、君の記憶のほうから話してくれるかなぁ。

鈴木 ぼくの記憶にあるのは、理想的には車イスと人が無理なくすれ違えるスペース幅がほしいと言ったけど、現実的に難しいので、最低車イスが向きを変えられる幅は確保すべきだと、そうすれば人と人が背中合わせでも

ゆとりのスペースが確保できるのではと、そんな話をしたのは覚えていますよ。

篠原　九〇年代の初めに、コーネル大学（アメリカ・ニューヨーク州）を訪ねたときに、建てたばかりの図書館の書棚間の幅が狭くて、障害者のアクセスを妨害していると、行政側から指摘されて、やり直したという話を聞いた。そのとき、そんなことは、和光では、十年前に問題にしていたよと誇らしかったなぁ。しかも、ぼくらの場合、学生たちからの提起からはじまっているんだよね。

「関係」の主張はプロゼミから

篠原　君たちが、「関係」とか「共用」とかにこだわって、「障害」者の施設・設備問題を考えてきた、その出発点はどのへんにあったの？

鈴木　プロゼミ（専門教育への導入ゼミ）で「関係論」をやっていたじゃないですか。あのあたりが、たぶん出発点だと思うんだけど……。

篠原　あのプロゼミには、忘れがたい面々がいたね。車イスに乗っていたのは、君のほかに勝又君がいたし、ろう者では兵藤君（対話5）がいた。すでに手話をこなしていた西村さんがいたし、論客には山田君が目立っていた。どんな議論をしたか、覚えている？

鈴木　多くの学生は、障害者と出会ったことがないので、いま、戸惑っているという話からはじめましたね。ぼくは、養護学校で過ごしてきて、同世代の健全者と全然出会ったことがないので、あんた方はどんな生活をしているか、どんな考え方をしているか、って聞いていました。そして、車イスを持ってもらうのを頼むことのシンドさとか辛さとかを話していて、先生に「また、軟弱なことを言って！」って、よく怒られたなぁ。

山田君とは、四六時中いたから、彼にもその感じ方はおかしいって、しょっちゅう言われてましたよ。「オマエといくらケンカしていても、オマエが小便に行きたいと言えば、それは、もう否でも応でも連れて行かなきゃいけないし、そこでのケンカは一回中断することになる、それは関係のなかで引きずるのだよなぁ」ってね。

篠原　その話で思い出したんだけど、ある会合で、ぼくは、ある脳性マヒの人と大ゲンカになった。長時間になったんだけど、そのあと、トイレに行ったら、彼が、そこにモゾモゾしながら立っていたんだよね。ぼくは「一時、休戦ねっ」と言って、オチンチンを引っ張り出してあげたよ。

「健常」学生山田がリーダーシップをとったこと

篠原　「障懇」などで、「遊歩道」やトイレをどう作っていくかっていう議論を思い出すとき、そこには必ず鈴木と山田がいるんだけど、でも論客は山田だったし、外目から見れば、山田が圧倒的にリーダーシップを取っているという印象は拭えなかった。

当時、「健常」者が「障害」者を利用しているとか、せいぜい「健常」者が「障害」者のために頑張っているとかいう非難や称賛がよくあってね、ぼくなんかも、そんな物言いに不快な思いや不本意な気持ちをもったことがあるんだけど、そのへんのことを、お互いは、どんなふうに思っていたの？

鈴木　たしかに、彼がリーダーシップをとってきたことは否定できないと思うよ。でも、ぼくたちの思いというか「障害者」問題というのは、「共に生きる」というところがキーワードだったから、どっちがどっちでもいいのではないかと思っていた、要は、役割分担ですよ。

ただ、やはり山田のなかでは、そのことで葛藤があったみたいね。下宿で酒を飲みながら、「同じの立場になれないけれども、オレは治郎君と付き合っていくなかで、オレにも困ってくることがあるし、そのなかで、オレが感じたことや思ったことを関係論のなかで論理展開していってもいいよねぇ」って、よく言っていましたね。

篠原　彼もそこは気にしながら発言していたんだ。そのへんのこと、彼からも聞きたかったなぁ。でも、死んじゃったんだよね、イイヤツだった。娘がオートバイで事故を起こして、本人も親もオロオロしているときに、直ぐに飛んできてくれてね、彼女にていねいに入れ知恵してくれた。我が家のことでも、そんなことが何回かあったなぁ。

大学だから、そして大学から「ありたい社会の縮図」を描く

篠原　いま、振り返って、和光大のなかで出会った体験とか問いは、現在の君にとって、どういうことだったと思いますか。

鈴木　本当に、和光に行ってよかったなと思ってますよ。やっぱり、そこで初めて「障害者の世界」を知ったのが、いまの自分になっていると思ってるから。

篠原　「障害者の世界」?!

鈴木　やっぱり自分のなかでも、他の「障害」学生のなかにも、上昇志向というか、歩きたいとかよくなりたいとか仕事も一般就労したいとか、そういう意識がかなり

あると思うんだよね。だから、片っ方では、すごく「障害」に対してコンプレックスを持っていたんですよ。

篠原　なるほど、「健常」者中心の世の中だから、なおさら、自分を含んだ「障害者の世界」を体験するし、見つめられたと言うことなんだ。でも、一方で、その世界から自由になっていくという体験もしていくんだよね

鈴木　そう。「共に生きる」という、自分にとって、とってもいい言葉にめぐり会えましたからね。「共に生きていい」のだと。

篠原　ウン、元気の出る話だなぁ。「共に生きる」という当時の話は、いまの言葉で言えば、「バリアフリー化」を問い抗する主張でもあったんだけど、障害者の社会参加と自立という今日的文脈で圧倒的に「バリアフリー化」礼賛なんで、時代後れの感がしないでもないよね。でも、ぼくは、この提起は今でも大事にしたいと思っているけど、君はどう思うの？

鈴木　当時、ぼくも山田も言ってたんだけど、大学という空間が、さっさと「バリアフリー化」を持ち込むなんてどうなんだと。その前に「関係」論をちゃんとしなかったら、大学の存在意味がないだろうってね。だから、その当時だって、ぼくは、大学外の地域の活動では、「エレベーターを付けろ、スロープを付けろ」って言うことはあるって話してましたよ。

篠原　そうか、「障害」者と「健常」者が一緒に生きていく社会のモデルを、まずは、大学のなかで描いてみたかったんだ。

鈴木　そう。「ありたい社会の縮図」ですよ。そもそも、和光には「小さな実験大学」という梅根理念があるでしょ(1)。その実験の場に「安易なバリアフリー」の持ち込みはやはりどう考えても駄目だよと。

篠原　そうだよね。そこの問いは依然としてあり続ける。

「共用」を標榜しながら「障害者優先」の現実と

鈴木　そう。でも、街中で、それを言い続けるのはしんどい。ぼくなんかも、エレベーターがあったらエレベーターを使うし、エレベーターを作らせる場合には、オレたちだけのためではなくて、「結果的に皆のため」なのだと。そのなかで何が変わってきたかというと、赤ちゃんを乗せたベビーカーやバギーが街中にたくさん出てきたではないですか。

篠原　なるほどね。でもね、二十一世紀に入ると、鶴川駅にもエレベーターができたけれども、これは「障害者やお年寄りのため」のものといった、通りがかりの人たちの意識はけっこう強いよ。なにせ、ご丁寧にも、エレ

ベーターの入口には、「障害者の方は、出来る限り、介助の方と一緒にお乗りください」って書いてある。法律がそうなっているからもともとなんだけど、「障害」者を無前提に保護・介助の対象としながら、しかもわざわざ優先するっていうのは不快だよね。このあたりの現実と、いま君が言った「共用」の話とはどんなふうに折り合いがついてきていると思う?

鈴木　ここ数年で、とても「バリアフリー化」が進んでたしかに街中が使いやすくなってきて、だから随分と「車イス」の人たちと出会うことが多くなりましたよ。

でも、このごろ、気になることなんですが、街中で、何かを頼みたくて声を掛けようとすると、見ないふりをしたり、「駅員を呼びなさい」と言われることが多くなりましたね。「バリアフリー化」が、一番大切にしたい、いやしなければならない「関係」論とか「共生」を発信しにくい環境を支えてしまうのではないかと心配なんですよ。これからは、「健常」者たちや世の中に対して「ちゃんとこちらを視ろ」「無視をするな」と言い続けることしかないのかなぁ。「障害者運動に休日(終わり)は無い」という感じですかねぇ……。

「障害当事者」の活動のなかで「共生」の　暮らしを探る

正直、ぼくは、「健常者」中心社会を問い続ける「障害者運動に休日(終わり)は無い」という鈴木君の言い聞かせ方に戸惑っている。「障害者運動」という言葉はここで初めて出てくる。大学のキャンパスでは、彼は山田君たちと、「健常」者と「障害」者が「一緒に生きる」ことを模索していたし、互いの枠を越えようとしていた。その意味で、山田君が、その運動のなかで理論的リーダーであろうとなかろうと大きな問題ではなかったと、鈴木君自らが話している。

思えば、彼が卒業して、四分の一世紀が流れている。四年生のとき、卒論を提出して卒業する予定だった。卒論はぼくのところで書いた。ところが、彼のも山田君他一名のも、明らかに中途半端な出来だった。ぼくはこの事態に納得できないと彼らに伝えた。彼らは、ぼくとの関係に誠実であろうとして、卒論提出を見合わせることにした。こうして、彼らは五年生の春を迎える。しかし、この春、鈴木君は障害者雇用枠で厚木市役所の非常勤公務員として働きだすことになるのだが、それゆえ二年間の休学をしている。その後、復学、再び一般企業で働くことをめざして就職活動をするが、「障害者」であることが大きなハンディでうまくいかなかった。

そのころ、国際障害者年（一九八一年）もあって、八〇年代には、日本社会でも「障害者の社会参加と平等」が言われるようになり、「障害」者たちは、在宅の暮しや収容施設を脱して、例えば地域作業所を共同で作っていくが、鈴木君もここに参加していく。追って神奈川県障害者自立生活支援センター（厚木市）を立ち上げて、そこで事務局長を引き受け、かれこれ十年になる。まさに「障害当事者」の運動のなかで生み出されてきた組織であり職場なのである。

鈴木君とぼくとの今回の語らいは、このセンターで行われた。既に見たように、彼は、理想の社会のあり方として、かつての大学時代における「関係」論・「共生」論に立つ具体的姿を想起しようとしていた。つまり、それは、〝いま、ここ〟の障害者運動、障害当事者たちの活動との矛盾的、緊張的関係にある「ありたい社会の縮図」でもあるのだが、鈴木君はそのような関係を承知していた。時間のこともあって、このあたりのことについては、突っ込んで語り合っていないが、彼は、「障害当事者」活動のなかでも「ありたい社会の縮図」を開き直ることなく探っているように、ぼくには感じられてならなかった。だから、かくほどに生き生きと思いを込めて、学生時代のことを語れたのである。（二〇〇八年三月二十五日神奈川県障害者自立生活支援センターにて）

（1）梅根悟『小さな実験大学』講談社　一九七五年（なお、復刻版は星林社　一九九〇年）

〈対話5〉兵藤毅さんと振り返る

聴者中心社会のなかへろう者が参加してきた道筋

筑波大学か和光大学か、のなかで

兵藤　ぼくは東京教育大学附属聾学校の出身です。高三のときには、筑波大学がすでに開学していたのですが（一九七三年）、和光とどっちにしようか考えました。筑波は、教育大学を解体して生まれたのですが、教育大にいた先生方は、和光のほうに行くか、筑波に行くかというふうに分かれたと聞いていました。そのとき、和光に行った先生のなかで、梅根悟先生がおられましたね。初代の学長さんです。その方の考え方を読んで、「開かれた大学」というキャッチフレーズに惹かれて、やはりここで学びたい、学ぶだけではなく、いろいろな人との関わりができそうだと思って、和光を選びました。

兵藤毅《ひょうどうたけし》さん（人間関係学科、一九七七年度入学）とのインタビュー冒頭で、ぼくは懐かしい話を聞くことになった。話は、六〇年代前半に戻るが、当時、梅根先生は教育大学教育学部長だったし、ぼくは、同じ学部の大学院生だった。先生は、ぼくたち院生の学習・研究条件や環境が貧弱であることを心配して、ぼくらとの話し合いを重ねていた。また、一群の教員たちが、ある「視覚障害」者を大学院に入ることを頑なに拒んでいたが、先生は、これを跳ね除けている。

　そのころ、筑波移転問題が顕在してきた。共鳴する同僚たちとこの問題には批判的な立場を表明して、「銭か自由か」「自由ではないか」と問い掛けながら、担ぎ出された学長選を闘うのだが、敗退する（一九六六年）。その直後、梅根先生は乞われて、和光大学の創立（一九六六年）に関わり初代学長を引き受けるのだが、〝小さな実験大学〟、〝開かれた大学〟を描きながら、和光大学草創期から逝去のとき（一九八〇年）までリーダーシップをとり続けた。[1]

一方、教育大学キャンパスでは、梅根先生の学長選敗退とともに、筑波移転推進派はいよいよ勢いを得ていくのだが、六〇年代後半になると、産学協同路線に立つ「国際A級大学」を目指す筑波大学構想に反対する全学的な大きなうねりも起こってくる。このころ、ぼくは助手になっていたが、次第に反対する立場を表明しながら、その渦中に翻弄されていく。一九七三年、ぼくは〝拾われる〟ような感じで、ここ和光に転職してきた。

このたび知らされたのだが、一九七〇年代後半においても、教育大学関係のキャンパスには、教育大学から筑波大学への流れだけでなく、もう一つ、教育大学から和光大学への雰囲気もあった由で、兵藤君はこのなかにいたようだ。彼が惹かれた「開かれた大学」は、梅根先生の既述の経過もあって、なかでも「障害」者に対して向けられていた理念と思われるし、それゆえ、そのことは、教育大学附属盲学校および聾学校の教員たちのなかにも記憶されていたのだろう。こんな歴史の流れのなかで、ぼくは彼と出遭うことになるのだと思うと、感慨一入である。

通して口話主義教育を受けて

さて、兵藤君は、幼児部は私立日本聾話学校（当時、東京・世田谷区、現在、町田市）、小学部は都立杉並ろう学校、そして、中・高等部は東京教育大学付附属聾学校（千葉・国府台）で、ろう教育を受けている。

兵藤　そういう流れのなかで教育方針がちょっとずつ違っていました。聾話学校では徹底した口話主義で、仮名文字やローマ字を覚えて、まずは日本語があるということを詰め込まれました。杉並ろう学校では、いろいろな子どもがいましたので、子ども同士で手話というより手まねを使ってコミュニケーションをしていました。しかし、学校の方針は当然口話主義です。附属聾のときもそうでした。でも、生徒同士の会話ではやはり手話を使うことになります。高校のときには、少し手話を使った授業もありましたが、文部省の教育方針としてはやはり口話教育中心でしたからね。

気付かれたように、兵藤君の受けた教育は一貫して口話主義であって、早期教育においては、口話能力の基礎づくりに集中している。手話は手まねと蔑まされて、ろう教育の文脈から言えば、市民権のないものだったが、しかし同世代間の日常言語になっていた。もう一つ、着目しておきたいことは、彼の場合、「附属聾」というエリート・コースへと導かれている。すなわち、大学進学は、このコースに限定されて、少しく開かれていた。兵藤君は推薦制入試を受けている。

口話から手話へ、そして手話普及の活動

篠原　入試のとき、ぼくは、君の面接を担当したことを今でもはっきり覚えているけれど、その際の高校側の推薦文が「口話能力が高い、したがって大学の授業についていける」というものだったのが、とても印象的だった。

兵藤　たしかに、私が大学に入ったころは、まだまだ門戸が狭かったという状況があって、やはり大学に入るためには、まずは「口話ができる」ということでしたね。

篠原　高校側にとっては、「口話ができる」ことがセールス・ポイントだったし、大学側にとっては、それは当然という感じだったんだよね。

兵藤　口話は、やはり手話と比べると読み取りの間違いの確率が高くなります。また読み取れない部分はもう想像で補うので、相手が言っていることと自分が受け取ることがずれてしまうことも多かったと思います。口話だけに頼るのは難しいなと思い、筆談でやり取りすることをしたし、先生（篠原）とも、そうだったと思います。ただ、プロゼミ（専門教育への導入ゼミ）を選ぶためのオリエンテーションのときに、自分の隣の人がたまたま西村さんだった。そのときに、手話通訳者がいるということを初めて知りました。

篠原　西村さんは、高校時代に手話通訳で活躍をはじめていた人だったよね。ぼくのプロゼミに決めたのは、西村さんがいたからなんだぁ。

兵藤　入学当初は口話・筆談中心にやっていこうと思っていたのですが、手話のできる「聞こえる」人がいるのだということで、まもなく、手話でコミュニケーションをする、そして、お互い仲間同士で手話を教え合う、ということをはじめていきました。そういうふうにして、手話も少しずつ広まっていったかなと思います。

篠原　使える手話の普及活動ということで言えば、君や西村さんなどが中心になって、「障害者問題を考える会（略称　障問会）」が本格的にはじめたよね。

兵藤　「手話の勉強をしましょう」と呼び掛けました。週一回、手話講習会を開いたのですが、初めのころは十人か二十人くらいで終わってしまったかなと思いますが、その後、ぼくらが二年、三年になると、少しずつ人も増

えてきて五十八、六十人くらいまでになりました。
その一、二年前から、関東聴覚障害学生懇談会がはじまっていまして、「聴覚障害学生にも聞く権利、学ぶ権利を」というスローガンを掲げて、いくつかの大学から集まって話し合っていました。そこからの影響もありますね。

篠原 そのころ、兵藤君は、その会長をしていたよね。ぼくの印象では、和光の学生たちが中心になって、他の大学の学生たちも一緒にという感じだったけれど、そうですか。当時は、どんな問題、どんな議論があったんですか。

兵藤 いや、本当にいろいろな大学から多様な学生が集まっていました。私はろう学校出身ですが、手話を知らないまま育ったインテグレーション（普通高校）出身の学生も多くいたので、ろう学生間のコミュニケーションをまずどうするかが問題になりました。ろう学生間の会話や情報保障について、口話中心でいくか手話を使ったコミュニケーションでいくかいろいろな議論がなされ、やはり手話が欠かせないという結論になりました。

口話のままで不自由をかけていた

篠原 君は、最初から「口話」を売り込んでいたから、ぼくのほうは、西村さんなどがいるときには手話通訳を頼んだりしたけれど、通して口話と筆談だったよね。それで、ほかの人が、兵藤の口話は聞きづらいとか言ったときに、彼の口話は聞き慣れてきたし、彼は、ぼくの口の形、動きに見慣れてきたので、ゆっくりしゃべれば普通に会話ができるって、当時自負していたんだよね。いまの話を聞くと、君に対して不自由をかけていたんだろうなぁ。
あのころの授業風景だけれど、君たち、ろうの学生たちがいる周囲には、手話講習会で身に付けた手話を駆使する学生たちやノートテイクする者たちがいて、教室を賑やかにしていた感じがあった。それにしても、君たちが実施するアンケートの、通訳しにくい、ノートテイクしにくい授業のランキングには、毎年、ぼくの「臨床心理学」が挙がるんだよね。板書は苦手、話の脱線はよくする、早口になりがちなど、こちらの限界や性分との関係で、ろうの学生には不親切な授業だったなぁと、長年、忸怩たる思いを引きずってきたんだ。

兵藤 別に口話を売り込んだつもりはないのですが、当時はキャンパスのどこにも「手話」という概念がなかったので苦労しました。

篠原 いまから考えると、口話を売り込んだのは君ではなくて「附属聾」側であって、売り込まれて良しと思ったのは、こちらのご都合主義だったんだなぁ。

障問会と和障研、一見対立しつつ境を越えあって

兵藤　話が少し飛びますが、大学には、障問会のほかに、和障研（和光大学「障害」者問題研究会）という、もう一つの障害者問題に関わるサークルがありましたね。外との関係で言えば、前者が全障研（全国障害者問題研究会）、後者が全障連（全国障害者解放連絡会議）とつながっている感じでした。

篠原　たしかに、ぼくの授業「障問試論」でも、養護学校の義務化（一九七九年）問題(2)では、障問会の人たちは、障害児の教育権・発達権の保障という観点から、「義務化」賛成の方に傾斜して発言していた。一方、和障研の人たちは、それは分断・隔離になると、対立的な主張をしていたよね。

兵藤　ぼくは、だれとでも付き合える、交流できるという考え方だったのですが、それでも、手話を知らない人と話すときに筆談または口話だけだとやはり気持ちが通じ合えない部分があるということで、手話も使える人たちが多かった障問会のほうに入りました。

篠原　「義務化」のことなど当時の政治的テーマでは、二つのサークルは一見対立していたようだけど、学生同士の日常的な付き合いでは、その境を気楽に越え合っているように見えたけど……。障問会にいた鈴木治郎なども和障研の山田君と、飲みながらずいぶんしゃべりこんでいたらしい。ぼくは、外でも「義務化」批判の発言をしていたけれど、「義務化」徹底派との論争は激しかったから(3)、二つのサークルのこのような人的交流をとても新鮮に感じていた。同じキャンパスのなかで、「障害」学生たちと「健常」学生が共有するいくつもの問題を一緒に考えざるを得なかったからだと思うのね。ぼくは「障懇」に先んじて、障問会と和障研が、大学側と何をどのように話していくかを協議していた様子を垣間見ながら、党派性から自由になって、人と人が交流して真剣に討論している風景はいいなぁ、和光的だぁって、ずっと思っていたんだ。

ろう者と聴者の対等な関係のための情報保障の　システム化

篠原　当時、「障懇」で、兵藤君たちは、ろう者の学習権の保障という観点から「底上げ論」を主張していたけれど、それはいまの言葉で言えば、聴者中心社会へのバリアを取り除くということだよね。ろう者の環境を「底

上げ」することで、聴者と一緒に対等に勉強するということだったと思うのだけれど、当時、君たちは、どういう形で「底上げ」をしたいと思っていたのか、そのへんをちょっとしゃべってくれますか。

兵藤　いまも同じ考え方だと思いますが、「底上げ論」というよりも、例えば、ある人が言いたいことを受けて、自分が言いたいことを相手にちゃんと返す、そんな言葉や情報のキャッチボールができる状況が対等な関係であると思っています。そのキャッチボールのためのインフラがないと、対等な関係はできない。当時は、そのようなものがなかったので、まずはその部分を作ってほしいと要望したわけです。

篠原　そのインフラというのは具体的にはどういうものだったの。

兵藤　例えば情報は空気のような存在です。つまり空気は生きていくために絶対に必要ですが、それがあるかどうかは普段は気にしないし感じません。それと同じように情報＝「ことば」も人間として生きていくために必要な要素です。コミュニケーションするのであれば、相手が何を言っているのかをお互いに理解できる・共有できる状況を作っていくことですね。手話通訳などの情報保障をするときに、その通訳者がパイプになって、私たちのほうに情報が入ってくると同時に、こちらのほうからも情報が発信できる、そのあたりがインフラだと思います。つまり、意見を出したり話すために必要な情報がまずは入ってこないと考えることができない。何もできないわけです。

篠原　「聞こえない」者にとって、音声化された情報も本来空気のはずなのだけれども、それが閉ざされちゃっているわけだから、これではろくろく生きられないではないかという話はわかった。したがって兵藤君は、そのような空気を要求してきたし、そのために、世の中に発言したり活動をしてきたと思うね。そういう点で、手話通訳のシステムを充実するとかいう話はあると思うのだけれども、そのへんは、どんなふうに作ってきたんですか。

兵藤　手話通訳制度を発展させるために、一つは、手話通訳者を養成するプログラムを作ってきました。そして、ろう者と一緒に活動できる手話のできる人たちとのネットワークを作っていく。もう一つは、このような制度を活用できるように、ろう者自身が自らを啓発するような活動をしてきました。例えば日本語が苦手な人のために日本語教室を開くとか、情報が不足して結果的に知識が足りなくなった人に対して社会教養講座を開くなどです。

そのような部分に留意して活動してきたのかなと思います。

手話通訳人口を増やしつつ「手話なしのコミュニケーション」も

篠原　なるほどね。手話通訳ができる人がより多くなるようにという、そういう運動が必要というのは、とてもよくわかる。兵藤君が卒業したあと、八〇年代に入ってからだけれども、一般教育のなかで、「手話・点字とコミュニケーション」という授業をはじめた。

兵藤　ぼくが卒業したあと、一年くらいしてからですね。

篠原　もう少しあとだけれどね。これは共担でやってきたんだけど、ぼくは手話も点字もろくろくできないまま、ずっと担当してきた。今年（二〇〇八年）は一人でなんだけどね。ここでは、自他がろう者の世界とか盲人の世界とかを描きながら、「障害」者同士、そして「障害」者と「健常」者のコミュニケーションをどう創っていけるかを、手話・点字の実習を軸に考えてきたんだ。そこで、もう一つ、やりたかったことは、実際に使える手話・点字を勉強しようという意欲とかきっかけを培うことなんだよね。簡単に言っちゃうと、手話通訳人口や点訳人口を増やすという色気を持ち続けてきた。君たちが、学生のころにはじめたことを教室のなかでもと思ってきたわけね。

他方で、「手話や手話通訳なしのコミュニケーション」をどう創っていくかは、そのようなシステム化に倍して考えなくてはと思ってきたのね。つまり、日常的にしょっちゅう手話ができる人が通訳しているわけでないわけだし、にもかかわらず、例えば、同じ教室のなかには「見えない」者や「聞こえない」者も一緒にいていいわけだし、また、教師と学生の平々凡々とした関係や家族の関係やがあったりする。そこでは、手話通訳者もいないまま、素手で、おしゃべりする、飲み食いする、といった雑多な関係があるはずだ。そういうときにも、お互いがろう者を含めて交流していくという、「手話や手話通訳なしのコミュニケーション」というのかな。兵藤君は、そういうことをどんなふうに体験してきたのか、あるいはどんなふうに考えるか、話してくれますか。

兵藤　例えば、会社のなかでは、入社したころは雇用促進の職場定着指導があって、少しは手話を使ってみようという取り組みもありましたが、人の出入りが繰り返され、いまはもう手話を使える人はいません。普通、仕事上などでは、Ｅメールをやり取りしています。飲み会のときなどには、しょうがないですから、用紙をそばに置いて筆談ですね。しかも、一人だけに負担が掛からないように、話をする本人が書く努力なども必要だと思います。そういう努力の積み重ねやまとまりが、通じ合うコミュニケーションになっていくのだと思います。非日常的な場面、例えば研修などでは手話通訳がつきます。

篠原　そういう筆談を面倒くさいとか気楽ではないとかいう、そういう人たちとの体験にぶつかることがあると思うけれど、兵藤君の側からは、そのへんはどんなふうに思ってきたんですか。

兵藤　筆談をやりたがらない人とは「話さなくてもいいかぁ」という感じですかね。書いてくれる人からコミュニケーションを広げればという感じです。聞こえる、聞こえないと関係なく、話したくない人っているると思いませんか。

篠原　まあ、そりゃそうだ。

兵藤　そういう人とは別に話さなくても。

篠原　それはお互い様だね。

書記言語、日本語、そしてろう文化宣言を考える

篠原　ちょっと理屈っぽい話なのだけれども、「聞こえる」者と「聞こえない」者の間に共通の言葉として、筆談がそうだけれども、書き言葉があるよね、書記言語というか。書記言語は、手話ができなくても口話ができなくても、字が書ければコミュニケーションできるではないかという意味で、ろう者と聴者の共通言語だと言っていいと思うけれど、この考え方についてはどう思いますか。

兵藤　たしかに、その書記言語が一応共通に使える言葉であるということは間違いないと思います。ただ、それぞれが持っている得意な言語が必ずしも書記言語であるとは限りません。例えば、「聞こえない」人の多くは、やはり手話が得意ですが、書くのが苦手という人もいっぱいいます。ですから、第一言語か第二言語かという点で、書記言語がだれにも共通する第一言語ということにはならないと思いますね。

篠原　ウン、ウン、なるほど。「共通言語は日本語である」ということで、ちょっと意見を聞きたくなったんだけど、九〇年代に入って「ろう文化宣言」が出てきますよね。(4)つまり手話（この場合、日本手話）は、ろう者というマイノリティの言語であって、日本語からは自立した独自の言語体系であるという主張だけれど、したがって、ろう者は、日本手話をろう文化として習得して、聴者中心の日本語に適応する口話も日本語対応手話も使わないというものですよね（日本手話、日本語対応手話のくわしい説明

や考えについては〈対話15〉で)。

兵藤君は、口話から手話へという流れや、手話も口話も筆談もという形のトータル・コミュニケーションの体験をしてきたようだけれど、そんな立場から、「ろう文化宣言」をどんなふうに思ってきたの?

兵藤　大学というステージでは「トータル・コミュニケーション」の考え方はいまでも通用すると思っていますが、国際障害者年(八一年)のあとにいろいろな新しい考え方が盛り込まれてきて、ろう者もいろいろなサポートがあれば、聴者と同じようにできるのだという状況になってきたと思います。「ろう文化宣言」は、そういうバックグランドの積み重ねと、やはり「聞こえる」社会とは違うという違和感とが織り成されたなかから出てきたのだと思います。手話(日本手話)も言語であって、ちゃんとした言語体系があるということは正しいと思います。手話は言語であるという考え方を作ったことはとても大きな逆転の発想というか意識革命だと思いますね。

ただ、当時「ろう文化宣言」で、一つだけちょっと違うと思っていた部分があります。それは何かというと、聴者とは全く別のろうの社会・世界があって住む世界が違うという、二つの世界を切り離して考える部分ですが、この考えには納得できませんでした。二つの文化の違いのなかで、やはりろう者も聴者も同じ社会の一員として暮らしている。一緒にできることは、どんどん付き合って一緒にやっていったほうがいいのではないかと思っています。

篠原　ぼくは、このことに関して、九〇年代末に授業「手話・点字」で、小野広祐君の問題提起を受けてから(対話15)、戸惑いながら考えてきたけれど、ろう者にとって口話主義は残酷であることに気付いたし、「目と手」による言語の自然さに気付いた。一方で、「ろう文化宣言」の立場からすると、聴者とろう者のコミュニケーションが、筆談でか手話通訳を介してしか成り立っていかないという問題では悩まされてきた。特に、ぼくの場合、子どものころからなんだけど、人前で字を書くとき、手が震えてしまい、書く字は乱れ、書くのに遅くなりといった具合で、筆談はとても苦手なのね。「ろう者」と「聴者」というふうに対比的にくると、そのはざまのハンディが見えにくくなるんだけど、例えば「聞こえない」者と「手が震える」者との間にある、個別・具体的なハンディをどう解き合うかということもあると思うんだ。日本手話とその問題については、小野君たちとも考えるので(対話15、16)、ここではこのあたりにしておこう。

ソフトの開発をしながらろう者と聴者の共同作業

篠原　大卒後の職業生活について聞きたいんだけど、君は、卒業してすぐにＮＥＣ（日本電気株式会社）に就職したよね。当時、ＮＥＣに、「聴覚障害」者として入社する話はとても珍しい話だったと思うけれども、どんな条件で入っていったのですか。

兵藤　一九七六年に雇用促進法が変わって、大手の会社で採用すべき障害者枠が決められました。ぼくは、国際障害者年である八一年卒業ですから、各社が雇用に本腰を入れはじめたころで、この法律の適用を受けるトップバッターのようなものだったんですね。私が就職したころから、「聞こえない」人で大卒の人も入ってくるようになりました。高卒のろう者のほうがずっと多かったですけど。自分が働いているところは府中（東京）ですが、入って十年間くらいは全部で七十人以上「聞こえない」人がいました。他の企業と比べても、「聞こえない」人の採用はまあ多いほうだったと思います。

でも、その後、府中では、物を作る場から事務中心の技術センターにシフトしていったので、物を作る担当の「聞こえない」人は減る一方で、いまは十人以下かもしれないですね。ぼくは、コンピュータ技術本部に配属されて、新しいコンピュータの仕様に合わせて自動的に配線するＣＡＤソフトを開発する仕事をしました。新型になるほど配線も高密度になっていくので開発が難しいですけれども面白かったです。その後は部品データ管理システムや設計情報システムの開発に関わりました。まあ、そういう仕事ですね。

篠原　いろいろな業務にコンピュータがどんどん導入されていく、そのための仕事をしてきたようですが、そのことは、ろう者の職場環境としてはよくなったんですか、悪くなったんですか。

兵藤　以前は、同じ職場の人と話すときは、ほとんど筆談と口話で終わるという状況でした。その後パソコンが普及して、一人ひとりパソコンがあるので、Ｅメールでいろいろ情報を交換し、またコミュニケーションするようになりました。そのＥメールですが、ぼくの事業部で最初に導入したのは、ぼくたち、新しい技術を使ってみようという五人位の有志でした。初めてＥメール・システムを作って、メールのやりとりができたときの喜び、それは最高の思い出ですね。ＭｏｓａｉｃというＷｅｂブラウザを使ったシステムを最初に開発したときも面白かったですね。

篠原　あぁ、それはいつごろの話ですか。

兵藤　一九八七年に試作して、一九九一年からはじめたと思います。

篠原　今日、Eメールの普及は大変なものだけど、その出発点を作ったのは、兵藤君たちだと言っていいかな。Eメールは、ろう者と聴者がコミュニケーションするのにとても便利な道具という思いも込めて開発したんだぁ。

兵藤　そうですね。メールやWebの黎明期に関わったという自負はあります。そこには、仕事の伝達だけではなくて、チャット（おしゃべり）もできればいいなぁというイメージもありましたね。

篠原　あぁ、それは貴重な話を聞きましたよ。そうすると、そのときまでのパソコンを介さないコミュニケーションしかなかったときと比べて、パソコンを媒介にしたコミュニケーションが日常化してきた体験は、どんな具合に変わったんですか。

兵藤　電子化になる前は、「聞こえる」人たちがちょっと耳にはさむような情報でも聞こえないと蚊帳の外です。でもEメールで情報が流れるようになってからはいろいろな情報がすぐに見てわかりますので、自分で意見を言えるようになりました。

篠原　あぁ、なるほどね。筆談とか口話だと、どうしても一方的な感じだったけれども、メールを介すると、まさに意見交換とかおしゃべりとか相互的な感じに変わっていったというわけね。

兵藤　そうです。チームみたいなのを作って一応チームリーダーの経験もしました。「聞こえる」人と一緒になって、仕事をするというようなこともやりましたけれども、そんなときにはメールのやり取りはいいなあと思いましたね。

仕事の集団化から個人化へのなかでEメールの役割は

兵藤　ただ、将来的には、個人主義というかチームみたいな形はなくなっていって、やはり前と比べると集団性が薄くなってくるかなと思います。

篠原　前と比べて集団性が薄くなってくるという話と、Eメールが入ることで意見の交換ができるとかおしゃべりができるとかが以前よりずっと楽になったという話とは、一見矛盾しているようで、たぶん実際は矛盾してないんだと思うけど、そこはどういうふうに考えますか。

兵藤　昔は、チームを作って皆で一緒に何かを作るとか、するとかいうことがありましたが、いまは、自分の仕事を決めて、できることをやればそれでよいという感じですね。分散型仕事システムになってきているのだと思います。

篠原　仕事がチーム・ワークでなくて、分散して個人化してきているということですが、もう少し話してくれますか。

兵藤　まず、自分の会社も年々人が減ってきています。二十年くらい前は、自分の部で言えば百人から百二十人くらいはいました。いまでは二十人くらいです。

なぜか言うと、地方に分散したり、日本ではなくてアメリカとかほかの国々に仕事を委託したりしている。先端技術を専門にする会社に発注した方が自前で開発するより安いなど、いろいろな理由から、自分や自分の部でやる内容が減ってきている。それと、工程の部分部分を複数人で分担する形から一人で全行程をやる形になってきている。そういうことですね。

篠原　Eメールが相互的なコミュニケーションを可能にしてきて、チーム・ワークがうまくいくようになったという話をしてくれたけれど、とすると、分散型の業務になってくると、Eメールの役割はどうなってくるんですか。各地、各セクション、各個人をつなぐツールとして、別の意味で、有効性を発揮しているということはないんですか。

兵藤　はい、そうですね。各地、各セクション間のやりとりや交渉は昔は電話が欠かせませんでしたが、Eメールの出現により、電話なしでユーザーサポートやコミュニケーションがとれるようになりました。いろいろな方の相談にのったり支援したりすることもできるようになり、ぼくの仕事も評価されて、結果的に課長職にもなりました。

ＩＣＴ技術の進展によって、聴覚障害のハンディを感じることなく仕事ができるようになったと思っています。今後のユビキタス技術の進展によって、生活面での恩恵も大きくなるのではないかと思います。こういうツールや手話という言語を使って、初めて「聞こえないってこういうことなんだ」ということが伝えられるようになります。今後も人と人の出会い、触れ合いを大切にしていきたいという気持ちには変わりありません。

篠原　まずは兵藤君たちが、ろう者が聴者社会に対等に参加していこうという強い思いのなかで、Eメールなどコンピュータ技術の発展と普及を促してきたのだ、と話してくれたんだけれど、それは、ろう者同士、ろう者と聴者の間だけでなく、聴者同士のコミュニケーションをも広げ高速化してきたんだよね。「必要は発明の母」という言葉を思い出した。一方で、一つの全行程を一人で丸抱えするようになってきたという話だけど、とすると、この際のコンピュータ技術は、一定の仕事を個人に閉じて完結させる有効な道具としてあることになる。このあたりの表裏性については、コミュニケーションの高速化といった問題と一緒に、改めて考えてみたい。面白い宿題を残してくれました。ありがとう。（二〇〇八年十一月一日　東京聴覚障害者自立支援センターにて）

（1）梅根悟『小さな実験大学』講談社　一九七五年（なお、復刻版は星林社　一九九〇年）

（2）日本臨床心理学会編『戦後特殊教育・その構造と論理の批判——共生・共育の原理を求めて』社会評論社　一九八〇年

（3）篠原『共生・共学か発達保障か——八〇年代日教組全国教研の争論』現代書館　一九九一年

（4）『現代思想　総特集 ろう文化』四月臨時増刊（一九九六年、VOL二四～〇五）

〈対話6〉越智大輔さんと語る

聴覚障害者の社会参加——情報保障と教育の充実

大学で手話を学ぼうと呼び掛けて

渋谷駅（JR山手線）から徒歩十分ほどのところに東京聴覚障害者自立支援センターがある。静かな住宅街のなかにある三階建ての瀟洒なビルだが、そこに同センターの運営主体でもある社団法人東京都聴覚障害者連盟がある。ぼくは、昨秋（二〇〇八年）、その事務局長、越智《おち》大輔《だいすけ》さんを訪ねた。同僚職員の内藤理奈さんが手話通訳をしてくださった。

越智さんは、六歳のときに失聴している。小・中・高と、福岡県立直方ろう学校で教育を受けたが、そのあと、東京教育大学附属ろう学校の専攻科（印刷）に入るのだが、そこにろう者の先生がいて、聞こえなくても入れる大学があることを教えてくれた。それ以前にはまったく思いもよらないことだったが、大学進学の希望を膨らませて、一九七八年春、文学科に入学している。ぼくとは、一年して、授業「障問試論」で出会っている。

篠原　ぼくの授業で、あなたが、「ここにいるすべての者は手話を学ぶべきだ、そのことによって、われわれの学習する権利の保障を応援すべきだ」と呼び掛けて、議論がはじまったことがありましたね。

越智　ほぼ三十年近く前の話になりますからね。「聞こえない」人に対して理解を得るためには、まずコミュニケーションが大切なので、そのためにも、必要な話ができる手話を覚えてほしいという話をした記憶があります。

一年のとき、講義などに出てもまったくわからず、退学しようかと悩んでいました。そのころ、関東聴覚障害学生懇談会（関東聴懇）に出ていまして、皆も頑張っている、私も頑張ろうと思い直して、二年になって先生の授業にも出るようになったんですが、関東聴懇で影響を受けた勢いで要求したと思いますね。

篠原　ぼくも含めて皆、びびりながらということはあったと思うけれども、その問い掛けをまじめに受けとめたと思うのね。そのころ、和光のなかでは、役に立つ手話ができる、一群の学生たちが増えてきたと思うのだけれども、越智さんの問い掛けは、その後、周囲にどんな影響を与えていったのですか。

越智　たしかに増えましたね。私だけではなくて、何人か「聞こえない」学生がいましたので、数が多かったということも影響したと思います。

篠原　当時、ろうの学生たちはどのくらいいたんですか。

越智　一学年にだいたい三名ぐらいいましたから、十〜十二名はいたと思います。ろう学校出身で手話が堪能の人もいれば、一般の学校出身で手話がまったくできない人もいました。

「見えない」者も「手の動かない」者も手話を覚え出して

篠原　もう一つ、越智さんが手話をやれというふうに言ったときに、手の不自由な境屋さん（対話2）と目の見えない久保田さん（対話3）が、越智さんに向かって、「あなたの主張は、手が使えない私のこと、考えてるのかしら？」、「見えない私のことは？」って言い出したのね。越智さんの主張は、「健常」者に問い掛けているのであって、「手が不自由な」者とか「見えない」者とかにつながろうとしていないという批判をしたんだよね。

越智　覚えています。それでちょっとショックを受けまして、その後、強く言えなくなったということがあります。ただ、そのあとに、例えば三浦さんという視覚障害の女性が手話を覚えて、手話で話をしました。また、脳性マヒの勝又さんが、手話を覚えたいと言うんですね。手が動かないのに無理ではないかと思うと言ったら、「そうかもしれないけど、越智さんの言いたいことを知りたい」と言ったのです。それで感動して、彼には手話を見てもらって教えたんですが、卒業の近いころには、私の手話を読み取れるようになっていました。

篠原　たしかに手話は「目と手」の言葉なのだから、「見えない」人、「手が動かない」人が手話を習得することは難しい。だから、越智さんの問い掛けには、彼女たちが射程に入っているのかという反論があったのだけれど、これは、「関係」論的に言えば、「手話が大事」と強調するときの問題として依然としていまでも通用する問いだと思うのね。ただ、「聞こえない」者と「見えない」者とのコミュニケーションは無理と言ってはならないし、

「手話なしのコミュニケーション」という宿題はあり続けると思う。

一方で、三浦さんの話は、見えなくても、口で聞いて、手で触って、手話を習得するということだし、勝又君の場合は、手話での発信は困難でも受信は可能だということだよね。彼の話は今日初めて聞いたけれど、彼は、手も足も不自由、言語障害もひどかったけれど、厚かましいほどに、誰とでも、何とか付き合おうとする挑戦的な人だったから、さもありなんと思ったなぁ。

実は、越智さんより二年ほど後輩だと思うけれど、「視覚障害」者の古賀君（対話8）が、ぼくの授業で、筑波盲ろう短大設置反対運動の問題提起をしたときに、ろうの学生がいたということがあって、手話も加えて話し出したんだよね。ぼくは、久保田さん（対話3）たちの提起を引きずっていたから、その風景は衝撃的だったなぁ。

盲ろう短大設置反対運動は、和光の「聴覚・視覚障害」学生と「附属盲・ろう」の卒業生が中心になって進めていたと思うけれど、「見えない」者と「聞こえない」者が共闘したんだよね。共闘のなかで「手話」が必要になってきて、古賀君も手話を覚えたって、聞いたなぁ。

「「筑波盲ろう短大」構想は、七〇年代後半、聴覚障害者、視覚障害者それぞれの教育関係諸団体が彼らのための高等教育機関の設立を要望する動きからはじまる。この動きは、一〇年ほど推進と反対の渦のなかにあったが、一九八七年、国立筑波技術短大（三年制）として開設された。二〇〇五年には、国立大学法人筑波技術大学となる。ただし、教育対象者は聴覚障害者と視覚障害者に限られている。」

なぜ筑波盲ろう短大設置に反対したか

篠原　越智さんは、どんな感じで反対だったんですか。
越智　私は正直に言って、当初、短大設置は賛成でした。母校の先生たちは推進派ということもあってね。しかし、大学に入って、いろいろな情報を知り議論するにつれて、当時のろう学校・ろう教育の問題がわかってきて、この延長線上に大学を作ることはよくないということで、反対派に変わりました。
篠原　ろう学校の問題を言うときに、ろう者だけの学校なので、彼らは、「健常」児とかいろんな子どもたちと出会えないといった隔離教育批判が、一つにはありますね。もう一つには、ろう学校は、結局、「健聴」社会に参加するために口話を強いる教育なので、ろう児のためではないという批判があります。越智さんは、ろう教育をどんなふうに変えていきたいと思ってきたんですか。

越智　コミュニケーションとして口話はあってもいい。でも、ろう教育から手話を排除するのはおかしいというところからはじまりました。そのあとは更に、「聞こえる」人に合わせるための口話という考え方はやはりおかしい、聞こえない立場のアイデンティティーをきちんと形成していくべきと主張してきました。

篠原　ぼくは、「普通学校のなかで、知恵遅れの子も、目が見えない子も、耳が聞こえない子も一緒に勉強すればいいではないか。何とかやり繰りしちゃおうよ」と言ってきたんだけど、ろう教育を改革して、母語としての手話を習得しながら、ろう者のアイデンティティーをしっかりと確立させていくという話から言うと、ぼくみたいな考え方はだめなんだけど、越智さんは、ぼくのような意見についてはどんなふうに思いますか。もう一つ、盲ろう短大設置反対の論理の一つに、「養護学校義務化・大学版」という主張があって、障害者がこの短大に隔離されていくという批判があったと思うけれど、このあたりは、どう考えていたんですか。

越智　サラマンカ宣言(1)に対して、世界ろう連盟（WED）は「インクルージョンの理念には賛同するが、ろう児にはコミュニケーションの保障とろう児の集団（コミュニティ）の保障が必要」と言っています。コミュニケーションの保障というより、「言語獲得の保障」と言った方がいいかもしれません。でも、ろう児だけ、というのもどうかと思うんですね。「聞こえる」人との触れ合いも必要と思います。両立できれば理想なのですが。

トータル・コミュニケーションからバイリンガル法へ

篠原　越智さんは、ろう教育への手話の本格的な導入ということを主張してきたようだけれど、同時に、口話もあってもいいと言っていますね。

越智　三十年間、ろう教育問題に取り組んできたんですが、手話をろう学校に入れてほしいという取り組みからはじめました。一つは、手話を言語として指導するやり方ですが、効果も高いと思っています。ただそれだけというのもどうかなと思うのです。結局、口話法のなかで手話を排除したのと同じことを繰り返しているのではないかと思うわけです。

何年か前にアメリカで「聞こえない」人が〝ミス・アメリカ〟になったことがありますが、彼女の生い立ちを書いた本のなかでは、手話法の学校が合わなくて、口話法の学校に代わって伸びたというふうに書いてありました。いまは手話を勉強して、「聞こえない」人の相談役みたいなこともやっているようです。そういうこともありますから、幅広い選択肢を用意して、そのなかで自分に合ったプログラムを選べるというのが理想的だと思います。

篠原　越智さんは、手話だけの教育、口話だけの教育、いずれもだめで、口話も手話も、どちらも教える教育とか、いずれかを自由に選択できる教育であるべきだと言っているようだけれど、もう一つ、「聞こえない」者と「聞こえる」者の関係で手話か口話かを考えるというテーマがあると思うのね。

すなわち、日本社会では日本語を身に付けて、それがとても便利な言葉になっているように、ろう者同士のなかには母語としての手話があって、それがもっとも自然なことというのは、ここ数年で気付いてきたし、すごく共感するのね。一方で、例えば、「聞こえる」教員と「聞こえない」学生が、教室のなかで出会っちゃうと、ろう者にとっては口話だけでは困るし、反対に聴者にとっては手話だけだと困惑する。聴者とろう者が日常のなかでコミュニケーションしていくとき、そこには、ノートテークキングも口話も手話も身振り手振りも、チャンポンにあってしまうだろうし、そのような関係が日常的に長く続いていけば、自ずと、それなりのコミュニケーションの仕方が成り立ってくると思うのだけれど、越智さんは、そのへんはどんなふうに考えますか。

越智　誤解されていないかなと思うんですが、私たちは、まずは手話を言語としてきちんと身に付けて基礎を作り、その上で、その国の言葉の読み書きをマスターするのがよいと思っています。なぜかというと、やはり「聞こえる」社会に対応しなければならない。手話だけを覚えても周りには理解してもらえない。それをバイリンガルと言います。そうであれば、コミュニケーションは筆談でもいいし、おっしゃるように身振りでもいいと思います。それ以外のコミュニケーションもあるかもしれませんね。いままでのろう教育の問題は何かというと、なかなか基礎になる言語、つまり手話を身に付けられなかったということがあると思います。

篠原　たしかに少し誤解していましたね。まずは、基礎として手話を習得しつつ、追って、日本語を学ぶという順番を大切にしたろう教育が必要ということですね。

越智　そうです。これをバイリンガル法と言いますが、これは、言うまでもなく口話主義と違いますが、トータル・コミュニケーション法とも違うのです。フィンランドのデータがここにありますが、口話法、トータル・コミュニケーション法、バイリンガル法の指導をやってきて、その人たちに対して、「健聴」者並みの学力を付けられたかという調査をやったんですね。その結果は、口話五％、トータル・コミュニケーション二五％、バイリンガル七〇％とのことでした。口話教育では、学力を身に付けられないということが一目瞭然になったのです。

実は、トータル・コミュニケーションの場合、手話もやるし口話もやるし何でもやるということで、私は、これこそが一番いい方法だと思っていました。でもフィンランドの結果などを見て気付くのですが、それは、音声言語と手話という二つの言語を平行して使っているうちに、両方が中途半端になってしまうので、基本になる言語が確立しにくいということがある。

篠原　なるほど。たしかに聴者の場合、例えば日本社会のなかで言えば、親からとか周囲の年上の者たちからといった格好で、まずは、母語としての日本語を身に付けていくわけで、追って、場合によっては、英語を身に付けるとか手話を習得するとかっていう話があるわけだよね。そして、例えばアメリカ人としゃべろうとするとき、これはちゃんぽんではいかないよね。相手が日本語がわかれば日本語で話すし、こちらが英語を習得していれば英語になる。そして、両者がともに相手の言葉を知らなければ、両方の言葉に通じている通訳に入ってもらうことになる。そう考えると、そう簡単に〝トータル・コミュニケーション〟ではうまくいかないというのはわかる。

でも、日常のコミュニケーションでは、多くの場合、〝トータル・コミュニケーション〟になりがちだよね。越智さんの提言するバイリンガル法は、最終的には、日本語の読み書きがちゃんとできる、基礎的な学力が身に付くという課題との関連で有効であると言っているようだけど、そのような理解でいいですか。

越智　そうなのですが、実際にバイリンガルから日本語の読み書きに結び付けられるかどうかはこれからの取り組み次第だと思うんです。まだまだ課題は多いです。でも一番有効な手段ではないか思っています。

手話はろう教育では禁止だったけれど

篠原　ところで、ろう者が母語としての手話を身に付ける場所だけれども、本来、ろう学校であるべきだということでしょうが、実際は、まだまだなんでしょう。いままでは、どんな場所があったと考えますか。

越智　ろう学校では先ほどお話したように、手話を排除してきたわけなので、機会が狭められてきていました。またろう学校は勉強するだけで、日常的なコミュニケーションは少なかったのです。日常的なコミュニケーションはやはり家庭になるわけですけれども、だれも手話ができない家庭環境では、なかなか言葉を身に付けられないというのがあります。それで、比較的学力の高い「聞こえない」人の経験を聞いてみたのですけれども、二つの環境が目立ちます。一つが、両親が聞こえない、デフ・ファミリーですけれども、もう一つは、小さいときから寮にいた場合ですね。

ろう学校はいまは減ってきましたけれども、昔は、ほとんど寄宿舎がありましたので、幼稚部から高校まで一緒に寮で暮らしていたわけです。そのなかで先輩の手話を日常的に見て育つという傾向があります。

私の場合、六歳のときに聞こえなくなったのですが、小学校一年に入ったばかりのときでした。ろう学校は近くにあったのですが、小学部の六年間、寄宿舎に入って、教室にはいまでいう学童保育みたいな感じで通っていましたが、寄宿舎で手話を身に付けられたことがよかったと思っています。

篠原　一方で、ろう学校のなかでは、手話を禁止しましたよね。

越智　そのときは、何となく抵抗は感じつつも、それが社会の考え方ならば仕方がない、といった雰囲気で受けとめていましたね。

篠原　いまは、ろう学校での手話教育はどの程度に普及しているのですか。日常的に身に付けてきた手話と、手話教育のなかの手話とは、どこが同じで、どんなふうに違うと考えますか。

越智　手話を否定する学校はもうほとんどないと思いますが、積極的に手話を取り入れている学校はまだごく一部だけという感じです。手話を教育場面で有効に使うためには、言語レベルでの手話をマスターした教師が必要ですが、ほとんどいないというのがネックになっています。

「ろう」というアイデンティティの排他性が気になる

篠原　ちょっと話は飛ぶけれども、いま、ぼくはさっきから「聴覚障害者」と言ったり、「ろう者」と言ったりしているんだけど、越智さんは、「聞こえない」自分とか他の人をどんなふうに呼んだらいいと思いますか。いま、和光のなかでは、自分たちは「聴覚障害者」ではない、「ろう者」だ、っていう感じが強くて、ぼくなどは、学内では「ろう者」という言葉を使っている。それに対して、「見えない」人との関係で言うと、「盲人」という言葉よりも「視覚障害者」という言葉のほうが、自分にはピンとくると言う人がいる。「盲人」というのは差別されている、見下げられている感じがするというのね。

そんなわけで、ぼくは、相手によってとか、和光という場の内か外かによってとかで、呼び方を変えているところがある。でも、ぼくは、「びっこ」とか「めくら」とか「つんぼ」とかいう乱暴な言葉にしても、どういう関係とか心根でしゃべるかが問題なのであって、どんなに丁寧に呼んでるつもりでも、その関係や心根が重要だと思っているのね。このあたり、越智さんはどんなふうに思いますか。

越智　言葉の歴史的な問題を考える必要はあるとも思いますけれども、大切なことは言っている本人の気持ち持ち方だと思いますね。それを受けとめる本人の気持ちの持ち方もあると思います。私は、呼び方そのものはそんなに重く見ていません。いまも社会では「障害」の「害」を「がい」に変えるという雰囲気もありますが、正直抵抗があります。表だけ変えても、中身が伴わなければ同じことなのではないか。だったらこのままのほうがいい、という気持ちもあります。

篠原　ぼくも同感だな。そもそも「障害者」って、「社会や他人に差し障りがあって損害を与える者」という意味ですよね。だから、この言葉自体がとんでもない差別的な見方を表現している。そもそも「障」という漢字を残しながら「障がい者」なんて、尻尾隠して頭隠さずの感じで、とてもおかしい。

越智さんは、ご自分を「聴覚障害者」、「ろう者」、「つんぼ」などのどれで自己紹介するんですか。

越智　「つんぼ」は言いませんけれども、どちらかというと「聴覚障害」というふうに言うことが多いです。「ろう」と言われても抵抗はありませんけれども、なぜ、自分からは「聴覚障害」と言っているかというと、やはり「中途失聴」なのですね。基礎になるのは音声言語なので、その上に手話がある。そういう意味では完全な「ろう者」ではないと思っています。

篠原　「ろう者」を主張する仕方のなかで、自分たちは「障害者」ではないという強調があるのが気になってきたのね。というのは、「障害者」という一群が他のところにいて、そこを見下げながら言っているような感じがする。それから、もう一つ、「ろう者」と言ったときに、いま、越智さんが言ったように、途中失聴の人は「ろう者」ではないという意味合いが込められていますね。だんだん年を取ってきて聞こえなくなっちゃう人とか、あるいは難聴の人とか、そういう人は「ろう者」ではないという言い方をして、自らを「ろう者」であると主張することで、特別なアイデンティティーを強調するというのは抵抗があるなぁ。授業でも、そういう議論をしてきたんだけど、そのへんについて、越智さんはどんなふうに思っていますか。

越智　長いあいだ、ろう学校などで抑えられてきた気持ちの反動という面もあるかもしれません。だからちょっとアイデンティティーを出し過ぎる面が、いまの若い「聴覚障害」者にあるのではないかと思います。私自身も正直言うと「聴覚障害」という言葉と「ろう」という言葉、どっちのほうがいいのかと聞かれれば、「ろう」のほうがいいと答えますね。けれども自分自身はやはり「ろう」ではない、残念だなという気持ちもあるのです。

「難聴」を強調するときの気持ちを省みる

篠原　なるほどね。話はちょっと違うかもしれないけれど、ぼくなどから言うと、まったく「聞こえない」人だと思って、そういう感じでその人と付き合うことがあるのだけれども、そんなときでも、「私はろう者ではなくて難聴です」と言われることがあるんだけど。

越智　言いますね。

篠原　聴者の側から言うと、「難聴」と言われたときには、でかい声を出せば聞こえるのだろうとか、耳元でしゃべれば大丈夫だろうとか思っちゃうのね。「聞こえない」側が「難聴」というときの思いと、聴者の「難聴」概念とは違っている場合があるよね。

越智　あると思いますね。例えば、「『聞こえる』人に負けないように頑張れ」と言われて育った環境では、耳が聞こえなくても、自分は「聴覚障害者」ではなくて、「健聴」者に近いという意味で「難聴」という立場を強調する人もいます。

篠原　なるほどね。自分は「聴者」とは言い切れないけれども、「全ろう」なんて言わせないという、何かそういう感じかな。

越智　ウン、そうですね。そういう人のろう者のイメージは差別的な見方や考え方になる場合があると思いますね。

篠原　「聞こえない」ことに対する、社会全体のネガティブな感じ方や考え方が、全体として底深くあって、そこから「ろう」、「難聴」、「聴覚障害」それぞれに対する価値観や感情が成立していると思うんだけれど、越智さんは、「聞こえない」ことをどんなふうに考えてきましたか。

越智　昔はたしかに「障害者」って社会的に劣った者というか、悪いイメージがありましたよね。または「気の毒な人」といった哀れみの目で見られたりして。その結果、障害者自身も自分の障害をマイナスとして捉えることが多かったと思います。私も正直言って、昔は「ろう」は劣っていて、「聴覚障害者」や「難聴」が上といった気持ちだったときがありました。それが変わってきたのは、ろう運動をはじめてから素晴らしい実績を残した多くのろう先輩に接したことと、世界ろう者会議に参加してからです。欧米のろう者は自分が「Deaf」であることに対して全然引け目を感じていませんでした。「デフ・ジョーク」とか言って、例えば発音が不明瞭と言われるろう者の特徴を自らジョークにしてしまう発想は衝撃的でした。マイナス思考がプラスに変わったとき、「聞こえない」ということは恥ずかしいことではないと思えるようになりました。むしろ自分を成長させてくれた糧であるとも思えます。

篠原　越智さんの個人史のなかでも、「聞こえない」自分をどう表現するかで葛藤してきたんですね。特に、生まれつきのまったく「聞こえない」人たちの「ろう者であること」の宣言は、越智さんの立場を揺り動かしてきたし、展開させてきたんだぁ。

情報保障とろう教育の充実を願って

篠原　八〇年代以降だと思うけれども、「障害者の社会参加と自立」という話があって、越智さんは、そのなかで、長年、活動をしてきたんですよね。それは、国際障害者年とか、欧米からのいろいろな影響もあったろうけれども、もう一方で、ご自身も含めて、ろう者が差別されてきた歴史を跳ね返していこうという内側からの思いもあって、今日の展開になっているのだと思うんだけれども、越智さんは、何をやりたかったのですか。

越智　ろう運動のなかではやはり情報保障がポイントだったと思います。手話通訳の制度化とかです。それももちろん大切なことですけれども、私自身、繰り返しお話しましたように、その根っこにあるのは教育の問題だと思っています。情報保障があっても、そこの部分がきちんと解決していないままだと、根本的な問題は解決できない、という思いでやってきました。

篠原　その教育っていうのは、自分の言語をきちんと身に付けるということですね。

越智　そうですね。言語をきちんと身に付けて、自分自身の力を十分発揮できる基本を身に付けることです。そういう基礎がないまま、情報がない、知識がない、学力がない、という状態では、いかに情報保障しても、やはり問題は解決しないと思っています。

バリアフリーはシステム化問題として

篠原　話が飛びますが、「バリアフリー」は「障害者の社会参加と自立」のために出てきたものだけれど、そのなかで「障害」者用施設・設備が強調されて、一般社会のなかでの「健常」者との分断が起こっていると思うことがあるのだけれど。

越智　ウーン、そのあたりは難しいところですね。私自身も悩むところです。バリアフリーの関係でも、たしかに最初は障害者のために用意したものが健常者にとっても便利だということで、普及していくものもいくつかあります。例えば、行き先や次々の駅を知らせる車内に設けられた電光文字表示板です。車内放送では、われわれ聴覚障害者は、次はどこに停まるのかはわからないので、この設置運動をしました。いまはバスにも付いています。付けはじめたらば、「聞こえる」人にとっても、雑音のなかでアナウンスが聞き取れないときなど、便利だということで普及してきたということがあります。

篠原　なるほどね。あれは、「聴覚障害」者が要求するところからはじまったんだぁ。いまでは、ぼくら「聞こえる」者も当り前のように使っているよね。英語、中国語、朝鮮語でも表示されるところがあるから、外国人にも便利ということだよね。

ところで、「バリアフリー」という言葉は、八〇年代に入っても、ほとんど聞かなかった。ところが、昨今は、なんでも「バリアフリー」って言っているような気がする。例えば、「知的障害」者に対する〝正しい理解〟があるという前提があって、それが成立していない状態を「健常」者の〝心のバリア〟って言ってしまうんだよね。手話通訳、点字、パソコンなど、それまで普段に使ってきたものまでをバリアフリーと呼んで、何か大仰に福祉のカテゴリーに括ったりする、そんな昨今の風潮が気になっている。

越智　正直言って「バリアフリー」という言葉はたしかに便利な言葉です。その言葉を使うことで、問題があることをわかってもらいやすいというのがあります。そういう意味で使わせてもらうことは多いです。もう十年くらい前ですが、この言葉が普及しはじめたころ、東京都で福祉のまちづくり検討委員会がスタートしまして、私も委員として参加しました。そのときのバリアフリーというシステムには物理的な部分が多かった。スロープとかエレベーターとか点字ブロックとかで、私たち耳の聞こえない立場では、ほとんど関係がなかった。やはり「聞こえない」立場でも壁（バリア）というか問題は多い。委員会のなかで繰り返し主張してきたのは、物理的なバリア以外にも、精神的な目に見えないバリアがあり、そのなかで情報保障とかいう問題もあるということです。ほかにも、障害者教育のなかで本人の力や意欲を育てる、もう一つ、一般の学校のなかで障害者に関する理解を広める、そういうバリアフリー運動も必要ではないかと。

篠原　越智さんは、人の配置まで含めて、バリアフリーというのを考えてきたのだとわかった。例えば、今日は内藤さんが通訳をしてくださっているのだけれども、英語しか知らない人と日本語しか知らない人が話をしようとするときに、英語も日本語もできる人に通訳を頼みますよね。そのあたりまでも、バリアフリー化とか言って、制度化の枠で括ってしまうのは何かもったいないという感じがするんだけど。

越智　おっしゃる意味、わかります。いま、内藤に手話通訳をやってもらっていることがバリアフリーかと聞かれると、ちょっと違うなとは思いますね。個人と個人の関係にもバリアはいまもありますけれども、それを無くすことがバリアフリーと言うのもちょっと違うと思いますね。私としては、バリアフリーは個人ではなくて社会に関わることなので、例えば公的なイベントに手話通訳を付けるのはバリアフリーだと思います。

篠原　個人や個々人間のバリア（障壁）を、福祉施策・制度や財政保障の文脈で取り除いていこうとするときに「バリアフリー化」と呼んだらということですね。本当は、このバリアフリー化に、どんな問題、課題をあるかを論じてみたいのだけれど、これについては、他の人たちとも考えていますが（対話2、4）、越智さんとも改めて話してみたい。今日は、面白かった。ありがとうございました。（二〇〇八年三月二十四日　東京聴覚障害者自立支援センターにて）

（1）嶺井正也 & シャロン・ラストマイアー『インクルーシヴ教育に向かって―「サラマンカ宣言」から「障害者権利条約」へ』八月書館　二〇〇八年

第Ⅱ部　さまざまな「障害」に直面しながら共に学ぶ

〈対話7〉瀬川三枝子さんと振り返る

「見えない」ことから「女性である」ことを視る

「人間関係学科」という曖昧な名前に惹かれて

瀬川三枝子《せがわみえこ》さんは、東京教育大学附属盲学校（現、筑波大学附属視覚特別支援学校）高等部の卒業である。「附属盲・ろう」から和光へのパターンは、すでに他でも紹介したが、彼女には彼女の生活史がある。中学部まで、沼津（静岡県）の盲学校にいたが、高等部は県内では浜松にしかなかった。担任は、勉強ができたということで「附属盲」を勧めた。そして「盲学校の先生になって、戻っておいで」と励ましてくれた。当時、これは、「勉強のできる盲人」にとっての理想の職業と思われていて、瀬川さんも、そのあたりかなぁと思ったが、さっさと他人に将来を決められたくないと思った。ところで、「附属盲」に来ると、大学に行こうとしている人たちが沢山いることがわかった。一年のとき、たまたま母校を訪れた和光に通う先輩、正司さんと出会った。「人間関係学科の学生」だと言った。

東大とか早稲田は知っていたが、和光は初めて聞いた名前だった。その後、正司さんとの付き合いが続く一方で、二年になると、授業「倫理・社会」での岩崎先生の問い掛けに惹かれた。差別問題を扱った本を読んでリポートする課題が出されて、いろいろな差別問題があることを知った。卒業するときまで、校内で開かれていた岩崎先生が主宰する小さな研究会に参加するのだが、在校生は自分ともう一人ぐらいだった。それはすごく新鮮な体験だった。

大学受験にあたっては、英語はだめだし文学もだめだし、数学も理系もだめだし、そうすると残るは社会科学系しかないかなと思ったが、かと言って、詳しいことはわかりようがなかった。社会福祉系の大学も受けてみたが、どうしても「福祉の道」には気が進まなかった。こうして、一応、社会科学系らしい「人間関係学科」という領域のはっきりしない、でも何でもできそうな学科のある和光に行くことにした（一九七九年）。

当時、すでに「附属盲」では、東大、早稲田といったエリート校に進む者も出てきていて、教員間には「あぁ、和光ね」といった見下げた雰囲気があったようである。そのころから、ぼくも、このことを感じていたが、「和光は『附属盲』の滑り止め校」という噂を、その後、幾度も聞くことになる。「身体障害」者に関しては、養護学校高等部から特別に選ばれた者が和光に登場してきた事態（対話2、4）とは対照的になっていた。

彼らのなかには、キャンパスライフを通して、見下げられたり見上げられたりした、いずれの意識をも見つめ直して、そのような位置を対象化する作業を持続していた者もいる。ぼくも、そのようなことで一緒に考えることが多かった。

プロゼミで「皆のリポートを読みたい」と発言することから

瀬川さんとは、入学早々、プロゼミ（専門教育への導入ゼミ）で出会うのだが、当時、名門高校に通う、あるインテリ一家の少年が実祖母を殺した事件があって、その事件に関していろいろな評論が出ていたし、八〇年代に入って本多勝一が本格的に論じている(1)。プロゼミの冒頭で、ぼくは、それらのプリントを配って、とりあえず各自が読んで感想を書き、それを発表しあって議論しようと呼び掛けた。間もなくして、瀬川さんから自宅へ電話が掛かってきた。

篠原　忘れもしないセリフなんだけど、「私も読みたい」って。ぼくは「皆の点訳の感想文がほしい」と受け取った。ぼくは当然と思ったけれど、同時に、予定外のことでびびった。次の授業で、あなたはその希望を語ったし、ぼくは「このことをまず考えよう」と提案した。すると、「それは当然、すぐに点字の勉強をはじめよう」という意見も出たが、多くの者たちは「それは、そうだけれど……」と戸惑った様子だった。「授業なんだから、予定通り進めるべきだ」という意見もあった。でも、いまでも感心するんだけど、当初、三十人くらいいたほとんどの学生は、数週間にわたる、この議論に付き合い続けたんだよね。結局、瀬川さんがリーダー、鈴木さんがアシスタントで、手話講習を三回ほどやった。議論と実習で、夏休み前の授業の半分以上を使ったよね。

瀬川　電話したのは憶えてないけど、「ゼミのときに自分で言ってみれば？」と言われたのは憶えているから、それはたしかに電話でだよね。私の言いたかったことは、「自分も読みたいから、書いた人がまずは一通り読んでくれれば、その場で自分で点字にしていくから」といった程度だった。だから、あんなふうに大事《おおごと》になるとは思ってなかった。でも、大事になっていくなかで、大学ってこんなことも起きちゃうんだなぁ、それはそれでいいんだぁって、言い聞かせましたね。

篠原　あなたにとっての大事って何？

瀬川　私としては、皆で点字の講習会なんかやろうとか、ずいぶん長い時間、このテーマで議論しちゃうなんて、本当にいいのかなぁ、皆に悪いなぁというのがあった。

篠原　ぼくは、あなたの希望を、理想的には一人ひとりの点訳されたリポートを自分の手元にほしい、というイメージで受け取った。いまの話を聞くと、「自分たちのリポートを点訳することに挑戦してみよう」というのは、ぼくのほうが膨らましたのかもしれないね。

瀬川　大学ってこんなこともこんなふうにできるというか、いろいろなことができちゃうんだなと思ったし、その分、大変だなと思った。それまでは、教室があって先生が皆に向かって講義をしていて、皆がノートを取っていて、毎年、あの先生は同じ話をするとか、わからないことを言っているとか、そういうイメージでしたからね。

篠原　ぼくは、ずいぶん、こんな問いが出ると、すぐにネタにして楽しんできちゃったけど、昨今は、授業内容の詳しいスケジュール（シラバス）を年度当初に提示して、そのように実施することを、大学側も学生側も期待する傾向が強くなってきている。学期末には、そんな質問項目も含んだ、学生による授業評価があるんだからね。

点訳に賭ける思いに感動して

篠原　ところで、点字講習やリポートのことで印象深く覚えていることに、どんなことがある？

瀬川　私からしたら、彼らの書いた墨字のリポートをそのまま点訳してほしいと思うんだけど、自分は墨字ではこう書いたけど、いま点字にするとき、こういうふうに書きたくなっちゃったと言う。それだと、他の人に配ったのと違っちゃうから困るよと言うんですけどね。盲学校では、例えば、もともとの図があったりするとその図はこんなふうに言葉にするとか、こういうふうな写真であればこういう言葉で言い換えるとかいった約束があって、墨字と点訳はきちんと対応している。

私は、ずっとそれできているから、皆のもそうだと考えるし、そうであってほしいと思うんだけど、皆が点字にするときには、私にいろいろなことを伝えたくなっちゃうらしい。例えば、元のリポートには名前を漢字で書いたけど、アルファベットで書いていいかとか聞く。私としては、元のもアルファベットになっていると思って混乱するから止めてと言うんだけれど、そういうやり取りのなかで、皆は、そのとき、その場、その関係によって、書くということ、表現することにこんなにこだわるんだなぁ、自由なんだなぁって思いましたね。

篠原　それで、結果的に、点訳リポートはどんなふうに出てきたの？

瀬川　十人くらいが点字にしてきてくれた。何人かはできなかったからと言って、読んでもらったたし、録音テープでくれた人もいた。家でやってきた人もいたし、その場で書いた人もいた。私は、朗読のもテープのも全部、自分で点字にして、いまでも保存していますよ。

篠原　ぼくは、すべての者が点訳をするとは思わなかったし、すべきとも思っていなかった。少なくとも、あなたの問題提起をきっかけに、「見える」者たちが「見えない」者と一緒に勉強しているという現実を自覚してほしかったし、そのなかで、いろんなつながり方が生まれてくればいいと願ったんだけど、点訳した者が三分の一も優にいたんだから、思わぬ〝副産物〟だったよね。

「福祉のデパートみたい」に目から鱗の思い

篠原　もう一つ、思い出すことがあるんだけれど、あるクリスチャン・スクールからやってきた学生が、早々と「障害者のために、一生懸命やらなければならない」、「私たちの学校では、福祉教育や福祉活動をいろいろやってきた」といったようなことを言いだして、ぼくが、そのへんの感じに絡み出したんだよね。

瀬川　あのときのこと、はっきり覚えているんだけど、篠原さんは、彼女の発言を聞きながら、「福祉のデパートみたいだね」って言った。でも、彼女は、それがいやみだとわからなかった。それで、篠原さんはいらだっていたんだけど、彼女に向かっていたのが、私に向かってきた感じで、目から鱗でした。こんなことを言われなかったら、私もこのノリでいっちゃったよなって思ったんですよ。

篠原　そのセリフは覚えていないけど、ぼくの場合、長年、クリスチャン的体質を引きずってきて、「弱者に愛の手を」といった慈善的・憐憫的態度を己に責めてきた経過があるんだけれど、そんなときには、他者にも向かうんだよね。それにしても、ぼくは、相手が若くても平気でぶつけてきたんだなぁ。あなたに、そのような衝撃を与えていたなんて、いま、知ったけれど、この場合は、有り難いことと言うべきかな。

臨床心理学で知能テストを受けさせたこと・受けたこと

篠原　ところで、あなたは、ぼくの臨床心理学の授業をとってくれたの？

瀬川　とりましたよ。臨床心理学で、皆で知能テストをやるとかしましたね。皆は見てやるので、私だけ違うのをやった。

篠原　この授業での一つのテーマに、各自が身に付けてしまったＩＱ（知能指数）幻想を切開するということがあったので、受講生には、まずは集団式知能検査を受けてもらった。あなたの場合は、ＷＡＩＳといってウェクスラー式成人知能検査の言語性部分を口問口答でやったんだろうね。いまは、あんなこと、とってもやる勇気はないなぁ。というのは、最後までちゃんと付き合ってくれなければ、テストやっただけで終わっちゃうし、ＩＱ幻想はそのままで、オレはスゴイ、アホだ、と確認させるだけになるからね。若気の至りだったのかなぁ。

瀬川　当時、受講生はこの授業の目的をわかっているという前提があったから成り立ったのでしょうね。それに、篠原さんたちは、選別教育を批判しながら「地域の学校へ」を主張して『ゆきわたり』を出していたけれど、何人もの学生が、その作業を一緒にやったり読んだりしていましたからね。

篠原　たしかに、場や問題意識の共有があるという前提で、あのような乱暴な実習ができたんだけれど、当時も、そうだったかもしれないけれど、いまでは、いよいよ、そんな前提は成り立ちようがないからね。

瀬川　それに「障問試論」があって、篠原さんの考えはこういうところがあるなあ、というのがわかっていて、そのなかでやれてしまうということがあったと思うのね。

篠原　あなたがたのときはどうなっていたか覚えていないけれど、月曜か木曜の二時限目、臨床心理学、三時限目、障害児・者問題試論、四時限目、ゼミ、そしてゼミは延々と続く、といった組み合わせにこだわっていたね。

「女」であること、そして「見えない」ことにこだわって

篠原　あなたは、もともと女性学に関心を持っていて、井上さんと出会って、ゼミに出ながら卒論を書いたと思うけど、そのへんの話をしてくれますか。

瀬川　井上さんのゼミでは、何人もの人が、高群逸枝とか女性史研究に関わるテーマで卒論を書くと言うんだけど、私には興味が湧かなかった。だったら「目の見えない」人で女の人のことを書こうと思った。そのとき、「障害」という視点から見るか「女」という視点から切り込むかを考えた。「障害」から切り込むなら、篠原さんだなって思ったんだけど、「障害者」というと、ある意味、自分もやってきたのだから、固定的な発想になっちゃう気がして、やっぱり「女」ってところから切り込もう、私の気付かないところが出てくるんじゃないかって思って、井上さんに頼みに行った。

そのころ、女性問題について、数少ないけど点字本で読んだ。そのなかに、女の人の生活史を聞いてまとめたものがあった。これだぁ、資料を漁るといってもハンディがあるから聞き書きでいこう、って思った。結婚している人には、結婚に障害となったことは何かとか、独身の人にはその生活を聞いた。盲学校の先輩などに紹介してもらいながら、夏休みを中心に、二十人ぐらいの話を聞けましたね。

そのうち、十例ぐらいに絞って、テープ起こしをしながら、まとめました。卒論はテープと点字で出しましたが、井上さんは、評価してくれて、学部の紀要[2]にも書かないかと言ってくれたし、国立婦人教育会館（現、国立女性教育会館）で開かれた女性学講座でも発表しました。

篠原　卒論での発見は何だったの？

瀬川　「目が見えない」ことと「女」ということは、ダブルのハンディになっちゃうんだということを改めて気が付きましたね。井上さんは社会学でマスコミ研究もしているので、「目の見えない」女がどうマスコミに描かれていくかという興味が出てきた。それは卒論ではできなかったけど、いまでも、そんな記事をずっと集めている。卒論は大学四年の総決算であるとともに、私のライフワークのはじまりだとも思った。

篠原　あなたは、卒論を書くに先んじて、まずは「視覚障害」者であることを自覚的に体験していて、「女」であることは二の次みたいなことを言ったよね。そして、卒論を書くうちに、その二つはダブル・ハンディになっていると気付いたと言っている。そのあたりの経過について少し話してくれませんか。

瀬川　私のなかにはいわゆる古典的な女性観があって、それを当たり前と感じていたのね。だから、障害者差別は実感しても、「女性差別」は差別としてではなく「仕方のないこと」という認識だったんですよ。そういうなかで女性学に出会い、女性差別を論じる人たちの話を聴いて、固定観念に囚われていた自分に気付き、「女性障害」者はダブルハンディだと思った。

「出戻りコース」になってはならないと言い聞かせつつ

瀬川さんは、職業としても女性問題に関わることをしたいと思い出した。その前座的話だが、「視覚障害」者であることの職業的ハンディはいまもあるが、当時はもっと顕著だった。「附属盲」卒業生の間には、進路の現実について「出戻りコースか安全コースか」という言葉があった。前者は、一般社会への進出を期待して、一般大学へ進学するが、そのことがうまくいかなくなった場合、盲学校の専攻科に戻って、鍼・灸・按摩の免許を取るというコースである。後者は、専攻科を修了して免許を取ってから、一般大学へ進んで、一般社会での就職ができなかった場合、資格を生かして、鍼・灸・按摩の世界で働くというコースである。

瀬川さんは、そのことを自覚していたが、「出戻りコース」にならないことを願いつつ、和光大卒業時には、当時、障害者枠採用を開始し、点字受験が可能だった、東京都と神奈川県の公務員試験（福祉職）を受けている。二つとも合格した。東京都は配属先がわからなかったが、神奈川県は婦人相談所（現、女性相談所）への配属が予定されていた。彼女は、迷うことなく、婦人問題に取り組む夢を抱いて同県の職員になった。

こうして、婦人相談所勤務がはじまる。そして、六年ほどして児童相談所に転勤するが、そこで十三年間いて、現在（二〇〇八年三月二十四日）は精神保健福祉センターで働いている。その経過を振り返ってもらったが、ここでは、いくつかのエピソードを紹介する。

「障害」者は福祉の対象であって同僚ではない?!

瀬川　大学に入って、篠原さんの授業なんかで、知能テストって変だとか、「される」側をだましていないかとか、「福祉」ってそんなにいいものかとか考えてきたわけでしょ。ところが、自分も「する」側になったので、ものすごく困った。それにしても「福祉」だからふんわりしたものとか、いろいろポジティブな想いでいたんだけど、とんでもないところだった。

まずびっくりしたのは、隣りに座っていた先輩が福祉の分野で優秀な人と言われていたらしいんだけど、彼女は「対象者としては、『見えない』人と付き合えるけど、同僚としては、どう付き合ったらよいかわからない」と言ったことね。友人のなかには「ずいぶん失礼だね」って怒った人もいたけど、でもそんなものなのかなぁというのが私の印象でしたね。韓国から来た女の人が保護されたことがあったんだけど、朝鮮に対して差別的で、朝鮮から来た人を陰で馬鹿にした発言をしたりしていた。聞いてて腹が立って、こんな人がこんな仕事をしているのか、私は困っても絶対相談に行かないぞ、とか思いましたね。

「見えない」人が相談業務をするなんてという空気のなかで

瀬川　最初の職場に六年いて、児童相談所に転勤した。そのころ、臨床心理学や心理臨床の問題を「される」側から考えていた日臨心（日本臨床心理学会）に入った[3][4][5]。なぜかと言うと、ますます「する」側、批判される側に立つわけで、せめて日臨心で考えながら、暴走しないようにしようと思った。児相では、児童相談員で来談者を待つ内勤なんだけど、なかなか相談の担当をさせてくれない。一緒に転勤してきた人は、どんどん相談の仕事をまかされていく。

　皆は、「目の見えない」私が相談員と言ったら、お客さんが来なくなっちゃうのではと心配している。そんなのは違うと思うけど、慌てないようにしようと思って、本を読むよりも皆のを一生懸命聞いたりしてるほうがよいと言い聞かせて、もっぱら、相談に乗っている同僚の傍らにじっと座っていた。二年目になると、私よりあとから来る人がいる。彼らにとっては、私がいることは当たり前だから、私より以前からいる人とは別の接し方をしてくれることがわかった。そこで「私もお客さんの対応をしたい」と言い出すのだけど、一年以上いるし、やらせないわけにはいかなくなる。私のやり方がいやで来なくなる人はいたかもしれないけど、目が悪いことを理由に来ない人はいない。実績を積むしかないと思って、黙々とやった。若かったから記憶力もいまよりはいいし、私に聞けば電話番号とかどんどんわかっちゃったりして、そんななかで、皆と関係や信頼ができてきて、私が言うことも聞いてくれるようになった。それが四年目からかな。そのうち、だんだん疲れてきて、周囲も組合も、十三年は長いと言ってくれて、県精神保健福祉センターに移った。

いま、私はもっぱら電話相談だが

瀬川　転勤は二〇〇二年だったが、いま、私たちが、そこでやれている仕事は少なくなっている。すなわち、県センターの仕事のうち、横浜市と川崎市の範囲のものは、そこに移譲されている。そして、主なる仕事内容は、事業の企画や外出業務で、内勤での相談業務はせいぜい電話相談ぐらい、私の職務はそこになっている。

センターの仕事は、県民への直接サービスではなくて、保健所や市町村などの関係機関への間接サービスになってきているが、管理者は、私たちもそこへ出掛けて相談に乗れと言うけれど、それだと現場は困るに違いない。だから、私たちは、勢い企画ばかりやることになってしまうけれど、現場を知らないでやってもずれてしまう。こうして、私たちの仕事がなくなっていく。

いまのところは、電話相談とか何かと仕事を見つけてはやっている。昔は、外来も、新患をとっていたけれど、いまは昔からの人に限っている。新しい方は近くのクリニックに行ってくださいと。いま、私は電話相談の主任をしている。週四日、サポートの人もいるので、何とかやっている。

同僚として一緒に働くことに苦悩しながら

瀬川さんの話を聞きながら思うのだが、たしかに、彼女は「視覚障害」者の世界から選び抜かれた人である。でも、「健常」者中心の職場では、行き先ごとに冷遇されることからはじまる。殊《ことさら》に職場が福祉の業界であるだけに、同僚たちは「障害」者を対象者として扱うことには慣れているが、彼らと一緒に働くことには戸惑っている。そのなかで、瀬川さんは、同僚として働こうとしてきたが、そんな姿勢に気付づいて共感する少数の同僚にも出会っていく。瀬川さんの今日までの主なる仕事は、通して来談者に応ずる相談業務だし電話相談である。このような仕事は、見えること・見えないこととはそんなに関係なく、そこでの経験と内省がその仕事内容を充実させていく。

彼女は、大学時代に開始した、「される」側にとって臨床業務とは何かという問いを、「する」側として、矛盾的・緊張的に引きずり続けて深めている。手前味噌的な気もするが、ぼくも関わってきた、七〇年代当初に出発した日臨心の学会改革運動の流れ（現在、日本社会臨床学会）に、八〇年代末には彼女も合流している。ぼくにとっても有り難いことであり誇らしいことである。[6]

点字ブロックはないよりあるほうがよいのだが

篠原　八〇年代以降から、「障害」者が暮しやすいように、町のなかをバリアフリー化したり支援制度を作るとか、「障害」者が雇われれば、それに見合う形でサポートを付けるなど職場環境をいろいろに改善するとか、いうことが出てきている。ぼくも、それはそれで一応よいことと、最近では認めるんだけれど、それにしても、日常の人と人の関係のなかで、支える・支えられることをやり繰りしてきたという原点を忘れたくないと思っているのね。でも、バリアフリー化を絶対的に肯定する今日的傾向のなかで、「健常」者も「障害」者も、その原点を軽視したり忘れたりしている感じがして仕方がない。そのあたりのあなたの経験や意見を聞きたい。

瀬川　精神保健福祉センターに来た当初、通勤路で横断歩道を渡る際に点字ブロックがあったほうがよいところがあったので、管理職に要求して付けてもらった。でも、私からしてみたら、ただ私の命を守るためだったのだけれど、彼らからすれば、視覚障害者からの要求に応えてバリアフリー化したという大仰な施策になる。もちろん、だれかと一緒に歩けば、すごく楽だけど、毎日のことだから、そうはいかない。一人でも安心して歩けるようにしておかないとね。ただ、どこまでやるかということは難しい。

もちろん、点字ブロックはあるほうがないよりよいと思うし、横断歩道の信号だって鳴らないより鳴ったほうがよい。道で人が声を掛けてくれるときがあるけど、皆が皆、責任を持って声を掛けてくれるわけではなくて、気楽に声を掛けておいて、パッと離して行っちゃう人もいる。一人でも白杖を持っていれば、車は止まるけど、やはり怖い。

街中を一緒に歩くことまで「福祉」になっている

篠原　「健常」者側は、そういう設備が整ってきたので、手を貸さなくても「障害」者が街中を一人で歩けるようになったと思い込んで、「健常」者は、無感動に「視覚障害」者の傍を通り過ぎていくという感じになっていないかなぁ。

瀬川　私は朝と晩しか歩かないけど、それだけの体験で言うと、声を掛ける人は増えている。でも、掛け方が変わってきた。昔は、声を掛けてくれる人は少なかったけど、掛けてくれる人は、さすがに掛けてくれるだけあって勇気を持ってやっているから責任感があった。だから途中でほっぽり出すことはない。いまの人は「声を掛けましょう」と言われて育っているから、「障害」者と見れば、いつでも声を掛ける。声を掛けてくる若い人のなかには、福祉教育を受けてるなってわかる人がいる。あそこに白杖をついて歩いてる女の人がいるからじゃなくて「障害者」がいるから声を掛けるみたいな感じでね。黙って人の手首をつかんだり、男だろうが女だろうが、私の腰に手を回す人もいる。性別も年齢も関係なく、ひとを「障害者」という物体のように扱ってくることに腹が立つ。

最近面白いことを体験したけれど、「私、この間、誘導の研修を受けたばかりなんです」と言ってくる人もいれば、五人、六人が「さっきまでホームヘルパーの講習を受けてたんですけど」とか言って、電車のなかで私を取り囲んだりすることがあった。

篠原　なるほどね。街中で、偶然に通り掛かった「見えない」人と一緒に歩くことさえも、「福祉の心」を持った〝クロウト〟の行為になってしまっているんだ。

瀬川　最近、ライトセンターの便りを見ていたら、「私たちは、視覚障害者の自立を支援するボランティアです」って書いてある。例えば「お宅に行って読めないものの整理をお手伝いします」って。ボランティアにまで「自立、自立」って言われる時代になっちゃったんだな、勘弁してよって思いますね。

「働け」「自立せよ」のなかで追い込まれていく現実を見つめる

篠原　ぼくも「自立、自立」の大合唱のなかで事実として起こっていることが気になってしょうがない。特に、そのために教育・訓練を要求し続けて「自立」しなければ、あとは保護、監視、そして隔離でしょ？　だから、瀬川さんのように「自立」している「障害」者と、そうでない「障害」者は別々の世界に生きることになる。その意味で、「障害」者は、「自立」論とそのための施策・制度のもとで管理されている、抑圧されていると思うんだよね。

瀬川　私たちが、「目が見えないんだから、ここにいなさい」とか「これをしてはいけない」とか言われて、そのなかで、「そんなの、おかしいんじゃないの?!」と言ってきたこと自体は、よかったと思うのね。でも気が付けば、「健常」者が私たちを理解したかのように「自立」を口にしている。それは押し付けにしか聴こえないし、ついこの間までは「自立なんて、何を考えているんだ?!」と抑圧していた。今度は「自立」と言って抑圧する。都合がよすぎる。

そういう流れが一方にあって、それと別のところで、訓練でよくなって「自立」していくことが強調されるようになる。それって違うんじゃないのって思う。自分も、盲学校で、人に迷惑を掛けないように社会の役に立ちなさいと言われて育ってきたから、「自立」という言葉こそ使われないできたけど、「訓練」という名のもとにいたんだよね。でも、いろいろな問題を提起されて、ちょっと騙されたなぁというところもある。

それから、訓練をしたからと言って、変わらないまま、痛い思いや辛い思いをして涙ながらの生活をしているよりも、とりあえずは笑って過ごせる時間があってもいいんじゃないのというのがある。いまで言えば、障害者自立支援法ができて、就労支援が強調されるようになって、働け、働け、って言ってるんだけど、精神保健福祉センターで出会う人のなかには、そんなことを言われれば言われるほど、暮らしも心身もダメになっちゃうと思われる人たちが何人もいる。退院して、地域で暮らして、困ったら電話をしたりして助けてもらうといった、ただそれだけの生活をそれ自体で受け入れていく社会や人々の意識が必要だと思いますね。

篠原　いろんな大切なことを思い出させてもらったし、考えさせてもらいました。ありがとうございました。

（二〇〇八年三月二十四日　篠原研究室にて　なお、瀬川さんは、二〇〇九年四月、児童相談所に異動）

（1）本多勝一『子供たちの復讐』（朝日文庫）朝日新聞社　一九八九年

（2）「視覚障害者と性――女性の立場から考える」和光大学人文学部紀要第一八号（一九八三年）二二三～二三〇頁

（3）日本臨床心理学会編『心理テスト――その虚構と現実』現代書館　一九七九年

（4）同学会編『戦後特殊教育・その論理と構造の批判――共生・共育の原理を求めて』社会評論社　一九八〇年

（5）同学会編『心理治療を問う』現代書館　一九八五年

（6）「心理臨床から社会臨床へ」をめぐる思索　篠原『「社会臨床」の思索』（自主出版）所収　一九九七年　二三～八六頁

〈対話8〉古賀典夫さんと振り返る

「見えない」世界から社会問題と向き合う

社会派高校生になって

話は冒頭から唐突だが、ぼくは、九〇年代当初からずっと、脳死・臓器移植問題を考えてきた。すなわち、なぜ「脳死＝人の死」としうるのか、なぜ臓器提供者と移植対象者の関係は成立してしまうのかなどの問題を、批判的に考えてきた。そのことを詳しく論ずることはここでの趣旨に合わないので短くするが、ぼくは、この問題においては、「脳死」者を〝生きるに値しない〟生命、移植対象者を〝生きるに値する〟生命と見なす、優生劣死の思想があると考えてきた(1)。古賀典夫《こがのりお》さんとぼくは、このような観点を共有しながら、例えば「脳死・臓器移植に反対する市民会議」で一緒に考え発言を共にしてきた。

そもそも、二人の出会いは、八〇年前後のときにさかのぼる。そのとき、ぼくは教員で、古賀さんは学生であったが、二人は、やがて問題意識を共有するに至る、いくつかの問題を考えていた。以下に、当時を想起しながら、お互いが考えてきたことの一端を記しておきたい。

さて、古賀さんも「附属盲」の出身だが、このころになると、和光に入ってくる「視覚障害」者のルートはここに限っていない。一九七九年の春、彼を含めて五人の「視覚障害」者が入学してきたが、二人は、千葉県立盲学校の卒業生で、うち一人は韓国からの留学生だった。ところで、古賀さんは、入学前から社会派だった。彼は、当時を振り返って、こんなふうに話している。

古賀　高校時代、「視覚障害」者が駅のホームから落ちて死んだ事件が起きて、その家族が、点字ブロックや駅員の配置などの安全対策があれば、死なずにすんだという訴えを裁判所に起こしたことがあった。ぼくは、学校へ歩いて行ける距離に住んでいたので、中学生のころから、次第に家族に同伴してもらわなくなり、高校時代には、完全に一人で通学していたので、そのあたりの実感が少なかった。ですから、最初、そのような主張は贅沢ではないかという感じを持っていた。でも、たくさんの人が落ちていることを知るにつれて、これは何とかしないと変だよねという気持ちになってきて、やはり、いまの社会のあり方がおかしいのかなぁと思うようになった。篠原さんも知っている岩崎先生の授業でも、差別の問題についてやっていたし、もうちょっと社会のことを考えなきゃいけないのかなぁという気になっていった。それまでは、音楽を一生懸命やっていたから、そっちをやっていければいいやと思っていたんですけどね。

それで、三年の十一月か十二月頃、やっぱり大学に行こうかなという気になった。結局、一浪して、予備校に通いながら、いくつかの大学を受けて、和光だけ合格した。社会の問題にはどうも根本に経済のあり方が関係していそうだという感じがあったので経済学部にしたんです。

初めて「聴覚障害」者に会って指文字そして手話を

篠原　大学に入って、最初に体験したことはどんなことですか。

古賀　筑波大学附属盲学校というところは非常に特殊なところだということを気付いたことかなぁ。地方の盲学校だったら、肢体不自由の人とか知的障害のある人とか、いろいろな人がいるけど、附属盲学校はそういう人を排除してきているんですね。

ところが和光では、脳性マヒの人とか聴覚障害の人とかと会いながら、コミュニケーションをどうしたらいいんだろうと戸惑うことからはじまった。ぼくは、ほとんど声で判断しているから、いろんな言語障害のある相手に対するぼくの印象は奇異な感じだった。とすると、自分のなかに差別感があるのかなぁって迷いましたね。

篠原　そんななかで、あなたは、手話を憶えていくんだよね。

古賀　聴覚障害の人たちが話すとき、聞きやすい人と聞き難い人がいる。ぼくには、聞き難くても、同じ一年生の「健常」の学生は聞き取れている。何でかなぁ、口を見ているのかなぁ、それとも動作を見て判断しているのかぁと思いながら、聞き取れないのも口惜しいなぁと思ったりする。それで、手話講習会で指文字（五本の指の組み合わせであらわすもので、かな文字に対応する）とか手話とかをやっていたから、これは面白いなぁ、やってみようかなぁという感じがあって、それではじめた。指文字はわりと動きがないから触るとわかるので、それで、口話でわからないところを指文字で補ってもらってると、だんだん口話も聞き取りやすくなってきて、それでコミュニケーションがスムーズになっていった。そうするとそれはそれで面白くなった。

それから、ぼくのなかに、どこかでジェスチャーを交えてとか体を動かして話すということに憧れみたいなものがあったんだけど、そういう意味で、手話を勉強することは面白かった。

篠原　指文字は手話の補いになるというのが一般的理解だけど、「見えない」古賀君にとっては、口話が聞き取りにくくなると、指文字を触りながら、口話を聞き取るのを補ったということだね。そして、手話も身に付けていくんだぁ。

古賀　手話も触りながら覚えていくので、ヴォキャブラリーに自ずと限界がある。その分、どうしても指文字が多くなる。そんなぼくのスタイルに付き合って、「聴覚障害」者のほうは一生懸命見てくれましたね。補い合いですよ。

自己主張し合う関係を感じだして

篠原　大学に入って気付いてきた「障害」者問題とか社会問題とかにはどんなものがあったんですか？

古賀　大きく分けると二つあって、一つは、いろいろな「障害」学生や「健常」学生との付き合いそのものですね。もう一つは、当時、養護学校義務化の動きのなかで妨害されていた、金井康治君の「養護学校から地域の学校への転校」運動でした。(2) ここで、ぼくは、初めてデモというものに参加した。

このことについては、もう一度、触れたいけど、最初のことと関わって、「聴覚障害」者や脳性マヒの人たちと会ったときの当初の違和感は強烈でしたね。でも、彼らと付き合いながら、その感じも消えていきました。「健常」者との付き合いは、予備校でもあったけど、本格的には初めてだった。子どものころから、ぼくと「健常」者の関係は、自分がやってもらう側で彼らはやる側ということで、そこに引け目を感じていましたが、入学当初は、それをより強く感じたんですね。しかし、付き合っていくうちに、点訳サークルを一緒にやろうみたいなことを言う「健常」学生も出てきて、そんな感じもだんだん消えていった。あるいは、こちらが自己主張していくことで向こうも自己主張してくれるみたいな感じも出てきた。

手話・点字の開講要求——教職科目から一般教育科目へ

篠原　古賀君の自己主張ということで印象的に思い出すのは、後に、「手話・点字とコミュニケーション（以下、手話・点字）」と名付けられる授業の開講要求だよね。

古賀　「障懇」のなかで、手話と点字の授業を教職課程に開けって言った。

篠原　あなたは、これからは「統合教育の時代」である、普通学校にはろう児も盲児も入ってくるだろうから、教職を目指す者は手話も点字も学ぶべきである、ついては、教職課程のカリキュラムとして、こういうものを開講せよ、と提起したんだよね。

古賀　そうです。それは、金井君の運動に関わりながら考えたと思うんですね。

篠原　ぼくは、教職希望者に限る話ではないと思ったのね。ある同僚が、和光の学生は英語が苦手な者が多いんだから、手話・点字を勉強して、語学の単位にしちゃうという話があってもいいじゃないかという発言をして、これも面白いなぁと思った。それで、外国語教育委員会あたりでも、そういう提起が一応なされたようだけど、だれも乗らなかったらしい。

そして、ぼくも推進派だったけれど、「専門教育」でなくて「一般教育」で、学年、学科を問わずに、何回履修しても単位になるようにして、自由に参加できるようにしようというふうになった。

それは、あなたの当初の意図とは違っていたようだね。ここでは、手話・点字を習得するというより、それらに実際に触れながら、「障害」者と「健常」者の関係問題とか、コミュニケーションとか身体表現とか「障害」者差別とかの諸問題を広くいろいろに考えていこう、それが一般教育にふさわしいんじゃないかといった感じになっていった。そのへんの議論までは、あなたは付き合ってないよね。

古賀　そのころには、ぼくは出ちゃっていますからね。

篠原　あなたが言い出してから、開講は八八年だから、それまで六、七年が経っているんだよね。そこが、和光の面白かったところだった。一つの問題提起があったとき、「障懇」でだけでなく、教員間でも、とことん議論したよ。

古賀　ぼくが最初に言ったことは、教職で、きちんと皆、受けろという感じだった。

篠原　教育現場のことを想定しながら、手話・点字を学ぶというか、そこには「障害」児たちがいるんだよというわけね。

古賀　そうですね。

篠原　「一般教育で」という議論は、あなたがいたときに既に出ていたと思うけれど、それでもよかったの？

古賀　一般教育になったら選択だよね。選択じゃなくて、もっとやってよという感じだった。

篠原　必修化ね。

古賀　そう。でも、必修でうまくいくのかなぁって、いまは思うけど。

篠原　一少年、金井君の願いにつながりながら、大学教育のあり方を、教職課程に焦点を当てて、教職科目として必修化するという提案には熱い思い入れがあったんだ。いまさらのごとく思い知らされた感じだなぁ。と思うと、「一般教育で」という議論は、古賀君の思いをはぐらかしたのではないかという忸怩たる思いがよぎる。あれから二十数年間、ぼくなんかも典型的にその一人だけど、シロウトの教員たちがチームを組んで入れ替わりで、手話や点字を日常的に使う学生たちの本格的な協力をもらいながら、何とかやれてこれたのは、一般教育（現在、共通教養）の枠と志向だったからという感慨もあるんだよね。

盲ろう短大設置反対運動でろう者と「視覚障害」者がゆっくりと

篠原　もう一つの思い出を話したいんだけど、あなたは、「障問試論」で、手話を交えながら、筑波盲ろう短大設置反対の運動と論理を提起したよね。前々年あたりのこの授業では、ろう者側の「手話を学ぼう」という要求が「健常」者に向けられているだけで、「見えない」者や「手の動かない」者を外していると批判されたことがあって、ぼくもハッとしたことがあっただけに、古賀君が手話で話しだした風景は衝撃的だった（対話3、6）。

古賀君の手話って、盲ろう短大設置反対運動で、ろう者と「視覚障害」者が共闘するなかで必要上憶えていったものと、それ以前のキャンパス内での付き合いのなかで身に付けだしたものだったんだね。

古賀　そうですよ。そこの付き合いもありながら、社会問題に意識のある手話通訳者も関わって、運動をやってきたので、もちろん、そこでも手話を覚えつつだけど、「聴覚障害」者との話し合いにそんなに問題があったとは思わない。ゆっくりコミュニケーションをとりながらやってきたという気はする。

盲ろう短大設置反対の論理を探して
――「盲心理学」批判

篠原　ところで、盲ろう短大設置問題はどんなところからはじまるんですか。

古賀　越智さん（対話6）たち「聴覚障害」者とは大学のなかだけで付き合っていたのではなくて、「視覚障害」者の三浦さんもそうだったけど、外の関東聴覚障害学生懇談会（対話5参照）頁でも付き合いがあった。そういうなかで、「障害者の大学」ができるんだという話を初めて聞いた。これはまずいんじゃないかということで勉強会をはじめた。

そして、設置反対という運動をやっていくんだけど、当時、設置に賛成している人たちと交渉をはじめた。その中心にいたのが、盲児心理学を研究していた筑波大教授だった。彼の講義を聞いた「視覚障害」大学院生によると、「視覚障害者には社会的笑いがない」とか、どうも変なことを言ってるぞとなった。それで、彼が、その教授の書いた『視覚障害児の心理学』とかいう本を教えてくれたのね。それを読んでみたら酷いことが書かれていた。それで、篠原さんの、この本の読み方を聞いてみようということになった。

篠原　それはよく覚えているよ。実は、ぼくが教育大の院生のころ、彼は助手で、彼の下で知能テストをしたりして英才教育のお先棒を担ぐようなこともした。また、ぼくが特殊教育臨床講座の助手のときには、その講座の院生が、晴眼児、弱視児、全盲児それぞれの心理学的特徴を調べたいというので応援したこともあるのね。彼とは同じ穴のムジナだったので、古賀君たちから、その批判をせよと言われたときには後ろめたい思いを引きずっていたし、彼の心理学が盲児たちに対する類型的な固定観念（偏見）をいかに作りだしているかを誰よりもよくわかっていたので、ずいぶん熱を込めてていねいな報告をした覚えがある。残念ながら、そのとき、書いたものを紛失してしまっている。

古賀　それまでは学者は真理を探求しているんだろうと思っていたので、そこで、一体、専門家って何だろう、何をしているんだろうと、生々しく思った。

篠原　「真理探究」と言っても、この場合、「盲人の心理」を他の子どもたちと区別したいという目的意識を持って、あとは、それに適切な方法で処理すると出てくるものが「真理」なんで、その「真理」が、無自覚なまま、真顔で、偏見にも差別にも加担することはいくらでもあるんだよね。それにしても、古賀君たちの短大設置反対運動は、推進者たちの設置の理論的根拠を批判的に勉強することからはじめたんだ。その律儀さには感動するなぁ。おかげで、ぼくも巻き込まれていくんだけどね。

設置反対の二つの論理——隔離と格差

篠原　ところで、あなた方の設置反対の論理は何だったんですか。

古賀　ぼくが入学した年（一九七九年）が養護学校義務化で、普通学校から養護学校に行かされた子の話を聞いていたから、これがさらに大学まで拡張してくる可能性があるなという直観が働いた。八一年ぐらいというと、それまで開いていた大学が再び閉ざすということがあった。盲ろう短大設置の動きとともに、こういう状況が更に進むんじゃないかという危機感がありましたね。

国会図書館でいろいろ調べていたら、私大協と思うけれど、そういう大学ができるんだから、そっちにこれからは行けばいいんじゃないかみたいな文書が出てきた。大学にいるぼくらは、そういうことになる危機意識だったけれど、大学を出て、按摩、鍼、灸の関係のことを考えている人たちは、「障害」者のなかで格差を作っていくんじゃないかという問題意識を持っていました。

篠原　「養護学校義務化・大学版」とか同業者の格差拡大とかの危機意識のほかに、どんな反対の論理があったんですか。

古賀　大きくはその二つですね。「障害者のリーダー」を作るといった理念を謳っていたので、当時管理大学と言われた筑波大の方式を踏襲するというイメージがあって、そこで養成されるリーダーは問題だといった議論もあった。

教育心理学でエロ週刊誌を持ち込んで

篠原　授業の思い出話に戻るけど、教職の教育心理学で、「性教育」を考えたときに、古賀君は、エロ週刊誌を皆で読んでみようって提起したんだよね。

古賀　はい。それを早々と否定するんじゃなくて、一度皆で見たり読んだりして、意見を出し合ってみたらどうだろうかって。そして、今学期のリポートにしようって。

篠原　ぼくは、子どもたちがこれを読んでいるという社会現象をどう考えるかも議論したくて、エロ本を発禁すべきとか、道徳的に見るだけじゃなくてという、あなたの提案に、乗ったんだよね。それで、各自が三面週刊誌を購入して教室に持ち込むことを呼び掛けた。ぼくも、なんか悪いことをしているような気持ちで近くのスタンドに買いに行ったなぁ。女子学生のなかには、とうとう買えなかった人たちもいたんだけど、いま、考えても、申し訳ないことをしたと思っている。古賀君は、どんな問題意識を持っていたの？

古賀　ぼくのイメージのなかでは、性って楽しそうな気がするけど、そこには差別的なものとか、そういうのがいっぱいあって、そこは、男女で率直に言い合って検討してみなければいけないという思いがあった。

篠原　何枚もの「ヌード写真」を見ながら、男も女も不快なく楽しめる写真はどんな条件や様子になっているかなんかを考えたと思うけど、ぼく自身も、自信なげに、ああでもない、こうでもないとしゃべった思い出がある。あのとき、ぼくは、理論的にはエロティシズムとわいせつ性という二つのコンセプトを使って仕分けようとした記憶がある。

古賀　その仕分けは難しいでしょうね。エロティックに感じたり淫らに感じたりするのは、人によってものすごく違いますからね。

篠原　そもそも二分法も変だよね。ところで、あのとき、「見えない」古賀君が「ヌード写真」をどのように楽しむかという話をしなかったっけ？

古賀　そこまではしなかったと思いますよ。

篠原　この授業に対して、あんまり非難めいた話は聞かなかったけれど、学内では、しばらくの間、全員にエロ本を持ち込ませたということで評判になった。いまだと、問題の教師、問題の授業になったかもしれないね。いま、あのスタイルでやる勇気はないなぁ。

古賀　でも、本当に必要な議論だったと思いますよ。

篠原　このへんの話題は、きちんと記録にしておこう。

教師から習ったことは少なかったけれど、いくつもの出会いのなかで

篠原　ところで、あなたは、経済学で何を学んだと思いますか。また、経済学を通して、社会がどんなふうに見えてきましたか。

古賀　二年生のときに、一般教育でとった経済学が面白かったので、ゼミは、その先生の経済政策論を選んだ。その人は、マルクス主義経済学のなかでも宇野学派の系譜の人なんだけど、ぼくには、彼は、ほとんどマルクス主義経済学から転向していたように思えた。ゼミのときに、ぼくともう一人、意見の合う同級生とで、「フィリピンとかではすごく賃金が安い。こういうのはおかしい。搾取じゃないか」と発言すると、彼は「そういうところでは、沢山、失業している人たちがいるんだから、市場

原理から言うと、賃金が安いというのは必然なんだ」と言うのね。その頃だと、それ以上、うまく反論できなくて、いつか論破してやると思って、勉強していた感じですね。

ただ、三年あたりになると、盲ろう短大設置の運動なんかで忙しくなって、授業にはあまり出なくなった。そういうなかでは、経済学からきちんと学ぶということはできなかったと思うけど、ただ資本主義経済や市場原理が「障害」者の存在を否定するものになっているとかの問題意識ははっきりしてきた。そこをもっと考えたいなぁという気持ちはあったけれど、そこを大学で突き詰められた気はしなかった。

篠原　古賀君の場合、ある教師との関係のなかで真理を学んだとか、大卒の資格を取ることによって偉くなれたとかいう話にそっては、和光という場は縁がなかったかもしれないけれど、とはいえ、ここでキャンパス・ライフを送った、あるいは、このキャンパスに出入りして、いろんな問題を考えたということでは、大学生活の意味はでっかかったんでしょ？

古賀　それは強烈にある。いろいろな「障害」者や「健常」者との出会いがありましたから。そのなかで、自分の存在をどう位置付けるべきなんだろうかと考えたことはものすごく大きかったし、能力主義の観点から大学って何だろうと突き詰めたことも大きかった。ただ、後年、「知的障害」者にはちゃんと出会っていないことに気付くんですけどね。

「障問試論」のなかでも、いろいろな人といろいろな議論があったわけだし、大学教授から直接習ったというよりも、その場での議論がものすごい影響を与えたことは事実ですね。それから、ゼミに行ったときも、教師から習ったというよりも、彼に反発したことと、ゼミのなかで左翼系の学生が自分たちで学習会をやったんだけど、そこでむしろ経済学を考えたことは大きかった。

篠原　そのような議論のなかに、ぼくもたしかにいたんだよね。今日、振り返ってみても、古賀君からはいくつもの問題を投げ掛けられてきたし、そのたんびに一緒に考えてきた。実は、古賀君との場合だけでなくて、そのことは、あちこちで、ずっと授業の日常だった。「授業」は教師が学生を教授するという筋になっているし、そこに「大学教育」の軸があると言われるんだけど、ぼくには、そこで「教育している」という実感があんまりないまま来ちゃった。といって、「教育」という筋のなかに現存する単位認定権など教師の権力行為からぼくも免れられないことは、人一倍自覚してきたつもりだけどね。

理療科に戻って「附属盲」問題に出会う

篠原　あなたは、卒業必要単位はほとんど取ったようだけれど中退するよね。しかも卒業間近になって。そのへんの事情を話してくれますか。

古賀　ぼくには、大学の内外で体験し考えたことを持って、もう一回、盲学校に戻って、運動を一緒にやる仲間を作りたいという気持ちがあった。「視覚障害」者の世界から出たいという欲求を強く持って盲学校から大学を目指ざす人がいるけれど、ぼくには、そういうのがなくて、かえって「健常」者とだけ付き合っていこうとすることの反発がもともとありましたね。

それに、ぼくは、もともと、按摩、鍼、灸（三療）に興味があったんですが、エコロジイに関心を持つ学生たちと話していくうちに、その興味はますます強くなりましたね。また、学生時代から「視覚障害」者の労働問題に取り組みだしていたのですが、三療の世界は多くの「視覚障害」者が長年携わってきたものであるし、そこの問題をおさえないと、「視覚障害」者の問題全体を捉えられないんじゃないかという気もしていたんです。

篠原　それで附属盲の理療科に入るんだ。その思いは、その後どのように展開するの？

古賀　高校時代まで一緒だった人たちとも再会したし、若い世代とも出会いました。そのなかで、いまでも「障害」者運動をいっしょにやっている仲間ができました。一方で、脳死・臓器移植問題も、その一つですけどね。改めて、筑波大附属盲学校の特殊性に妙にこだわる教師たちの問題を感じてしまいました。

篠原　特殊性って、エリート意識のこと？

古賀　はい。筑波盲ろう短大設置に反対する運動のなかで、教師たちは、オレたち筑波大附属盲学校はどうなってしまうんだみたいな感じで文部省と交渉する。こっちには、そうじゃないでしょう、地方の盲学校のほうがよりしんどくなるんじゃないの、といった思いがあったんですけどね。ぼく自身も「附属盲」のなかで育ったがゆえに、地方の盲学校を感じられないのに気付いて、「附属盲」という選ばれた位置を捉え直さないとだめだなと思いましたね。

職場で「能力主義反対」のもろさを体験しながら

篠原　理療科を出て、資格を取ったんだよね。就職先はどこだったの？

古賀　最初は、入院設備のない小さな整形外科でした。ここでは、全盲と弱視と晴眼者の間で給料の格差があった。

篠原　そこでまた、闘争のテーマができたわけだ？

古賀　闘争しなかったんだけど、そこでぼくが大きく気づいたことは、大学時代に思っていた「能力主義反対」ということのもろさでした。ぼくは、筋を通したつもりで、大卒資格を取らなかったけれど、理療科を受験して合格しているし、按摩、鍼、灸の免許を取るために、試験を受けて合格している。しかし、その後に、そのような資格を取れない「視覚障害」者もかなりいて、その人たちは社会的にも経済的にも大変だという話が、九〇年代以降に深刻になってきていることに気付いた。

一方で、シビアに感じたことがありました。職場の受付の担当は、パートの人たちでした。ときどき退職者もあり入れ替わります。そうすると、仕事になかなか慣れないで、患者を効率よく回してくれないので、昼休みや帰る時間に食い込んだりする。そうすると、ぼくは、受付の人たちに対してイライラする感情を持つ。でも、すぐに「ちょっと待てよ、オレは能力主義反対」って言ってたんじゃないのかと思うわけですけどね。仕事で追い詰められて、そこでこなしていかなきゃいけないときに持ってしまう能力主義の感情というのはかなり根底的なんだなぁと思うようになりました。

そんななかで、ぼくは、唯物論という形で考えないといけないなという方向にいく。そこで、職場で労働運動みたいな形でできればと思うんだけど、これはうまくいかなかった。結局、盲ろう短大設置反対運動のなかで気付いてきた障害者差別や脳死・臓器移植問題など、優生思想を問う運動を、里内さん（茨城・脳性マヒ者の団体「青い芝の会」）たちと一緒にやっていくことになるんですよ。当時（一九八七年）、里内さんたちは盲ろう短大着工を阻止する実力行動をしていると伝え聞いて、ぼくは、ビビりながら参加したんだけど、それ以来の付き合いでずいぶん長くなりました。

篠原　ぼくは、「どの子も地域の学校へ」の思いや運動のなかで、あなたと同じような問題意識を培ってきた。和光のキャンパスで一緒に考えたころから言えば、十年ほど間があるけれど、脳死・臓器移植反対の運動で、再び合流したという感じだね。

「国家資格」で分断されていく〝有資格の〟ひとと〝無資格の〟ひと

篠原　話を戻すけれど、鍼・灸・按摩の世界に入っていって、そこで専門家になっていくんだよね。当然そこでぶつかってきた体験や問題の話をしてくれますか。

古賀　一つは、治療をしていてなんだけど、人間の体や感じ方って、本当に多様だなと思いますね。それも日によって変わるんですよ。それから、ぼくは治療をすることでお金をもらうけど、そこで患者さんと話すことが多い。ぼくなんかは長い時間をやっちゃうし、そこで勉強することも多い。そういうなかでの付き合いの面白さをものすごく感じてきました。

もう一つ、厄介な問題に気づいてきました。「視覚障害」者のなかでは、按摩・鍼・灸（三療）の職域を「晴眼」者の進出から守るべきである、という主張が、江戸時代末期から今日までずっとなされてきました。そして、三療と邦楽関係以外で稼げる職業分野を作りたい、というのが、もう一方の願いだったのですが、これらもうまくいきません。その分、「三療を守れ」という主張が強くなるのですが、ぼくも、あるときまで、そのように主張してきました。しかしながら、「視覚障害」関係者が実際に行ってきたことは、「視覚障害」者すべての三療の営業を守ることではなかったんですね。一定の資格を取れた者を防衛することに終始してきたので、免許を取れなかった「視覚障害」者を守ることにならなかった。

篠原　それもだめだよという話になるよね。

古賀　はい。でも、途中失明の人とか、技術は優れているけれど試験問題には弱い人とかは、いつまでも合格しないという事態が起こるわけです。そんな事態に追い討ちを掛けるように、九〇年代に入ると、全国統一の国家試験がはじまりました。ぼくらのころは、まだ、都道府県ごとに試験が行われていたんですけどね。これは、「附属盲」の理療科を中心とした按摩・鍼・灸関係者の悲願であったのかもしれないけど、このことによって、いま、言ったような問題を拡大していったわけですよ。

篠原　どんなふうに、問題は噴出してきたの？

古賀　都道府県ごとにやっていたときには、複数回、受験できたし、いろいろな手心があったという話もあって、かなり受かっていたんですね。しかし、ただ一つの国家試験になると、どうしても受からない人が出てきた。ぼくの問題意識も、資格制度は「視覚障害」者全体を守っていない、この事態をどうするか、ということになってきました。他方、「視覚障害」者側から、無免許で按摩・マッサージ関係を行っている「晴眼」者を警察に告発して、弾圧させようとする動きも出てきました。

無資格のこうした労働者の多くが経済的には苦しい人たちだと思うのですが、ぼくは、このような「三療を守れ」運動に組することはできません。また、「晴眼」者と同じ三療関係の職場で働く場合、「視覚障害」者の「三療を守りたい」という意識は、労働条件の改善という面でマイナスに働いてしまってないかと気になりますね。何しろ、労働条件を改善するためには、「晴眼」者とも団結して要求しない限り改善できないわけですから。では、どのように問題を立てて運動をするかですが、この点についてはまだやりきれていないんですね。

篠原　業界のリーダーたちは、按摩、鍼、灸という盲界の伝統的な仕事を権威づけて、信頼に足るものにしようということで、国家資格を作らせてきたのだろうけれど、そこには、有資格の「晴眼」者が登場して、無資格の「視覚障害」者を押しのけながら、しかも、「視覚障害」者の伝統的な職域を侵襲するという事態が生じてきたというわけね。当然、盲界のなかでも、防衛的な思いも込めて、有資格の「視覚障害」者を選抜して、無資格の「視覚障害」者を排除しようする。無資格の「視覚障害」者は挟み撃ちだよね。ぼくは、その事情の根源は「国家資格」そのものにあると思うけれど、とすると、再度、手持ちの、そのままの知識と技術、そして経験と評判へ戻って、と考えがちだけど、ここにも問題なしとは言えないよね。

ぼくは、臨床心理学・心理臨床の世界で、資格・専門性の問題を考えてきたけれど[3]、もう一つ、検証しなくてはならないことは「経験と評判」ということだと思っているのね。今日は、このぐらいにして、宿題にしよう。

（二〇〇七年十一月二十九日　こもん軒にて）

（1）『脳死・臓器移植、何が問題か――「死ぬ権利と生命の価値」論を軸に』現代書館　二〇〇一年

（2）金井闘争記録編集委員会『二〇〇〇日・そしてこれから』千書房　一九八七年

（3）篠原「『心理臨床から社会臨床へ』をめぐる思索」『社会臨床の思索』自主出版　一九九七年

〈対話9〉梁進成さんと語る

「視覚障害」者と在日朝鮮人のはざまで

障害者であることで、やむをえず日本人学校へ

梁進成《やんちんそん》さんは、在日朝鮮人三世で「視覚障害」者だが、四人きょうだいの三番目として一九六六年、千葉県で生まれた。一九八八年に和光大学に入学するが、そこまでの経過は次のとおりである。

梁　兄たちは、朝鮮語や文化などを継承するために朝鮮学校に通わせるという親の方針で、朝鮮学校に行っていました。私も、当然、周りに同胞の人が多かったし、そのなかで小さいときから遊んでいたので、同じ学校に行くものだと自然に思っていました。親としては朝鮮学校に入れようと思ったけど、「障害」児を受け入れた経験がないとかいうこともあって、一年間、交渉しましたが、受け入れられませんでした。結局、一年遅れで、千葉県立千葉盲学校に入りました。

小・中・高、そして鍼灸の専攻科へと、十五年間通いました。高等部を卒業するとき、大学に行きたいと言ったけど、先生からは、資格をきちんと取ってから、大学に進んだほうが安心だと言われて、鍼灸師のための専攻科に行くのだけれど、そこで国家資格を取りました。それから和光に来たんです。

篠原　あなたが大学に行きたいと思ったのはどうして？

梁　十五年間、同じ盲学校にいたので、自分の世界を広げてみたいと単純に考えました。中学を終わるときにも、ずっと同じメンバーできたので、他の盲学校高等部に転校したいと希望したけど、それは叶わなかった。高等部のときに、ジュニアレッドクロス（中高生による赤十字社活動）というサークルに入って、「健常」者の通う高校の人たちと交流をする機会が沢山ありましたが、最初は、

これで何とか広げられるかなと考えていたけど、それは、所詮サークル活動で、一緒に席を並べて勉強することでいろいろ考えてみたいという思いは果たすことができなかった。そうするには、大学に行くことが一番だと考えました。

もう一つ、朝鮮学校に通いたいという気持ちもあった。中学のころから、在日朝鮮人でありながら、朝鮮語もしゃべれないし使えないし、文化や歴史もあまりよく知らないので、民族としてのアイデンティティーに対してコンプレックスを持っていて、何とかしなきゃいけないと考えていた。だから、朝鮮大学校に進めればいいなと考えていた。でも、自分のなかで無理だと思ってしまって、そのことを言い出すことができなかった。

篠原　見えないってことで断られると思ったの？

梁　そうですね。ただ和光大学には、千葉盲出身で韓国人留学生のチェさんが行っていたのを思い出して、盲学校の先生に相談したら、和光は、民族問題とかを取り上げている大学だから、君には合っているんじゃないかと言われた。それで、是非行きたいと思いました。専攻科を卒業してから、チャレンジしようということで納得した。

篠原　ぼくは、在日朝鮮人であることのハンディを大卒という学歴で補いつつ、それを越えていくという話を聞いてきたけど、梁くんの場合、そのへんのことでは、どうだったんですか？　そして、もう一つ、盲人であることで、鍼灸の世界で生きていくのが伝統的だけど、大学に行くことで、その世界から脱出したいという気持ちはあったんですか？

梁　学歴については、当時、親としては早く自立してほしかったようですね。鍼灸師の資格を取ったのだから、仕事をしてなるべく早く収入を得たほうが安心だった。私以外の兄弟は父親の影響で、総連（在日朝鮮人総連合）関係で仕事をすることになっていて、日本社会に出ていこうという形ではなかった。私は、歴史や文化や言葉は習いたいし、いつか在日社会のなかに入っていきたいとは思ったけど、朝鮮学校に入ることが無理だったし、総連の仕事はできないから、あまりそういうことは考えないで、仕事は大学を卒業しても、鍼灸をやると思っていた。教員になりたいという気持ちもありましたが、当時は在日が日本の教員になるのが困難だったのですぐにあきらめてしまいました。

入寮、退寮、初めての挫折

篠原　大学に入っての第一印象は？

梁　最初の一週間か二週間で、「視覚障害」者が何人もいたけど、「健常」の学生が沢山いて、同世代にこんなにいっぱいいるんだと当たり前のことを実感した。そしてすごく希望が持てた。自分の世界や交友関係を広げたいというのと、鉄道の旅が好きなので、あちこちに友人を作れば、彼らに会う目的で、旅が成立するのではないかという夢がありました。

篠原　あちこちに、と言うと、どういうところに？

梁　私は学生寮に入ったけど、同じ部屋の先輩が北海道の人だったし、同学年の人が愛媛から来ていたので、友人になれたら交流もできるし、彼らを訪ねられるかなと思った。

篠原　実際はどうだったの？

梁　正直うまくいかなかった。同じ部屋の人たちに、寮から学校に移動するとか、提出物の代筆を頼むとか、集中していろいろ頼んでしまったりして、それですれ違いが起きたりした。一番大きかったのは、入学時のオリエンテーションが三時ごろ終わる予定だったから、三時ごろ、その教室の前に迎えに来てほしいと頼んだときのことでした。彼は三時に来てくれたんだけど、オリエンテーションが四十分ぐらい延びちゃった。謝ったんだけど、こんなことが重なって、関係が少しずつまずくなって、修正できないまま、結局三カ月ぐらいで私は退寮した。初めての挫折だった。

また、一年生の秋だったと思うけど、私は手話サークルにも在籍していて、その仲間数人と一緒に学校から帰る約束をしていました。それで、用事を終えて決めた場所に行ったところ、仲間たちから「わるいけど今日は一緒に帰れなくなった」と言われた。私は、なぜだろうかと思ったのですが、数日後に、そのときの一人から「実はあのとき、○○（私が親しくしていた人）から『梁とは一緒に帰るな』と言われてね」と告白された。その彼とはけっこう仲がいいと思っていたので驚いたけど、何となくその理由は思い浮かびました。彼とは最初から無理だと思っていたことを言い出せないまま約束してしまっていて、それを実行できなかったことがあった。それでも赦してくれると勝手に思い込んでいたんですね。

それまでは人間関係を作るのにはそれなりに自信があったんだけど、その自信が音をたててくずれていくような感じがした。ただ、あのとき、一緒に帰る約束を取り消すように、私の近くで声を出さずにやりとりがなされていたようで、それが悔しい気がしますね。そんな事もあって結局手話サークルからは離れました。

篠原　どの話も、一年生のときのことだよね。在日で「視覚障害」の梁君がはじめて本格的に、日本人・「健常」者中心の社会に入りだしたばかりの体験だったんだ。あなたにでっかい問題がぶつけられていたんだと思うけれど、彼らにも戸惑いや葛藤があったんだろうなぁ。

在日であること・障害者であることを考えたかったけれど

篠原　どの授業でだか忘れたけど、あなたは、総連系朝鮮人であることとのアイデンティティー問題で葛藤していることを話してくれたよね。

梁　ありますね。臨床心理学の授業だったと思いますが、先生から、普段考えていることや、体験して思うことがあったら、話してほしいって言われた。それで、私は、民族学校に入れなかったことや、朝鮮人として生きていきたいけど、いまのままではそれも難しいということを話した。でも、やはり朝鮮民族として生きていきたいという思いでしたけれど。

篠原　ぼくも、一、二年、担当したことがあるけれど、当時、在日する、韓国・朝鮮系朝鮮人の流れにある在日・帰化学生たちの問題提起を受けながら考える「民族差別問題研究試論（民差論）」があったけれど、そこには参加したの？

梁　一年のとき、そこに行くと同胞がきっといるだろう、だから出ようと思ったけれど、うまく話ができなかったり同胞として認められなかったら、いやだなぁといった消極的な気持ちがあって行きませんでした。二年になってから思い直して、和光に来た根拠として、そういうことを学びたいということがあったんだから、思い切って行ってみるべきだと思って、朝鮮語や民差論の授業に参加した。また、先生の授業に参加したときには、そういうテーマで考えたいと話したりしました。

ところが、在日で「視覚障害」者で、民差論に行ったのは、私が初めて。そこでは、在日としての差別については討論をされるけれども、在日のなかにもう一つ、障害者という問題があって、在日のなかでも障害者差別があるという認識がやはり薄かったですね。だから、皆も討論をどう持っていけばいいかわからなかったんだと思います。

朝鮮民族には障害者がいないというイデオロギー

篠原　あなたが「視覚障害」者であることで、民族学校は入学を認めなかったということだけど、在日社会のなかの「障害者」観はどうなっていたの？

梁　在日のなかにも障害者がいるわけだけれど、特に十年前までは、自分の家に障害者がいるということをひたすらに隠していたし、在日社会も障害者がいることを認めない状況があった。直接はそういうふうに言われないけど、障害を持っている者は朝鮮人じゃないみたいなところがありましたね。例えば、とある在日の音楽会があって、そこには日本人も招待されていた。その場所に母親に連れられて行ったときも、私が目が見えないとわかると、普通、皆は朝鮮語で会話しているのに、私には、最初から日本語で話し掛けてきた。そして母親が席を離れていたときのこと、私を同胞が座る席から日本人の座る席へ移動させたんです。

篠原　障害者は日本人ということ?

梁　そういう頭がありましたね。うちは総連関係だったから、影響を受けるのは北朝鮮だけど、北朝鮮の考えとして、朝鮮民族には障害者はいないんだということがあった。なぜなら障害は公害とか空気の汚れとかから発生するわけで、朝鮮にはそんなものはないんだと。これは日本との差別化をはかるために出てきたと思うんですけどね。

篠原　なるほど。でも、そのへんのことが、ここ十年ほどで変わってきたと言ったけれど、それはどんなふうになの?

梁　そうですね。私の子どものころは、どこも、障害者が家にいるということを、あまり知られたくなかったと思いますね。障害を持った子どもの親たちは、一人で悩んでいたし、どうしてものときは、日本人の運営する作業所に通わせていました。当時は日本社会に世話になることは、朝鮮人としては禁句みたいなところがあったけれど、親からしたら、そんなことも言っていられないし、じゃあ、だれが面倒見るかというところがありました。そんななかで必然的に、障害を持った子どもの親である同胞同士が集まって、一九九五年かな「ムジゲヘ(虹の会)」を作りました。主には、知的障害児の親たちだったようでしたけど。

そして二〇〇一年に「在日同胞福祉連絡会」が結成され、翌年には東京で障害者を対象にした音楽トレーニングサークル「TUTTI」の活動がはじまりました。

それから七年前に、ピョンヤンで初めて障害者と会って話をすることができたんです。

篠原　ピョンヤンでは、その人とどんな話をしたの?

梁　二〇〇二年に、在日の障害者とその家族が訪問団として訪れたとき、視覚に障害のある人およびその家族と懇談する機会がありました。「障害者は存在していない!」と言い切っていた北朝鮮で、当事者と会えたのは貴重なことでした。雰囲気的にも施設・設備的にもとっても一人歩きができるような状況ではない街中に出るとき、どうするのかと尋ねたところ、必ず家族のだれかと出掛けると言っていました。何せ、白杖を持って歩く習慣もありませんからね。また、私は、鉄道ファンとしてピョンヤン駅に出掛けましたが、ホームには点字ブロックが設置されていたのは以外でした。他の場所では見当たりませんでしたから、国際列車が到着する場所としてそれなりに体裁を整えているのかもしれませんね。

篠原　ご両親は、朝鮮人社会が持っている「障害者」観で言えば、どんな感じだったの？

梁　影響はありますね。そのなかで、自分たちが障害児を持ってしまったということで、母は若いときは強気で、「障害を持ってて何が悪いんだ。どんどん外へ出て行きなさい」という感じだった。だから、民族学校に入れようと言ったのも母親だと思います。父親は、総連で働いていた影響もあるんでしょうけど、あまり干渉しなかったですね。

篠原　息子は民族の恥みたいな感じなの？

梁　そうですね。積極的に同胞のなかに入れようとはしていなかったように思います。

川添さんが語り続けた梁君の彫塑のこと

篠原　このへんの問題については、卒業後のあなたの生活を聞きながら、もう一度考えさせてほしいけど、しばらく話題を替えて、今度は、学生時代のいくつかの思い出話をしたい。その一つだけど、「手話・点字」で、同僚の川添さん（芸術学科）がよく話してくれたことなんだけど、彼の授業で、あなたが粘土で作品を作りたいと言い出したときに、当初、どうつきあってよいかわからなかったけれど、川添さんも、まもなく触ることの面白さや触りながら形を作っていくことを楽しんでいくんだよね。

梁　私は、この授業の登録はしていなかったけれど、友人が取っていて、面白いことをやっていると言われたので、先生にお願いして、一緒に作らせてもらいました。盲学校では、弱視の人は絵を描いたりしていたけど、私たち全盲はほとんど、図工や美術の時間は粘土をやっていた。茶碗とかを真似て作るだけじゃなくて、自分の顔を作ってごらんとか、動物の剥製があって、これを粘土で作ってごらんとか言われました。それで、粘土をいじることはもともと好きでしたね。

川添先生の授業で、じゃが芋を作ろうということになって、一つずつ、じゃが芋をわたされて、これを触りながら作っていった。じゃが芋そのものは小さいんだけど、それを彫塑として大きくしようとしたんですね。それは、ただ粘土で作るだけじゃなくて、そのあとで石膏で型を取って、そのなかに石膏を流し込んで、最終的には粘土は外してしまうんだけど、そういう形でじゃが芋を週一時間ずつ半年掛けて作っていった。それまで盲学校では、同じ大きさで作ることはやっていたけど、実物より大きく作るのは初めてだったから、難しいけど面白いなぁと思いました。実際に見ると、じゃが芋の形になってないかもしれないけど、自分ではじゃが芋を実際より大きく作ったつもりでした。大学で粘土を触れられるとは思わなかったので、すごくいい体験だった。

篠原　「手話・点字」では、梁君の体験などから、「見える」側が見ることで触ることを先取りしていることとか、触ることの想像性や創造性とか、触ることで事物や世界を確かに知ることとかを随分考えたなぁ。

卒論で初めてパソコンを使い、いまはパソコン頼みだけれど

篠原　これは、逆の体験だと思うけれど、点字からパソコンへの話は、「触る」こと中心から「聞く」こと中心への変更だよね。この体験は、同じ「視覚障害」者でも、世代によって大分違うようだけど、梁君の場合は、どうだったんですか。

梁　パソコンをはじめたのは遅かった。学生のころ、初めて図書館にワードプロセッサーの点字版が置かれたけど、当初は手を出さなかった。三つ下の後輩から、パソコンを使えば、自分で書きたいときに書けるし、気を遣わなくていいから、是非身に付けたほうがいいですよと言われた。じゃあ、卒論もあるし、少し触ってみるかみたいな気軽な感じではじめたんだけど、自分で墨字を書けることには感動しましたね。これなら自分の文章を「晴眼」の人にもそのまま見てもらえると思いました。

ただ漢字については、ほとんど知識がない状態だから、音声で読み上げてくれる漢字の説明で、あてずっぽうにどんどん変換した。そうすると、めちゃくちゃな漢字で文章になる。それを、知り合いの「晴眼」の学生に見てもらって直してもらいました。そんなふうにして、漢字も覚えていきましたけど、結局卒論はそれでやりましたね。でも、パソコンを導入するにしても費用が掛かるし、いろんなサポートが必要です。そんなこともあって、卒論を書いたきりでしばらくはいじりませんでした。

自分が書きたいときに書けることは嬉しいんだけど、

それまでは、「晴眼」の友人に、点字を読んでもらったり墨訳してもらったりしていて、そんなときにできてきていた関係がなくなっていくのはちょっと淋しかったですね。

篠原　今日、全体として、紙媒体からインターネットへって、情報の取得や交換の手段がどんどん移ってきているけれど、そのへんは、どんな感じですか。

梁　新聞、雑誌や小説をもっといろいろ読みたいとずっと思っていましたが、卒業したあとになってですけど、音声ソフトの開発が進んでネットサーフィンが可能となり、欲しい情報をどんどん得られるようになりました。だから、いまはパソコンに頼っています。

それとともに、私もそうですが、点字使用者の多くが点字を打たなくなっていると思いますね。それが世の中に点字がいよいよ普及しないことにつながっている。また、パソコンに打ち込んだデータが、パソコン上でそのまま点訳されるようになったので、点字を知らなくても点訳作業ができてしまう。それはそれでいいことなんですが、点字を実際に読み書きできる人が少なくなっていくことは危惧しますね。

篠原　点字で触りながら読むことが少なくなっているようだけど、パソコンで聞きながら勉強したりするというのは、全然違う世界でしょ？

梁　一つの悩みとしては、対面朗読でもそうだったけど、音声でサイトを読み上げてくれても、手で触って読んだ情報とは頭への入り方が違いますね。だから、どうしても重要なものは、図書館の点訳サービスに回して、いまでも点訳してもらっています。

篠原　それは、「晴眼」者の場合もまったく同じだよね。でも、忸怩たる思いで言うんだけど、「晴眼」のぼくの側から言うと、「視覚障害」学生がパソコンを使ってくれることはありがたい。でも、そのことによって、点字の世界が狭められていく側面はあるんだろうなぁと思っているのね。そういう恨みみたいなものはないのかなぁ。

梁　恨みというか、これでいいのかなぁというのはありますね。あれだけ自分も、点訳作業や点訳サークルを一生懸命やっていたことは何だったのかなぁと思ったりしますね。点訳本は厚すぎるとか保存しづらいとか、いろいろあるけど、大事なものは点字で保存して、気楽に読みたいといまでも思っています。それに、なにせ、点字だと頭に入りやすい。いま、「視覚障害」者に便利なソフトもどんどん制作されているんですが、それだけ、それを買わなきゃならないという感じに振り回されていますね。商業ベースに乗せられている感じもあります。

篠原　点字のプリントはできるの？
梁　点字プリンターはあるけど、安くなってきたとはいえ、個人にはとても手が出ません。正確にはわかりませんが二、三年前だと、いちばん安いので三十万円ぐらい。もっと前は、百万とか五十万とかしましたからね。
篠原　パソコンは福祉機器で、補助が出るんではないの？
梁　それは自治体によって対応が違うと思いますね。私が住む習志野市では、パソコン自体が福祉補助の対象になっていません。そもそも、これらがなくては生活ができないとか社会活動に障害があるとかいう、それ自体が問題ですよね。「福祉」というと、与える・与えられる、そんな意味合いが含まれていて、イヤですね。
　それに、本来人間同士が補い合うべき関係を機械にまかせているような気がします。パソコンよりは人に読んでもらいたいし、人の手によって点訳されたものを自分で読みたい！　そんなことが、河が流れるように自然にできたらいいな、そんな考えに尽きると思います。
篠原　電子化時代のいまこそ、伝統的な対面朗読、点訳作業を、もう一度、積極的に見直そうという課題があるというわけね。賛成だなぁ。

「視覚障害」学生は対面朗読室、障問会、点訳サークル中心で

篠原　サークルはどこへ入ったの？
梁　いま考えれば、もう少しいろいろ挑戦すればよかったんだけど、定番だけれど、点訳サークルとか「障問会」です。
篠原　定番って？　「障害」学生は大抵、そのあたりのサークルに入るということ？
梁　自分の消極的な性格もあったと思うけど、健常学生たちのなかには排除的な考え方をする人も少なくなかったと思いますよ。サークルによっては、障害者が入ろうとすると、断られるということがありましたからね。例えば、吹奏楽部の話を聞いたけど、肢体不自由の学生は入っていたけど、視覚障害の学生が入ろうとしたときには断られた。そのことに関して、なかにいた、その障害学生も、自分のことに及んでしまうと困るということで、反論できなかったようですね。
　私は、障問会とか点訳サークルの人たちと普段いつも行動していて、授業にしても昼食にしても、そこから出て行って、そこに戻ってきていました。だから、それ以外の学生と友人になるということはないまま卒業してし

まった気がします。もっと積極的になればよかったのかなと思うけど、大学に入ったことで安心してしまって、もう一歩踏み出せなかった。断られるのが怖いというのがありましたね。

篠原　いまの話は、驚くつもりはないけど、ちょっとがっかりな話だなぁ。ここ数年、卒業生の堀内さんが、地域の活動で出会った「知的障害」者、二、三人を、大学に連れてきていて、ぼくの授業やいろんなところに出入りしているけれど、彼らが、子どもたちと勉強したり遊んだりする、あるサークルの仲間に入れてくれと言ったら、断られたというのね。正規の学生ではない、「知的障害」者だから、というケチな理由があってなのかなと思ったけれど、いまの話を聞くと、こんな話は、昔から、正規の〝勉強のできる〟「障害」学生にそってもあったんだぁ。ぼくに言わせると、断るほうも、さっさと引き下がるほうも、軟弱でダメだよ。ところで、対面朗読室は、梁君にとって、どんなところだったの？

梁　そうですね。大学に行って、どこに行くかというと、まず対面朗読室に行く。そうすると、視覚障害学生とか、対面朗読を担当する晴眼学生や点訳サークルのメンバーとか関係者だけがいる。私は、そこから授業に行き、他のことでもそこから動き出すという形をとっちゃっていたから、気が付くと、周りにはそんな連中しかいない構図になってしまっていましたね。

篠原　そんな話ばかりではないと思いたいけれども。

梁　そうですね、三年先輩の視覚障害の人は、障問会にも点訳サークルにも入らないで、コーラス部で活動をしていましたね。大分経ってから、そんな話を聞いて、なぜ、自分は、そのことに気付かなかったんだろうって反省したんですけどね。

青部の音と空気に感動しながら

篠原　ゼミ合宿の思い出はあるんじゃないですか。

梁　古関ゼミで、四回ほど青部セミナーハウス（静岡県・川根本町）に行きましたね。自然のなかで、一緒に散歩や川遊びをしたり、寝泊りするなかで、普段できない雑談ができたことは大きいと思いますね。また、私がわがままを言って、ゼミ中にも関わらず、中断させて、ＳＬを見に青部駅までみんなで行ったことがあって、それがいまでも忘れられない。

篠原　青部は、山と川と茶畑に囲まれて、ＳＬが走っている。ぼくには、そんな風景を見て楽しむという感じがあるんだけど、梁君にとっては、どんな体験になっていたの？

梁　見えないことでわからないこともあるけど、その場の空気は感じていました。空気の冷たさとか、草のにおいとか。左側に大井川があって、右に茶畑があってということは説明してもらわないとわからないけど、その説明を受けたとき、現実とは違うかもしれないけれど、自分なりに、頭のなかで想像して組み立てることが好きでしたね。

篠原　音の世界は？

梁　川のせせらぎとか、風で草が揺れる音とか、鳥の声とか、やっぱり面白いですね。テレビで聞くのと実際では全然違いますよ。

篠原　青部の音のなかで、どれがいちばん印象深く残ってる？

梁　セミの声、そしてSLの音ですね。大井川鉄道は、SLだけでなくて、客車も古いですよね。あの車輌がレールの継ぎ目をきざむ「カタン、コトン」という音と自然の音はすごく合ってる。雑音が入っていない。山あいに汽笛が「ボア〜〜！」と木霊する音、それから川の音、忘れられないですね。

篠原　和光は、十年ほど前に、セミナーハウスを手放したけれど、ぼくたち子供問題研究会など、長年愛用してきた三団体が管理、運営しているから、また、あの場所で、ホームカミング的ゼミをやりたいなぁ。

梁さんは、今夏（二〇〇八年）、ぼくがセミナーハウスで管理人の仕事をしているとき、大井川鉄道の旅の途中で立ち寄ってくれた。懐郷の思い断ち難くというところだろうか。

卒業後、帰化も考えたけれど

篠原　大学を出てから、どんな仕事をしたの？

梁　大学を出てすぐは、地元の整骨院でマッサージの仕事をしていたけど、そこは半年でやめて、その後も、雇われながらサウナとかでマッサージの仕事をしていました。三年ぐらいかな。学生時代のアルバイト先を含め一カ所を除き、勤め場所では必ず雇い主から、日本名を名乗るように言われました。それがイヤで、我慢をしなければと思いつつも、そのたんびに辞めてしまった。特に最後に勤めた職場の院長は盲学校の同級生だったんですが、やはり日本名に変えろって言われてショックでしたね。

それで、だったら自分で出張マッサージをしようということで、しばらくやっていたけど、自分のなかにきちんとやるという気力がなかったのと、近年膵臓に腫瘍ができるなど、体が丈夫じゃないというのがあって、いまはほとんど仕事をしていません。

篠原　同級生までが、日本名を要求したんだぁ。相当の日本人は、いまなお侵略時代に培った意識を持ったままなんだぁ。

梁　大学を出たころは、自分はもしかしたら帰化するのではないかと考えていた。たしかに朝鮮民族だけど、これから鍼灸の仕事をするにしても、日本人社会のなかでだし、大学でも同胞との友人関係ができるということはなかった。

そのころ、親しくなった日本人の学生に対して、必ず朝鮮民族の話を問い掛けていったけれど、最初は関心を持ってもらえても、議論が深くなっていくと、喧嘩まではならないけど、曖昧に終わってしまうということが何度もあった。とすれば、自分が朝鮮人として生きることは変わらないとしても、日本で生活するわけだし、日本にいつかは帰化したほうが楽なのかなと考えました。

福祉活動に誘われたけれど

篠原　実際は帰化してないよね？

梁　はい、してません。大学を卒業してから十年ぐらい悶々と生活をしていたけど、二十一世紀に入ってから、同胞社会のなかに高齢者や障害児の福祉問題が浮き上がってきて、私もそこでの問題に気付きだしたんですね。その一つですが、「虹の会」という障害児親子の会が関東中心に作られました。そのなかで、障害児教育に対して興味を持った、朝鮮大学校の学生が出てきて、知り合いの障害児を集めて、音楽を一緒にやろうという話になった。音楽トレーニングと言うんですか、〝ＴＵＴＴＩ（皆と一緒の意）〟と名付けられました。東京の朝鮮高校の食堂を借りて、朝鮮大学校から楽器を運んできてスタートした。その学生は純粋に福祉活動、奉仕活動であると考えていたと思うけど、総連関係のほうは、どんどん組織員が離れていく状況だったので、福祉を取り上げることによって、もう一度、吸収力を戻そうと考えたようですね。私にも、この活動に参加してみないかとの連絡が来て、同胞に会えるならと思って、行ってみることにしました。

篠原　そこにいる「障害」者はどんな人たちなの？

梁　知的障害者が多いですね。当時は、十代後半が中心だった。いまは、二十代前半になりましたけど。一人だけ聴覚障害がいたけど、いまはいません。学生の一人は、彼女とコミュニケーションをとろうと、手話を習ったりしていたけど、全体としてはそういう傾向はなかったですね。

篠原　同胞に出会うために長い歴史があったんだぁ。

梁　本当に同胞に出会えるのか半信半疑で参加したんです。最初の一、二回は、民族楽器を触って叩ける感動もあってよかったんですが、私は、やっぱり音楽トレーニングの対象だったんですね。新しく参加してくる健常者には、私の目の前で「事務局会議に参加しないか？」などと声を掛けているけれど、私には決して掛けようとしなかった。堪りかねて「何で障害者の意見を聞こうとしないのか？　会議に参加させてくれ！」と言ったので参加できるようにはなったけれども、いまなお同じ同胞であるとか、一緒に進めていく仲間であるとかの感じはありませんね。

ただそこに、ボランティアとして参加している学生たちの誠実さ、懸命さは感じましたね。若い彼らが将来的に同胞社会で活動することになるので、この経験が生かされるといいなと思っているんです。

篠原　梁君は、当然、リーダー側として声を掛けられたと思ったけれど、あくまでも対象なんだぁ。といって、ぼくは、「知的障害者でないのに」とは言いたくないのね。在日社会だけでなく、日本人社会でも、「障害者」は一括して、保護・管理の対象と見なされがちなんだよね。ただ、最近の日本人社会では、〃あたまのいい〃障害者と〃あたまのわるい〃障害者を差別化する傾向が、いよいよ顕著になっている。もう一つ言うと、そもそも「する」側と「される」側を分けないと成立しない活動は、それ自体で問題であると、ぼくなどは考えているんだけど……。

梁　当事者の意見を吸い上げてほしいという気持ちが大きかったので、知的障害者のなかには、たしかにほとんど意思表示が困難な者もいるけれど、彼らの意見も一緒に聞いてほしいと言う意味で名乗り出ました。運営側にも障害者が居ておかしくはないと思ったんですが、「福祉は与えるもの！」といった意識が運営サイドにはありましたね。私も、「する」側と「される」側に分けられているのに違和感があって、学生達には「『ボランティア・当事者』どちらも〃ＴＵＴＴＩ〃のメンバーのはず」と伝えているのですが、残念ながらなかなか通じません。

在日として生きられないから帰化するではイヤだ

篠原　ところで、在日朝鮮人として、伝統的な家に生まれて暮らしてきて、そのなかで自分のアイデンティティーを作ろうとしても、在日社会は相手にしてくれなかったというわけね。その決定打は、「障害」者であることなんだぁ。にもかかわらず、あなたは、在日同胞の一人として親しい関係を作ろうと探り続けてきた。重い事情があることを察しつつも、あえて聞きたいけど、どうして梁君は尻をまくらないんですか。

　ぼくは自信があって言っているのではないけれど、日本人も朝鮮人もないと言うか、お互いが国籍や国民とか国境を越えて、自由に人と人が行き来しちゃうというテーマがあると思うんだけど……。

梁　そういうことは自分のなかにもあるし聞かれたこともあるけど、結局、朝鮮人として生きるか、日本人として生きるかの両方の選択があって、それが自由にできるならば、日本人として生きるということもあるかもしれないが、朝鮮人社会から排除されてしまって、したがって、やむをえず日本人として生きていくということはしたくないですね。私の場合、朝鮮学校に行きたいと主張してきたけど、それは許されなかった。だから、日本人中心の県立盲学校に行かざるを得なかった。どちらでも選択できる環境であってほしいし環境にしたいんです。ただこのまま抜けるのはすごく悔しい。たぶん同胞のなかに同じ思いをしている障害者がきっと、まだまだいると思いますね。

篠原　まだ出会ってないいんだ?

梁　そうですね。福祉活動は高まってきたけど、同胞にどれだけ障害者がいるかの調査はできてない。「在日同胞福祉連絡会」という組織が立ち上げられたが、ほぼ活動は停止状態であり事務局はおろか支部など一つもない。独立した組織として立ち上げられたはずだけど、総連の影響下に置かれている感じがしてならないんです。最初は、朝鮮社会(=総連社会)で働きたいというか、そこに親しみを持っていたけど、これまで話したような扱いをいまでも受けるなかで、逆に、このまま自分からここを離れるのは挫折であるという気がして、一つでも、この社会でできることがないか探っているんですけど。

拉致問題を知らされつつ、国家と故郷に引き裂かれ

篠原　最近、北朝鮮の拉致問題があって、在日の人たちは、とんだとばっちりを受けたと思うし、在日のなかでも、いろいろな思いがあると思うけど、そのへんの話をしてくれますか。

梁　学生時代は、障害者のことで議論するよりも、在日のことで議論したことが多かったし、日本人学生に対して、そういうことを訴えてきた立場だったから、拉致問題が出てきたときには、ものすごいショックというか愕然とした。祖国がそんなことをしていたとなると、在日

とは切り離してほしいというのはあるけど、そうもいかないと言い聞かせましたね。
そこで、在日の問題を訴え掛けてきた人たちに、拉致問題に関して申し訳ないという内容のメールを送りました。自分にはそれしかできなかったし、それに対する彼らの反応を聞きたかったということもあります。なかには「ピョンヤンに爆弾でも落としたほうがいいんじゃないか？」みたいなことを言った人がいて、ピョンヤンという地名を出されると、兄もいるから「何でそこまで言うの？」という反発をしました。でも、日本人側から言えば、感情的にはそうなんだろうなあと思った。そんな具合に、拉致問題では在日としての立場はきつくなりましたね。ちょうど同胞の福祉活動がはじまって、ひと安心していたころでしたけれど。

篠原　あなたは、拉致問題をぶつけられて、日本人に対して申し訳ないと謝ったということだけれど、そのことに先んじて、日本国家と国民の朝鮮人社会に対する侵略と加害の歴史があるし、日本側から言えば、その戦争責任・戦後責任はあり続けているよね。ぼくは、この問題を考えるときだけ、日本国家の民としての国民の一人であることを自覚したいと思っているけれど、といって、天皇や戦争遂行の指導者たちに代わって謝罪してしまってはならないし、できるはずがないとも思ってきた。それと同じで、北朝鮮の権力者に代わって、あなたが謝るという話は、ちょっと違うという感じがするんだけど。

梁　日本人の友人に、この問題を謝ったとき、個人と個人の間のことと思っていたので、あんなセリフをぶつけられるとは思わなかったですね。

篠原　相手は、梁君を北朝鮮の代表と見たわけだ。不気味な感じだね。

梁　そういう気持ちや考えもあるんでしょうね。私も日本人の友人たちに、国家の侵略行為に対して謝罪の気持ちを持ってほしいと伝えていたから、逆の立場になった際に、何が自分にできるかを考えたら、パッとあんなふうに謝っちゃったんです。
しかし、それでは、自分は北朝鮮の政権を支持する者なのかと考えたとき、そうではないので、もっと他のやり方があったのではないかと思いますね。あのとき、私がすぐ謝ったのは、自分が、そのときまで言ってきたことに対して、自分なりの責任を取らないまま、相手に求めてどうするんだという思いがあったからです。ずるく言えば、まず侵略があって、次に拉致問題があってという、この連関を皆がどう考えているかを聞いてみたかったということもあります。

ただ、いずれにしても、自分のなかで、それまでとそれ以降では、北朝鮮に対する意識が変わってきているこ とはたしかです。そういう意味で、何で拉致なんかしたんだと悔しかったし、かつての日本と同じようなことをしたんじゃ、何も言えないじゃないかという気持ちがありますね。朝鮮民族に対して理想感を持ち過ぎてたということもあります。

しかし、いまの日本政府のやり方には反発がある。人権問題を言うならば、なぜ、新潟と北朝鮮を行き来していた船を止めてしまったのか？　私たち在日が、当時の状況から帰国したきょうだいや親に会うには、あの船は欠かしえないものだった。いまは飛行機を乗り継げば行けるけど運賃も高額だし持っていける荷物の量にも制限がある。年金暮らしの在日にとっては特に厳しい状況が続いているんです。会いたくても会えない！

篠原　話を聞きながら、金正日政権下の北朝鮮に対して、そこまでアイデンティティーをもってしまって謝ってしまうのは、在日として生きてきたなかで培ってきた民族アイデンティティーのあり方に問題を感じるなぁ。それは、戦後も日本社会側が在日に対して行ってきた差別と加害の歴史のなかで形成させられてきた意識でもあるような気がして、忸怩たる感じがしてならない。

梁　アイデンティティーと言った場合、何を拠りどころにするのかで言えば、長い間、日本社会に暮らしてきた者としては、どこまでが朝鮮民族であって、どこからが日本人なのか、漠然としていてわからない。そんななかだからこそ、単純に頭に浮かんできていたのが国家になってしまっていたのかもしれませんね。

私の場合、いまは違うけど、当時は韓国よりも北朝鮮にアイデンティティを持っていたということがありますが、それには、小さいころの総連の影響もあると思うし、朝鮮半島で、唯一行った場所がピョンヤンということもありました。また、私なりに歴史を勉強したなかで、植民地支配から解放されたときに社会主義国ができたというのは自然の流れなのかなと考えていたこともありますね。

もともと北朝鮮を支持してきた人たちは、以前はあまり韓国に行くことはなかったけれど、拉致問題が問われるようになって以降、南の故郷を訪ねる人が多くなってきました。在日の故郷はどっちかと言うと、韓国にあるわけです。そして、私たちの先祖は光州です。

そういう状況や話の流れを見たときに、私のなかでも、どちらを支持するとかじゃなくて、私の故郷は朝鮮半島であって国家じゃないというふうに思わないと間違いにつながると気付いてきました。国家と民族の違いはわかっていたつもりだったけれど、この二つを渾然と必然的に持っていくことで、オレは日本人じゃないんだという拠りどころを作ってきたと思いますね。

朝鮮民族は単一民族であると言われているので、民族＝国家という図式に陥りやすいのかもしれません。また在日＝総連＝朝鮮民主主義人民共和国（北朝鮮）とずうっとつなげて考えてきたところに間違いがあったんだと実感した気がします。まだ六〇年代には、経済的に余裕があって北朝鮮は在日を支援する方針をとっていたようですが、このことをそのまま支援と捉えてしまったことにも問題があったのかもしれません。

篠原　安倍政権のとき、教育基本法を「改正」したんだけど（二〇〇六年）、そのとき、「郷土愛」と「国を愛する心」をゴッチャにして議論していて、危ないなと思っていた。ぼくは、前者が後者に収斂していく側面を警戒しながら、両者を仕分けて、「郷土」を愛でることを、人々の暮らしのなかの心性として無視できないと思ってきたのね。それは、お国自慢のあどけなさと排他性を同時に併せ持ったリアルな気持ちじゃないかな。

いま、あなたの話を聞いていて、自分たちの先祖は光州であって、それに思いを馳せるというのが、おじいちゃん、おばあちゃんと暮らしてきた梁くんの素朴な気持ちとしてあるのはとてもよくわかった。ただ、あなたが、国家や民族との関連で自らの出自を語ろうとするとき、どうしても南から北へ移動しがちになる深い事情を、今日は知ることができた。

しんどい話をさせてしまいましたが、聞かせてもらって、有り難かった。梁君と初めて深く出会えた感じだなぁ。余り丈夫じゃないようだけれど、体を大切にして、在日同胞として活躍できる日が来ることを祈っているし、これからも、折々に一緒に考えられればうれしい。ありがとう。（二〇〇八年七月二十八日、こもん軒で）

〈対話10〉大河内直之さんと考える

「見えない」世界と「聞こえない」世界を結ぶもがきからの出発

「見えない」まま地域の学校で

大河内直之《おおこうちなおゆき》さんは、和光大学に一九九二年春に入学して、ぼくとは、一年生のプロゼミ（専門教育への導入ゼミ）からの付き合いである。このときのゼミのテーマは「生老病死を考える」で、例えば、ぼくが当時、批判的に考え出していた「脳死・臓器移植」問題を彼らにぶつけて、君たちはどう考えるかと問うていた。[1] しかし、彼らは、この問題に関する基礎的知識を講義することなく、一挙に議論を吹きかけてくるのはフェアーでないし、ずるいと反発した。その一人が大河内君だが、彼とぼくとは、以後、よくやり合ってきたし、いまでもそうである。この対話でも、そんな関係が描ければと願っている。

なお、彼は、いま東京大学先端科学技術研究センター・バリアフリー分野で研究員として勤務しているが、二人の対話は、彼の研究室で行われた。

ところで、本書では、いままで五人の「視覚障害」者と対話してきたが、彼らはすべて盲学校を卒業している。うち四人は「附属盲」出身である。大河内君も「視覚障害」者だが、彼だけは都立足立西高校という普通学校出身である。足立区と言えば、七〇年代後半から八〇年代当初にかけて、「地域の学校で共に育つ」ことを願った金井康治君親子の養護学校からの転校を実現する闘いがあったところで[2]（対話8）、大河内君はよく言うのだが、そのおかげで、近くの小学校に運よく入学している。そして、中学、高校へと進むのだが、高校では、むしろ彼の入学を歓迎したようで、彼の通学路には点字ブロックが付けられたし、音声化ソフトの揃ったパソコンが彼のために何台も用意された。そんなわけで、彼は、教師たちに愛され、「健常」児たちに囲まれて育ってきた。すなわち、他の「障害」児・者と付き合う体験がなかったのである。

大学で初めて「視覚障害」者と出会うことから

大学に入って最初の大きな体験は「視覚障害」者と初めて出会ったことだった。実はお兄さんも「視覚障害」者だが、流行りの言葉で言えば「アスペルガー症候群」のようで、社会と上手くコミュニケーションが取れない人である。大河内君は、「ぼくは、兄貴を自分と同列の『視覚障害』者であるとほとんど感じないまま特殊な存在として仕分けをしていた」と反省的に述懐している。

大河内　驚いたことに、「附属盲」から来た人たちは、よく訓練されていて、地方から出て来て独り暮らしをしながら、飯を作ったり洗濯をしたり、ぼくのできないことを沢山できるんですね。自分はそういうのは全部やってもらうべきものだと思っていた。

篠原　しかも、点字をまともに読み書きできないのは、盲学校教育を受けていないからだって言われていたよね。

大河内　そうです。ぼくは、真っ白な紙を目の前に置かれちゃうと、何をどんなふうに書いていいかわからなくなっちゃう。点字ってまさに英語と同じで、ワードラップして書いていかなくちゃいけないんですね。例えば、単語の途中で改行しちゃいけないので、一行三二マスのなかに自分の書きたいことを埋めながら、次の言葉を次の行に移すかどうかを常に考えながら打たなくちゃいけない。そういう作業が恐らく苦手だったんだろうと思うんですが、それがコンピュータになると難なくやれた。

篠原　そうかぁ。君の場合、読み書きは点字よりパソコンでなんだぁ。

大河内　高校時代、学校は、ぼくのためにパソコンを先行的に何台も導入してくれたので、その時分からかなり使いこなせていました。その時期から就職するころにかけて、本格的に電子化されていく時代だったので、そういう意味では「ぼくは先を行っているんだ」という自負もちょっとあったなと思っているんですね。

篠原　点字が苦手ということについて、いまは、どう思っているの？

大河内　いまでも、いわゆる「手書きする点字」は苦手ですね。ただ、点字そのものについては大切な手段だと思っていますし、「視覚障害」者の情報入手手段の多くが音声化に移行するなかで、「触読する」ということにこだわり続ける意味でも点字を使い続けていきたいと思っています。

そこそこに頼みながらでいいのではないか

篠原　もう一つ、人に頼って生きてきた自分に気付いた話をしたけれど、そのことでは、余り反省しなかったところもあるんじゃないの？

大河内　ぼくは、そこそこ人に頼みながらやるべきだろうと思っていた。だから、他人にものを頼むときの頼み方は上手なんですよ。でも、一方で、盲学校から来ている人たちにある種の違和感を持ちながらも、見習わなくちゃいかんなと思いましたね。例えば、何か買い物をするときも、大体、見える人と一緒に行くっていう格好だったけれど、一人で行けないのは恥ずかしいので、一人で行くようにしましたね。

篠原　君は、生協でパンを買うとき、周りの人にいろいろ聞きながら選ぶって言っていたよね。それに対して、今泉君（対話11）は、適当にパンをつかんで、その手触りで決めちゃうっていう話をしていたと思うけれど。

大河内　もっと手前の話があるんですが、店員に聞きながら一人で買い物ができるはずだし、そういうことを皆やっているのに、高校までは、全部、親がやってくれてしまっていた。大学に入って、それは恥ずかしいことなんだと思いましたね。その上で、一人でどう変わるかっていうことですが、ぼくは周りの人間の目を借りて行動するのがよいと考えていて、手で触って、これでいいや、っていうのはダメだって思っているんです。

篠原　触るのがダメというのは？　「視覚障害」者にとって、触ることって、世界と出会う大切な端緒だと思うんだけど。

大河内　触ることがダメなのではなくて、その商品の情報が触るだけではどんなものなのかわからないことがダメなんですね。つまり、その商品がパンだとして、それが菓子パンなのか、おかずパンなのかがわからないまま適当に買うというのは、ぼくのなかでは納得ができないんです。ですので、人に尋ねて自分が納得する情報を得て買物がしたいという意味で、今泉君の「適当につかんでその手触りで決める」という買い方はダメなんです。

篠原　自ら触りながら、人の目を借りて、耳で補うということかな。

白杖訓練は受けていなかったけれど

篠原　一人でやれたことで印象深く覚えていることは？

大河内　何でしょうね。入学登録の日には母親が付いて来てくれたんですが、次の日は途中まで、たしか新宿まで付いて来てくれました。自分は白杖訓練を受けたことがないからなかなか行けないだろうと思ってたんですが、それでも三日くらいで一人で行けるようになりました。

篠原　白杖訓練は、点字教育と並んで、盲学校の大切な教育内容の一つと言われてきたよね。ぼくの感想で言えば、日常のなかで、必要上、順番に身に付けていけばいいと思うんだけど、そのへんは、どう考えますか。

大河内　ぼくも大学生のころはそう考えていましたし、結構そんな主張をしていたように記憶しています。ただ、いまになって考えてみると、「日常的に身に付かない、あるいは身に付ける機会が少ない」ことが、そうした訓練プログラムにつながったのだろうと思いますね。でも、自分の体験から言えば、やはり歩行については日常のなかで自然に身に付けられるほうが訓練を受けるよりはるかによかったと思いますね。

盲人とろう者が並列な関係になっていく面白さ

篠原　君がろう者と出会って、友だちになり、手話を覚えていくのは、入学して間もなくだよね。

大河内　はい、ぼくが白杖を持って通いはじめて一カ月くらいですかね。鶴川駅（最寄駅）から、学校に行くバス停まで歩いていく途中に、ろうの女子学生から声を掛けられたんだけど、何度聞き直しても、わからなくて、とても戸惑うんですね。そのことを、一年先輩の白井さんに話したら、「そんなの、普通のことだよ。お前も手話講習会に来てみな」って言われるわけです。

篠原　あの白井君ね。図書館の前で、「見えない」彼が「聞こえない」学生に手話で話している様子を、いま、思い出したなぁ。

大河内　その講習会に行くと、「見えない」人が、「見える」人のなかに混じって、「聞こえない」人から手話を学んでいるんですね。そこでは、ろう者が盲人に手話を教えているんだけれども、たまたま構内放送が入ったりすると、今度は、逆に、それを盲人がろう者に伝えている図がある。そういうときに、自分たちはやってもらうだけじゃなくて、提供したり提供されたりする関係が可能なんだと思ったんです。そんなとき、自分が底辺から脱出したような面白さがありましたね。

篠原　与えられるだけではなくて、与えることもできるという満足感ということ？

大河内　そうです。あと、何て言うのかな、ろう者と盲人の関係が並列であることの面白さや新鮮さですよ。そのなかで、ぼくは学ぶし、自分も逆に教える。「障問会」のなかでは手話と点字の講習会を交互にやっていたんですけど、ぼくらが点字講習会をやったときには、今度は、ろう者がそこに来たっていう関係がありましたからね。
もう一つ、点字っていうのは自分のものだけだと思っていたんですが、人に教えるものとしてもあるっていうのを初めて知りました。

篠原　点字は「晴眼」者の側も読めるに越したことがないものね。

大河内　そういう意味では、ろう者との関係だけではなくて、「健常」者との関係も並列なものに恐らくなっていったというのがありますね。「障問会」のろう学生は、声を出して話し掛けてくれましたけれど、「見えない」ぼくには有り難かった。それに応答するという意味で、もっと手話を学んでみたいとなっていったんです。あそこのコミュニティーでは、手話ができたほうがそもそも便利なんですよ。

そういうコミュニティーであったので、一から勉強したというよりも、アメリカに留学してブロークンだけど英語を自然に覚えていくのと同じような環境で、ぼくは手話を覚えていったんだろうと思うんですね。そこでは本当に日常会話ですから、上手な通訳とかきれいな手話とか、そんなことはお互いにこだわっていなかった。

篠原　ぼくも、外国に行くと、何とか知りたい、伝えたいの一心で、恥も外聞もなくブロークンな英語で話してきたから、君がブロークンな手話で堂々と話すことにはとても共感してきたなぁ。そして、盲ろう者とも出会っていくんだよね。

盲ろう者と何とか伝え合うことのしんどさと達成感

大河内　盲ろう者との出会いは、一年生の十二月か一月ですが、やっぱり、白井さんに盲ろうの会に誘われたんですね。「勝浦に一泊の親睦旅行があるから来ないか?」って。待ち合わせ場所に行ったら彼は来ていないし、誰も知っている人がいないしで、とても困っていました。彼の名誉のために言いますと、彼は、翌日来ましたけれどね。たまたま手の空いている、盲ろう者の通訳をしている人が、そのバスに乗せてくれたんですけど、誰とどうやってしゃべっていいかわからないままでした。

一緒の部屋になった盲ろうの人が、ぼくの掌に平仮名を書いてくれたので、ぼくも彼の掌に応答したんですが、すると、彼は発話ができる人なので肉声で返してくれました。そのことが初めて盲ろう者と出会ったときでした。盲ろう者のコミュニケーション手段は「指点字（点字のルールで六本の指を使って相手の対応する指に打っていく）」であると、本で知っていましたが、彼との出会いのなかで、指点字だけじゃないということを知るんですよ。そういう出会いのなかで、一言ずつつむぎ出してやっと通じるっていうしんどさと達成感を味わいましたね。

ぼくは彼に、何とか「大河内」ということ、「東京から来た」ことを伝えてから、今度は、だれかがお茶を入れてくれて「お茶を入ったって、その人に伝えて」って言われたんですが、「おちゃ」と書こうとしても、なかなか「ち」と区別して小さい「ゃ」を書けないんですね。ぼくは、小学校六年まではレーズライター（厚手の透明の用紙）上に出っ張る墨字を書いていましたが、中学、高校では、もっぱら点字、そしてパソコンでしたからね。でも、何とか通じることによって、今度は、それを他の人に伝えていくわけです。

ぼくのように、上手じゃない人間がやるっていうのは、逆に言えば、自分が盲ろうの人に合わせてもらっているわけですが、そういう申し訳なさとその寛大さみたいなものに心を打たれるわけです。大学で手話と点字をお互いに教え合った関係で体験したもの以上の深い共感みたいなものがありました。

篠原　ここで、大学の内と外とがつながっていくんだぁ。

大河内　言ってみれば、大学での、ブロークンなコミュニケーションのあり方が、上手さやきれいさではなくて、そもそも伝えようとするかしないかっていう重さとか緊迫感とかをもって、盲ろうの会で表れてきたわけです。

篠原　納得、納得。

点字ブロックの要求と、それを問う仲間たち

篠原　大学の話に戻らせてもらうけれど、君とは、いつでも、どこでも、よく議論してきたけれど、特に「障懇」の場では、ずいぶんやり合ったよね。君は、大学側に施設・設備を要求する。ぼくは、お互いの関係で解かなくてはならないことまで、そんなに作らせてしまっていいのかってね。そうすると、君は、それは大学をさぼらせる論理であると批判した。

大河内　そうです。ぼくは大学に入ってから、自分でやることや自立することへの感動を、同じ「視覚障害」の人たちと机を並べるなかで味わっていたわけですが、彼らが主張していた、大学は対面朗読や点訳のサービスをもっと充実すべきだし、点字ブロックの整備やエレベーターの設置をするべきだという議論に納得していて、ぼくも、そのことによって自分たちのできることは増えるんだっていうような論理を展開しだしていました。そのときに思えてきたことは、まさに大学が怠慢であるということなんですね。そこに皆、共感してくれたわけです。白井さんや今泉は同意しなかったけど。

篠原　そこに「障懇」の場があったわけだ。そこで、あなたの側からいうと、何か勝ち取ったんだっけ?

大河内　勝ち取ったって言っていいかわからないけれど、点字ブロックを引いたことぐらいじゃないですかね、部分的だけど。

篠原　構内に入って、あの正面の階段までの和光坂のところと、階段を上がったところの横一帯だけだったよね。

大河内　ぼくは、最寄駅から構内中まで敷設したいと思ったんですが、骨形成とか脊損とかで車イスに乗っている人にとって、点字ブロックは非常にバリアだっていう話を、本人たちがしたんですね。そこもショックだったわけですけど、一番衝撃的だったのは、実は、同じ仲間の白井さんから、「点字ブロック、何でそんなにいるの?気持ちわるい!」って言われたことですね。

篠原　「障懇」では、たしか、構内では、そんなものに頼らないで慣れていけばいいし、人がいっぱいいるんだから、手引きしてもらえばいいじゃないかといった意見も出ていたし、ぼくも、たかがキャンパスぐらいで、なんと大仰なと思ったなぁ。

大河内　そういうなかで、先生が言っていた、大学の怠慢のせいだけにしていいのかということを考えていくようになるんでけどね。設備、制度とかで解決していくっていうことの限界みたいなものを感じだしたのは、多分二年生の後半くらいかなぁ。

「視覚障害」の疑似体験の危うさと〝戦略〟

篠原　「手話・点字」ではずっと協力してもらったよね。

大河内　ぼくは、この授業には、一年からずっと出てきましたけれど、先生とは、四年生のときからで、その後、専攻科生や研究生として三年ほどいましたから、ずっと一緒でした。

篠原　そうだったのかぁ。小関さんと一緒に担当したときだったけど、皆で目をつぶって、人の肩につかまって、構内を歩いたのはいつだったっけ?

大河内　「視覚障害」の疑似体験をやったのは、恐らく、ぼくが四年生のときですね。ぼくが言い出したんですが、もちろん批判があることはわかっていたし、ぼくもあまり好きじゃなかったけれども、「晴眼」者が体験する「見えないことは怖いこと」ということはやっぱりあるんだから、そのことを確認して、そこから議論をしようっていう話になったんです。

そして、もう一つ、「障害が怖い」っていうのは先天性の盲人にはないんですけど、中途失明の人たちにはあるんですが、先天性と中途失明の盲人の違いを考えてみたかったっていうのが、ぼくにはあったんですね。

篠原　疑似体験を終えて、その感想を書かせたら、そのなかに、「怖かった」「不安だった」「彼ら障害者はすごい」「気の毒、不幸」、「それにしては、私たち健常者は幸せ」といった感想が目立ったよね。そのあとの議論で、そのような感想を対象化することをやったんだけど、そのなかで、君が、「いま、目が見えるようになるとしたら怖いし、そんなことは希望しない」と話したことは強烈な提起だったんじゃないかなぁ。

大河内　「見える」者も「見えない」者も、「聞こえる」者も「聞こえない」者もいるし、お互いの生活は違っているところからはじまっていることを気付いてほしかったんです。もう一つ、最近、盲ろうの世界では、「健常」者が盲ろう（見えず聞こえず）の疑似体験をして、盲ろう者に同情してもらって、そのことによって、盲ろう者の通訳者を養成するきっかけを作るということもあるんですね。

篠原　「聞こえず、見えずの身になってみろ」って迫るわけね。疑似体験で、「障害」者は大変だなと思わせて、「健常」者が手話や点字そして指点字を覚えだすことを期待するっていう、「障害」者側の戦略があるんだぁ。

大河内　もちろんです。

篠原　そういう戦略はもちろんあると思うんだけど、そのような教育は、平均的な言い方をすれば、結果として「障害者＝不幸」論を振り撒いて、「障害者＝弱者」論に立つ福祉教育になっていると思えてならないんだけど。

大河内　そこは安易に使われている手法ですから、恐らく、そうなっているでしょうね。だから、当事者が入るべきだと思っているんです。そして、一時間体験したら、あと二時間は議論する必要がありますね。でも、実際は、当事者がいないところでやっているんですよ。そういうグッズも沢山出てきていますからね。

篠原　「晴眼」者の模擬体験を「視覚障害」者と一緒に対象化する議論は必要と思っているけど、「当事者」の話が「正解」となって、「晴眼」者にお墨付きを与えたり、逆に、「晴眼」者が、その「正解」に甘んじてしまうのも、ダメだよね。一方で、ぼくたちは授業で、「当事者」の体験や考えも「当事者」と共に批判的に検証するという議論をしてきたと思うけれど、その意味で、あなたが「当事者が入るべき」と言っているときの視点や方法を話してくれますか。

大河内　もちろん、当事者の話が正解ではありません。ぼくが当事者を含めた議論が必要だと思う最大の理由は、答えは複数あるということを前提に議論したいからです。当事者不在の議論の場合、答えは限りなく一つに集約されてしまいます。そうではなくて、パンを手で触って一人で買ってもかまわない盲人と、絶対にそのパンが何なのかを人に聞いて買う盲人がいるということを踏まえて、じゃあ、あなたはどう考えるかということを、「障害」者・「健常」者双方の立場から考えていきたいんです。それとは別に、「当事者」や「当事者性」については一つのテーマとして考えていきたいと思っていますが、ぼくのなかでもまだうまく整理できていない部分もあって、引き続き考えていきたいと思っているところです。

篠原　「障害」者との関係における「健常」者の立場性（強いて言えば、当事者性）もあると思うし、ぼくは、そのような立場を自らにおいても見つめたいとずっと思ってきたのね。だけど、大河内の使い方もそうだけれど、この場合、「当事者」は「障害」者だけなんだよね。「健常」者側は、それをいいことに、「当事者の方（かた）」とわざわざ強調して、持ち上げたり、そこから防衛的になることがあるんだよね。ぼくには、どうしても馴染めない言葉なんだ。

「知的障害」者と言われる聴講生、山口さんとの思い出

篠原　話題を変えるけれど、ぼくらの授業に、山口さんという聴講生が、三、四年いたけれど、彼女は、「知的障害」者と言われていて、「〇点でも高校へ」の運動の流れのなかで普通高校を卒業して、いくつかの短大に挑戦してい[3][4]たけれどうまくいかず、和光にやってきた。当時の聴講生制度は簡単で、担当教員が捺印すれば、誰でもなれた。だから、大仰なことでも何でもなかったんだけど、障害者運動のなかでは、「和光では、知的障害者の教育が試行されている」といった勝手な意味付けをする者がいて、とても不愉快な思いをしたことがあった。あのころ、君も、彼女と出会っているんだよね。

大河内　はい、九〇年代半ばですね。

篠原　彼女は、あなたのことにすごく興味を持っていたし、大好きだったんだよね。あなたが教室に登場すると大騒ぎしていた。一方で、あなたのほうは、彼女のようなタイプの人に出会ったことないということで戸惑いながら考えていくよね。研究生を終えるとき、彼女とのコミュニケーション体験を含めて、ろう者とのことなど、「障害者間コミュニケーション」体験を論じた論文を書いているけれど、山口さんとの話をしてくれますか[5]。

大河内　たしかに、大学に来るまで、「知的障害」者と言われる人と席を隣にしながら遊んだり考えたり学んだりする経験はなかったですね。大学という場が、ぼくに

対して、彼女のような立場の人たちを、一つの新しい視点から意味付けてくれましたね。それだけに、ものすごく自然に受け入れられたんだろうなと思いますよ。

篠原　なるほどね。ぼくは大学にも、だれがいてもいいじゃないかと思っていたので、彼女が聴講生になることに何の抵抗もなかったんだけど、彼女が登場した前後の授業では、大学は知的な作業をするところなのだから、それができない者がここにいるのはどうか、といったふうに悩んでいる意見も出てきて、結構、面白かったよ。

大河内　その話は覚えていないなぁ。ぼくが、彼女と付き合ったのは、四年生のときから専攻科生・研究生の時代にかけてですが、それ以前のことですね。

　彼女は、世話好きな人でしたね。ぼくが「見えないこと」を気にしているんですよ。だから、教室に遅れて入って行くと、「ああっ！　また遅れて来た！」って感じで、ぼくが座るところへ手引きしてくれた。そして、配布済みの資料を二セットとか余分に持ってきてくれる。彼女は、ぼくが「見えない」っていうことを理解した上で、自分の役割としてやれることがあるんだって気付いていったのかなって思いましたね。なぜか、彼女はぼくの傍にずっといました。あのころの、教室の一つの風景になっていましたね。

　それにしても、よく歩き回ってうるさかった。先生にはよく怒られていた。そして、ぼくが足元に置いておいた白杖を、黙ってどこかに持っていってしまうんですよ。

篠原　そんな彼女がカゼかなんかでお休みとなると、ホッとすると同時に、「いないと淋しい」って思っちゃうんだよね。

大河内　お母さんも一緒に参加していたけれど、お母さんは滅多に口を出さない。あれがよかった。だから、ぼくらとの付き合いが非常に自然だったなぁ。

篠原　親子二人の聴講生がいた感じだよね。あのころ、ぼくら子供問題研究会はアメリカ大陸横断旅行（一九九六年夏）をしたんだけど、ぼくは彼女たちを誘った。彼女が聴講生にならなかったら、内で出会って外へ広がるといった関係はなかったわけだ[6]。

山頂の合宿でいろんな「障害」学生たちもいて

篠原　ぼくは、長い間、夏は大井川のあたりの青部セミナーハウスで、冬は御岳山の頂上の宿坊・能保利（東京・青梅市）で、二泊三日のゼミ合宿をやってきたけれど、あなた方のころには、目の見えない者、耳の聞こえない者、車イスに乗る者など、「障害」学生が同時に何人もいて、賑やかと言えば賑やかな合宿で、面倒くさいと言えば面倒なことが次々と起こった。あなたもいた合宿で、「足の不自由な学生のことを配慮しないで、こんな山頂で合宿をするなんておかしい、事実、あの人は来られなかったじゃないか」という話が、事情を知っている学生から出されたことがあった。それで、それをめぐって議論があったんだけど、あのとき、大河内は「いやっ、むしろ、ここでこそやるべきだ」って主張をしたと思うんだけど。

大河内　あのとき、ぼくは三年生だったんですが、いまさら、篠原ゼミの先輩たちは何を言っているのか、車イスでも目が見えなくても耳が聞こえなくても、お互い様のなかでやり繰りしようっていうのはずっと了解されて来たことだろうって思ったんですね。

篠原　それほどきれいな了解事項だったとは思わないけれどね。あなた方より十年ほど前のゼミ合宿で、鈴木君（対話4）たち、車イスのゼミ生二人が参加することがわかったら、何人かの学生から「とすれば、オレたちでは面倒が見切れない、介助者を連れて来い」って、鈴木君側に要求したことがあって、ゼミ生間の内部分裂が起こったのね。ぼくは、そのことを、合宿予定日の直前に知ったんだけど、愕然として、その合宿は中止したよ。

大河内　ぼくらの合宿の幹事は「やっぱり、配慮が足りなかったんじゃないか」って悩んでいたけど、ぼくは、「合宿に参加したい、でも山頂だと行けない」ということであれば、別の場所にすることだってあったじゃないか、言わなかったこと・言えなかったことが問題だと思ったんですね。一方で、「いや、ここへだって、来ようと思ったら、いろんな人の手があるわけだから来れるはずだ」って言い張ったんですけれど、そんなのは気楽に頼める人もいれば、そうじゃない人もいるんだって反論されて、話はずっと平行線でした。

篠原　もう一つ、大河内も言っていたと思うけれど、ぼくは、「あそこは障害者向けじゃないから、障害者も行けるような平地であるとか、バリアフリーの徹底している建物であるとか、そういうところを探してそれで皆で行きましょう」というイメージは貧しいし、「とにかく皆で一緒に登っちゃおう」っていう話がなくちゃあ、残念だしつまんないと思ったのね。

　君たちより五、六年前のプロゼミ「都会で田舎を考える」で、桧原村（東京・奥多摩）を訪ねて山登りをしたことがあるんだけれど、「視覚障害」者の矢部君も一緒だった。獣道のところどころには大木が倒れて道が塞がれていたりして白杖程度ではとても一人で歩けない。仲間の手取り足取りの応援で、何とか皆でやり切った体験はいまでも鮮明に思い出すし、ぼくのイメージの原体験なんだ。

大河内　あっ、それはありましたね。あのとき、ぼくは、こういうところだからこそ、関係ができるし、お互いが知り合えると発言したと思うけれど。

篠原　いまでも思い出す風景なんだけど、あの手足の不自由な、しかも巨体の村上（対話13）を風呂に入れるのに他の連中が大騒ぎしていたよね。そこに大河内もいたなぁ。そして、山道では、君は、車イスに乗る村上の指示に従って、車イスを押していたよね。

大河内　押してましたよ。先生は、（全身不自由な）弘毅を床に寝かせようとして、彼の頭をゴツンッてぶつけていましたよ（笑）。

篠原　都合の悪いことだから覚えていないけど、不器用で力なしのぼくがやったことだから、さぞかし彼は痛かったろうなぁ。話はちょっと変わるけど、彼は文字板を使って話そうとするんだけど、手が震えてしまって、思うようにその文字を指せない。それで、君が一策を案じてだったと思うけど、君の側が、ア行から順に声を出していって、彼が言いたい音に来ると、そのたんびに、彼がサインを送るんだよね。それで、「トイレに行きたい」とかがわかっていくんだけど、彼は、見えない君にはどんなふうにサインを送っていたっけ？　頷くだけじゃあ、君はわからないものね。

大河内　彼の頭を触っているんです。そうすると彼の頷きがわかるんですね。ぼくは、そういうのもこういうのもあって、あの山頂の合宿に皆で行くっていうのが成り立っていたと思ってるんです。まさにあそこは山なんで、エレベーターは付けられませんからね。ああいうところに行かないと、人と人とができることとできないことをシンクロさせながら、生きていくなんてことはできないわけです。いま、ああいう図は減ってるんですよ。

だからこそ、山中の合宿は面白いっていうのがあっただろうし、見出せるものが沢山あったと思うんです。恐らく、いま、都会の普段の生活はエレベーターやシステムバスやに代替しているかもしれないですからね。

篠原　山中の暮らしを人間同士の暮らしの原像として描いてみたら、どうだろうというわけだぁ。

「健常」者社会のためのバリアフリー化ではないか

篠原　今日の話でもそうだけど、和光のキャンパス・ライフでは、バリアフリー化は「健常」者と「障害」者を分断して、後者を囲ってしまうことにならないかということを考えてきたけれど、よく考えると、これって、「健常」者中心社会を前提としているし、その社会を維持し発展させるためにあると思うんだよね。

大河内　いや、まさにそのとおりです。メインストリームの論理なんですよ。

篠原　なるほど、「障害」者たちが「健常」者中心社会に合流するためにバリア（障壁）を取り除いてあげるという発想だよね。そのことを「障害」者側から批判するような、そういう論調が出てきてもいいんじゃないかって思うんだけど。

大河内　そうは言っても便利なんですよ、「障害」者にとっても。やっぱり一時的には、バリアフリー化によってメインストリーミング（合流）することで、いろんなことが便利になるし軽減されるんです。ぼくは、その幻想に騙されちゃいけないと思っていますが、いつか何かが起きて、「メインストリーム」という枠が壊れたときに、一番最初に放っぽり出されるのは「障害」者だろうし高齢者でしょうね。実は、メインストリームのなかでも、それを使える人、使えない人がいるわけで、すでに序列化されているんですよ。そのことに、「障害」者自身もなかなか気付いていない。

篠原　バリアフリー化の便利さや勢いは、当面あり続けるんだろうけれど、その便利さに慣れちゃう側からは、それをもともと使えない人とか使えなくなる場合とかを想い描くことができなくなることがありそうで、それは怖いよね。

大学でこそバリアフリー化しない社会を再現したい

篠原　大学でのバリアフリー化という話で言えば、君の職場である東大は先端を行っていると思うけれど、そのへんの話をしてくれますか。

大河内　ぼくは、学生支援のことで話をしてほしいって頼まれるときに、「大学は配慮し過ぎだ」っていうことを言っているんです。いま、大学っていよいよサービス業の一環として学生や親から捉えられているんですが、ぼくは、和光ではサービスしなかった・されなかったことがよかったと思っているんですね。いまは、バリアフリー化、福祉支援の制度化で、日常のなかで、お互いがお互いに頼むなんていうことは、はっきり言って、なくなっていますから、大学がそのことを学べるようにしなかったら、他にどこでも学べなくなってしまいます。社会の縮図として、バリアフリー化していない大学があることは大切で、そのなかで、「障害」者側も「健常」者側も、人生や社会のあり方についての問題意識を培うことができるようになるのだと思いますね。

ところが、東大もそうですけど、「障害」学生のためのサービス・メニューがいろいろあって、「こういう障害を持っているあなたに対しては、こういうこと、ああいうことができます。あなたはどれが必要ですか？」って選ばせるんです。

篠原　あえてバリアフリー化しないことは、大学というキャンパスだから可能っていうわけね。そこを体験することによって、社会の冷徹な現実そのものを体験できるようになると言いたいわけだ。

大河内　そうです。逆説的だけど、大学は社会の一端で、社会でありながら学校でもあるっていう、非常に面白い空間であると思うんです。そんなところで、学生たちと付き合うのが、教員の仕事であり研究者の仕事です。そこで、そういう空間を逆に擬似的にでも無理矢理にでもモデル的に作っておかないと、そのまま彼らが社会に出ちゃうんじゃあ、言い方は悪いけど、もっとコストが掛かってしまう。社会がもっとお金を掛けてもいいんだったらいいですよ。

篠原　そのへんが、あなたが学生との関係でやろうと思っていることなんだぁ。

大河内　そうですね、やりたいなと思っています。大学は雑多な場であり差別的な場であり放っておかれる場にしたいと思っているんです。それが、「大学は配慮し過ぎだ」という、ぼくの警告になるんです。

篠原　君の話、大体共鳴しながら、聞いたけれど、あなたが「社会の縮図」というときには、「社会の厳しい、冷たい現実」を指しているように聞こえたのね。ぼくなどは、バリアフリー化しない社会は「あるべき、ありたい社会」という思いでこだわってきたんだけど、そのへんのあなたの意見をもう一度聞かせてほしい。

それと、バリアフリー化しないキャンパスの現実を再現しながら、そこで教員が学生と付き合うというとき、それは「教育の課題」なのか「共同の作業」であるのかが、あなたの話では、もう一つ、はっきりしなかったのね。ぼくには、「教育の課題」のほうが強く感じられたんだけど、教師が学生を指導する、教育するという関係については、いま、どう考えているのかなぁ。

大河内　「バリアフリー化」が前提となる現在においては、特に大学では、「社会の厳しい現実」を見つめる機会は非常に少ないと思います。しかし、こうした「バリアフリー化」はもともと準備されていたものではなくて、これまでに「社会の厳しい現実」と向き合ってきた人たちが作り上げてきたものでもあるし、実際に社会に出れば「バリアフリー化」されないことのほうが多いわけなので、そういうことを大学でしっかり学んでもらいたいと考えているんです。とりわけ大学という、ある意味失敗することをそれほど恐れないでもいい場では、自分に必要なことをメニューから選ぶのではなくて、自らその枠組みを考えるくらいの気持ちで、自分の実現させたいことを表明してほしいと思っています。そういう意味で、厳しさを強調しているのかもしれません。

それから教師が学生を指導することについてですが、もちろんその場の実践としては限りなく「共同作業」であるべきだと思いますし、そうありたいと考えています。しかし、教育がサービス化・商品化するなかで、教員と学生という立場があいまいになってきているようにも感じています。ですので、それぞれの立場をしっかり認識し合うこともまた大切だと思っています。その意味で「やさしくてものわかりのいい先生」が決していい先生ではないんだということを学生に伝えていきたいと思っていますし、また、可能な限りそういう立ち位置でこれからも発言していきたいと考えています。

篠原　「教育のサービス化・商品化」のなかで、学生に媚びる教師像になっていないかという問いが立てられているのだと思うけれど、それにしても、「ものわかりのわるい、頑固な先生」という、もう一つの教師像を描いているようで気になるなぁ。「教える―教えられる」という制度的関係をいったんは引き受け合いつつも、この関係からお互いがどれだけ自由になって、せめぎ合いつつ相互的なつながりを創っていけるかは年季のいる話のような気がするね。（二〇〇八年六月十九日　東京大学先端技術研究センターにて）

（1）『脳死・臓器移植、何が問題か――「死ぬ権利と生命の価値」論を軸に』現代書館　二〇〇一年
（2）金井闘争記録編集委員会『二〇〇〇日・そしてこれから』千書房　一九八七年
（3）山尾謙二『サツキからの伝言――〇点でも高校へ』ゆみる出版　一九八六年
（4）伊部純子『いいんだ朝子、そのままで』径書房　一九八八年
（5）大河内「コミュニケーションの可能性――出会い、つながり、関わりあうこと」和光大学人文学部・人間関係学部紀要別冊『エスキス　九七』一九九八年三月
（6）子供問題研究会『アメリカ大陸横断旅行』自主出版　一九九七年

〈対話11〉今泉成紀さんと語る

盲人の世界と「晴眼」者の社会のはざまで

大河内君と話しながら、逢いたくなって

ぼくは、〈対話10〉で紹介した大河内君と話し込んでいるうちに、同じ「視覚障害」者で、同じ年（一九九二年）、同じ学科（人間関係学科）に入学してきた今泉成《いまいずみなる》紀《き》君に会いたくなった。ぼくは、彼の在学中、それほど親しい付き合いはなかったが、それでも、「手話・点字」での発言やキャンパスを歩く風貌については、とても印象的な記憶がある。特に大河内君から聞く彼の生活スタイルは、大河内君と対称的であったし、また魅力的だった。二人は、自認しあっているが、〝良きライバル〟同士であった。二人は、受験の日から出会っている。二人とも、盲学校からではなくて普通高校からやってきたのだが、そんなことも含めて、最初から話が弾んだ由である。

なお、「手話・点字」での忘れがたい発言については、以下では触れることがないので、ここで紹介しておくと、彼は、「『見える』者が絵を描くのとまったく同じ道具、やり方で絵を描きたい」と言い放って、ぼくらを困惑させた。もちろん、レーズライター上にペンで強く描きながら浮き上がらせる絵は描いたことがあるが、このときの発言は、これとも違う〝普通の〟絵のことである。今回の対話でも、ぼくらは、そのことはどのように可能かについて答えを出せたわけではないが、ただ、ぼくは、そんな着想それ自体に、いまも惹かれている。

盲学校中学部から定時制高校へ

篠原　たしか、盲学校の出身ではないよね？

今泉　はい、横浜市立戸塚高校定時制です。

篠原　日中の高校が受け入れなかったということがあるの？

今泉　いや、県立高校を点字受験したけれど、落ちちゃった。横浜市立は認めてなかったけど、定時制ということもあって、点字受験をさせましたね。

篠原　在学中の試験やリポートはどうしたの？

今泉　当時、盲学校の教職員や点訳ボランティアの方が中心になって、「一般高校に通う盲学生を支援する会」を作ってくれていて、そちらに教科書などの点訳をお願いしていました。中間試験・期末試験や授業内で配布されるプリントは、学校側が専任で嘱託したボランティアにお願いして、点字にしてもらっていました。教科によっては先生が口答で試験をすることもありました。

篠原　盲学校関係者のなかにも、「一般高校へ」の流れに共感している人たちが出てきていたということだぁ。まずは、盲人の普通高校生がいたからだよね。

あなたも、大河内君と同じで、盲学校体験はないんだよね。

今泉　いや、中学までは横浜市立盲学校に行っていましたよ。

篠原　そうなんだぁ。どうして、高等部には行かなかった？

今泉　盲学校はよく言えば、温室というか目が行き届いているし、教材もよく整っている。ただ、十人ぐらいの少人数クラスで、彼女がほしいと思っても選択肢は狭い。また、喧嘩しちゃうとうっとうしくなってしまって、クラスに居づらい。うまく処理すればよかったんだけど、そういう力もなかったし、じゃあ外の高校を受験してみようと思った。まあ、よこしまな気持ちですね。

篠原　実際、高校はどうだった？

今泉　友だちを作るのにも緊張したし、周りも扱いがわからなかったようですね。ただ、少しは部活もやったりサマーキャンプもやったりしましたよ。異性の友人はできなかったけど、同性の友達はできましたし、そういう意味ではよかったですね。

篠原　クラブは何をやってたの？

今泉　機械体操です。スポーツは得意でした。

やっぱり大学へ行きたかった

篠原　それで、盲学校中学部から普通高校へ、そして大学へとなるんだけれど、あなたの場合、大学への選択は当然だったんですか、それとも迷いはあったんですか。

今泉　いま、私はマッサージや鍼をやっているけど、高校を出るときには、盲学校のマッサージとか鍼を勉強する課程に戻って勉強するか、それとも大学に行って一般社会に出るかということがありましたが、もうちょっと広く勉強したかった。

篠原　そういう思いを周りは応援したの？

今泉　家族は応援してくれたと思う。

篠原　盲人の世界から脱出することは冒険的な話だったの？

今泉　当時は、横浜の盲学校の先輩や同級生でも、大学に行く視覚障害者は、そんなに珍しくなくなってきていたし、和光だったら何人も入っていた。だから、私自身は気楽に入ってしまった感じですね。でも、いろいろなことは言われましたよ。親戚の者や父親からは、マッサージの資格を取ってから、大学に行っても遅くはないんじゃないかとか、大学に行って、その先はどうするんだとかね。

篠原　和光の受験は、どんなふうに決めた？

今泉　いくつか選択肢があったけど、高校や自分の実力にあっていたことと、点字受験を認めていたこと、距離的に通える大学ということから、和光が適当かなという感じだった。それと、心理学をやりたかったんですね。

心理学を学びはじめたけれど

篠原　なぜ心理学をやりたかったの？

今泉　私の定時制は偏差値が低かったり荒れたりしていた中学から来ていた人が多かったんですが、校長先生が臨床心理士だった。この先生は、高校の雰囲気をよくしようとしていたし、私が受験したいと言ったときも親身になって応援してくれた。非常に好感を持てましたね。それで、心理学ってそういう側面があるのかなぁって思って、心理学をやりたいと思ったんですね。何とか卒業に漕ぎつけて推薦入試を受けました。

篠原　心理学は期待どおりでしたか。

今泉　ウ～ン、なかなか難しいですね。ぼくは、伊藤先生（心理学）のプロゼミで、土居健郎の『甘えの構造』とか本多勝一の『日本語の作文技術』とか、一年間に数冊読みました。一年生のときには、その他に、心理学関係の授業をたくさん取りましたね。衝撃的だったのは、篠原先生の臨床心理学だった。そこで知能テストの批判をやった。私自身も知能テストを受けたことがあるんですが、自分の過去を振り返って、知能テスト是か非かを出さなければいけないと思って、すごく苦しかった。自分がどこに立っているのかを、主体的に問われている気がしたんですね。そして、数量的に人間を測ってしまう手法に対して疑問が生まれてしまった。

篠原　卒論は何を書いたの？

今泉　心理学とは関係ないのですが、自分と向き合うことは厳しいことだというのがわかって、社会学に転向したんですよ。岩城先生のゼミで、「古代の技術と道具の研究」ということで「楽器の歴史」を取り上げた。弦楽器がどういうふうに発達したかとか、ドレミファがどう作られたかとかを書いた。

篠原　それは、どういうふうに作られたんですか？

今泉　例えば、ラッパとかだと管の長さが変わらなくても、息の強さを替えることによってドミソという音階が出る。弦を弾くとき、半分のところに指を置いて音を出すと、一オクターブ高い音が出る。規準となる本来の音より高い音を倍音と言います。私は、古代の人々はドミソしかないところにファやシをどうやって発見していったかということを考えましたが、そのときの私の結論は、そういう音階は、管や笛や太鼓よりも、弓を弾くことによるほうが作りやすいということでした。

篠原　古代音楽や古代楽器の話からはじまるの？

今泉　そうです。私自身が注目したのは弓で、それを食器や木の根などに当てて音を出すと、共鳴して大きな音が出る。なおかつ弦の張力を変えて音を出すと、高い音になったり低い音になったりする。そこからだんだん、狩猟のあとに、そういうことをやって遊んでたんじゃないかなと思ったんですね。そこから発展して楽器になったと考えたんです。

篠原　そのへんのことに興味を持ったきっかけは何だったの？

今泉　小さいころから、音に対するこだわりは強かったと思います。輪ゴムを指ではじいて遊んだりした幼児体験も大きいかもしれません。小学生のころ、琴を習ったり、中学に入ってからギターを弾いてみたりということも背景にあったと思います。そんななかから、卒論を書くころには、既成の音楽や楽器に対して物足りなさや閉塞感が溜まっていましたね。

ぼくは気楽に頼めなかったけれど

篠原　大学では、「障問会」に入るでしょ？

今泉　はい、大河内君が点訳サークルに入ったので、できるだけ違うことをやろうと思ったんですね。彼は嫌いではなかったけど、一緒に何かするのがときどき苦しくなったもんで……。だから人から見ると、大河内と今泉は、逆のことをやっていると見られたらしい。

篠原　あれっ！　彼も障問会だったんじゃないの？

今泉　私がしばらく出入りしていないときがあったんですが、戻ると、彼がそこにいたんですね。彼から合宿に誘われたりして、それから一緒にいろいろなことをやるようになりました。

篠原　大河内は生協でパンを買おうとするとき、周りにいろいろ聞くけど、今泉はあまり聞かずに、手に取った物を触ってそのまま買うとかって、彼から聞いたことがあるよ（対話10）。彼は行き帰りも手引きをしてもらいながら帰る。あなたは、白杖をトントンと賑やかに鳴らしながらさっさと一人で帰る。これが、ぼくの記憶している印象だけどね。

今泉　例えば大河内君は読んでほしい本があると、周囲の学生を使って対面朗読をしてもらっちゃうなど、人に頼むのが結構うまかった。そこらへんは、感心したところであり悔しかったことでもあった。

篠原　あなたの場合は？

今泉　自分はぎりぎりまで人に頼らないで、何とか一人でやってみようとした。最終的に頼まないといけないこともあるし、ぎりぎりになってもレポートができていないということがあって、友だちに迷惑を掛けちゃったりということもあった。

私自身は点字で高校まで勉強していたので、普通の文字（墨字）でレポートを提出するときには結構苦労しましたね。当時図書館にあった点字のワープロソフトだと音声で漢字仮名交じり文を書けるけど、どうしても漢字の間違いが出てくる。漢字の間違いを見てもらったり、仮名で書いたやつを漢字仮名混じりに直してもらったり、点字で書いたやつを私が読んで普通の文字に起こしてもらったりとか、友だちに頼んでやってもらわなければいけなかったりとかありましたね。

篠原　あなたのように、「晴眼」の学生から応援してもらう話はよく聞いてきたし、ぼくは、それは〝当たり前〟と思ってきたから、だんだん、そんな風景が後退してきていて残念な気がしているんだよね。今泉君の性分から言うと、これは気を遣うことだったんですか。

今泉　私は、講義を聴くだけで、内容がわかっちゃうと、そのあと、ろくに確認したり調べたりしないで、気安くレポートを書いていたんですが、そんないい加減な私が人に対面朗読やレポートの墨訳を依頼するのもおかしいんじゃないかって、いつも不安でしたねぇ。

篠原　なんと律儀な！

一人で探ってみることの心地よさ

今泉　一人でやるということには、楽しみもあったんですね。自動販売機でジュースを買うときも、自分で行ってボタンを押して買っちゃう。

篠原　でたらめに押して、何が出てくるかを期待し、意外な味を楽しむということなのかなぁ？

今泉　自動販売機で、ボタンを押すと自分が意図しない物が出てくる。今度こそ、次はコーヒーを飲んでやろうと思って、それが出てくれれば、その場所を憶えておいて、じゃあ、その隣は何だろう……という感じで、だんだん配置を憶えていく。生協のパンでも、手につかんだ物を買ってしまうこともありましたが、時間があるときは、商品を破壊しない程度に触るのはかまわないと思うので、袋の外から形を確かめていましたよ。そうすると、毎回、その場所に、同じ商品があるとは限らないけれど、回数を追うごとに、当たらずと言えども遠からずの食べたいパンが食べられる確率が増えていくんですね。

高校生のときからのくせだけど、初めて行く場所でも一人で行ってみて、どういうものか探ってみようと思っていた。よく行く横浜駅周辺とか自分で歩いて行きたい店とか薬局とか喫茶店とか、自分で身体に叩き込んでいくやり方が好きでしたね。

篠原　楽しそう。もう少し、そのへんの体験を話してくれるかなぁ。

今泉　私はあいまいさを楽しんでいます。闇鍋というのがありますが、暗いなかで料理をして、その食品を口にするまで何かわからない。それは、ドキドキする瞬間だと思います。喫茶店に一人で入ると、最初は椅子の位置もよくわからない。慌ててウエイターが対応して席まで案内してくれる。初めて行くお店はそんな感じなのだけれど、回数を重ねるごとに「あっ、また来た！」ということで、対応もスムーズになってきますね。私にとってはそれらの行為がゲームのようなものだったと思います。

篠原　いまの話を聞いていて、ぼくの新しい世界との付き合い方を反省するなぁ。旅が好きで、よく出掛けるけれど、だんだん億劫になってきて、計画を立ててそれに従い、そして現地の人たちに頼り、といった具合で旅の面白さや感動を限定しているんだよね。

パソコンに慣れつつも点字の世界はあり続ける

篠原　すでに触れてくれているけれど、あなたは、点字を身に付けてきたけど、追ってワープロ、そしてパソコンを使うようになるよね？

今泉　大学に入ったころは、音声を出すパソコンは対面朗読室の一部屋に一台あっただけだけど、それから大河内君とか先輩の白井さんとかの力があって、図書館にパソコン室ができた。それで、だんだんと環境が整っていった。私自身も一年のときはあまり使えなかったけど、だんだん大河内君とかにやり方を聞いて憶えていった。

レポートは、パソコン、点字、半々でしたね。

篠原　九〇年代前半は、本格的に電子化時代に突入するころなんだね。大河内君あたりは、高校時代から精通していて、〝先を行っている人〟の自覚があったようだけど（対話10）、今泉君などは、その時代のなかで苦労させられたんだぁ。

今泉　大学を卒業して、マッサージの勉強をするために盲学校の理療科に行ったんだけど、そのころウインドウズ95が出て、しばらく経って、本格的にパソコンを使いはじめました。当時は、パソコンのなかに点字のデータがあって、教科書をパソコンに取り込んで、音声で読ませたりとか、必要な語句を取り込んだ教科書のなかからキーワードで検索した。いちばん使ったのは、マッサージと鍼の国家試験の前ですね。追い込みなので、要点をまとめた大きな文章をパソコンに読ませて、それを耳で聞いて復習していたことがあった。

篠原　「視覚障害」者にとって、パソコン上で漢字を的確に変換するのは大変な話じゃないかと思うけど。漢字って、象形文字（絵）からはじまるんだもんね。

今泉　「見える」人にとって読みやすい文字が漢字ですからね。

篠原　そこに付き合わされてるという感じはない？

今泉　たまに面倒くさくなることはある。ただ、晴眼者とのコミュニケーションが円滑になるので、少しずつやっていこうと思っています。最近新しい問題が出てきているんですが、携帯メールの絵文字が多用されている。そういうのをどういう状況で使ってよいのかわからない。でも使おうとするんですが、相手がときどき不適切な使い方を指摘してくれている。公的文章なら訂正印を押して書き直すということになるけど、友だち付き合いや仕事場でも内々のメールなら許される範囲かなぁと思いながらやっていますよ。

篠原　大河内が大学の紀要に論文を載せたことがあって、ぼくが応援したんだけど、彼は、パソコン上で墨字にした文章を手渡してくれる。ぼくはそれをワープロで読みながら、普段どおりやりとりしていく。そこは、「見える」者同士と同じになったわけね。その意味で、電子化のおかげでお互いのコミュニケーションは便利になった。しかし、ぼくのほうは、点字にわずらわされないで読めるけれど、「視覚障害」者の側から言えば、点字の世界が奪われちゃったということがあるんでしょう？　〝触る〟文字を疎外して、〝聞く〟文章に置き換えさせられていくという流れについて、今泉君はどんなふうに体験し、どう思っていますか？

今泉　たしかにそういう側面はある。ただ、いまでも、もともと点字を読んできた人たちは、点字を捨てたわけじゃないし、そういう文化は脈々と息づいている。例えば小説とかは、点字で読んだほうがいいと言う人もいるかもしれない。仕事上のちょっとした文章なら、パソコンでパッパッと読ませちゃったほうが早いということもあるし、メールならそんなに字面を追っていくものじゃないから、パソコンでバアーっと聞いちゃったほうが早いということもある。そこらへんの使い分けは、皆ちゃんとやっている。だから、そんなに心配しなくても大丈夫と思いますよ。

篠原　あなたの場合、どんなふうにパソコンと点字を使い分けているの？

今泉　自分のなかでいろいろ考えて、メモしておきたいときは点字で書きますが、マッサージをやっているので、今月のマッサージをやった人数とか、何日に誰々のところに訪問マッサージをしたとか、そういう文章はパソコンで打って事務の方に渡して、ワード・エクセルで書き直してもらったりしている。パソコンは道具ですから、全部パソコンでやりなさいとか、逆にパソコンは点字の学習を阻害するからやらせないとかじゃなくて、どういう使い方をすれば便利なんだ、点字はこういう味わいがあるんだというのを、その人なりに自分のなかでちゃんと解釈していくことが大事だと思いますね。

篠原　今泉君にとって点字の魅力とは？

今泉　点字だと、読むスピードを自由に変えられることですね。パソコンでも、音声やボリュームやスピードの調整はできるけど、ちょっと戻って読みたいときとか、小説なんか読んでても「えっ!?」って思う箇所が出てくる場合、点字だと、そういうところで、少し手を止めて、その行を読み返してみるとかができる。そうすると、自分のなかに刷り込まれて、また心に沁みてくる。それは、〝普通の〟本でも同じでしょう。（墨字の場合でも）線を引いたりとか、ページをめくったりとかいう作業を通して、その文章全体を理解していくという作業がありますよね。

篠原　「視覚障害」者のパソコンと点字の使い分けは、「晴眼」者がパソコン上で読みかつ書く場合と墨字でそうする場合の使い分けとほとんど同じじゃないかなぁ。パソコンの普及とともに紙媒体がなくなると言われたときがあったけれど、あれはウソだったたねぇ。

反発していた盲人の世界に戻ることにしたけれど

篠原　あなたは一度盲人の世界から脱出して、大学に入って、いろんな将来の可能性を探ったと思うけれど、現在は理療の世界で仕事をしている。いろいろな葛藤もあっただろうけれど、そのへんの話をしてくれますか？

今泉　大学を卒業したのは、一年余分にいたから九七年。バブルが崩壊しちゃったときでした。三つぐらい上の先輩なら笑って卒業できたけど、このころは、「健常」者でも、笑って卒業できないといった状況だった。進路もいろいろ考えたけれど、自分にどんな仕事が合っているのか、社会は私をどういうところだったら受け入れてくれるのかということがうまく見えなかった。例えば、企業に就職するとしますね。そうすると、上司や同僚とのいろんな関係が発生しそうだし、そういうなかで、周りに気を遣いながら仕事をしていく自信が自分にあるのかどうか、考えてしまった。

大河内君は、本当に周りに気配りができて、企業に入ってもやっていける人材だけど、私は一人で何かやって結果を出すほうが得意なのかなと思った。それから、ずっと大河内君と張り合ってきたところがあるので、唯一彼よりちょっとできることは、身体を動かすことなんですね。そういう意味では、マッサージとか鍼とかいうのは、身体のことを考えるものなのだというところで、自分が反発していた盲人の世界へ戻って、そのへんをちゃんと見直さなくてはならないかなと思ったんですね。

篠原　それで、中学まで通っていた盲学校の理療科に入るんだよね。

今泉　そうです。

篠原　しょうがないから戻るという感じと違って、大河内というよきライバルがいてということも含めて、大学のなかでいろいろと体験したり考えたりすることで、あなたなりに選んだジャンルということなんだね。

今泉　いや、しょうがないと思って戻ってしまった側面もありますよ。例えば母に「マッサージのほうに行こうと思う」と話したとき、母は「そうだね、それがいいかもね」と言うだけで、そのあとの言葉がなかったですね。だから、それしかないのかなという思いもあった。ただ、そこには「晴眼」者がどんどん参入しているし、これは「視覚障害」者の伝統的な職業なんだとあぐらをかいて否定的に考えてばかりいてはいけないと思いました。彼らはいろいろな目標を持ってよい治療をしようと、専門学校で一千万円くらいの高い金を払って授業を受けて努力して卒業していきます。

それに対して、「見えない」人は、私もそうだったけど、盲学校の理療科に入れば教科書代はタダ、授業料はそんなに掛からないといった具合で、視覚障害者に対する配慮が沢山ある。だから、そこはできるだけ肯定的に考えて、やっていかなきゃいけないと感じてきたんですね。

篠原　いまは、盲人の伝統的な職業世界に「晴眼」者が入ってきて、彼らにその世界が奪われているとか狭められているとかいうことなんですか、それとも見えようと見えまいと関係なく、どちらも働いているようになっているという感じなんですか。

今泉　表向きには、盲人も「晴眼」者と同じように働いていますが、盲人を理由に雇用を断られたり賃金面が低かったりということはあります。「晴眼」者がこの業界に参入して、業態も大きく変化しました。国家資格を持っていない整体やカイロプラクティック・クイックマッサージや足裏マッサージなど、似たようなことをする業種も増え続けています。その方たちが悪いと言うつもりはないのですが、かつてマッサージや鍼は盲人の職業だったのだということはどんどん忘れ去られていますね。以前であれば、裏通りで何とかマッサージを生業としてやっている個人事業者の盲人が多かったと思いますが、現在では、企業が出資して、駅前やデパートの一角に店舗を構える「晴眼」者が主流です。先生なら、どちらのお店に入りますか。

篠原　駅ビルのマッサージ店に入ったことがあるけれど、癒し系のオリエンタル・ミュージックが流れていて、しかもお香が焚いてあって、あの大仰な、しかも薄暗い雰囲気が不快で、二度と行かなかったなぁ。一方で、途中失明したマッサージ師が自宅の一室で、世間話をしながら、調子のわるい箇所を聞きながら、太い腕で柔らかく包むように揉んでくれたことがあったけれど、これは結構長続きしたね。彼とは、家族ぐるみで、失明以前から付き合っている人なんだけどね。

言葉を越えたところでリラックスさせてあげたい

篠原　いまは、どんな形で働いているんですか。

今泉　ある治療院の雇われ院長ですが、相方の先生が一人います。午前中は、お年寄りのデイサービスをするところへ出掛けてリハビリをしていますが、午後からは、治療院に戻って、そこでマッサージをしたり、そこからお年寄りの訪問マッサージをしたりしています。

篠原　いま、仕事として、人々の身体に付き合いながら、身体についてどんなことを考えているんですか？

今泉　身体と会話するという気持ちを持って、やっていきたい。例えば、患者さんがどういう状況かを、身体から読み取っていくことができる人になりたいなぁと思いますね。それは、私がベッドに横になった患者さんにまず声を掛けるんですが、その応答の奥にあるものがわかって適切に対応できるようになるということです。身体を押したときの最初の筋肉の感じとか、皮膚の張り具合とかから、その人の緊張状態がわかるわけですが、それをいくらかでも緩めて、楽になってもらって帰ってほしいと思っているんです。会話でリラックスさせるというのはマッサージじゃなくてもできるんですが、私はマッサージをやっているのだから、言葉を越えたところでリラックスさせてあげたいと思っています。あとは、痛いところが少しでも軽くなればよいと思っています。

篠原　マッサージ師によっては、マッサージ中にいろいろ話しかけて、診断したがる人がいるよね。黙って、そっと揉み解してよと思っているときに、あれは余計なことと思うんだけど。

今泉　たしかに、おしゃべりが入る場合と入らない場合がある。お客さんによりますね。現在の社会に生きる人たちは、探られたくない部分や触られたくない部分を持っている。そういうものを鎧として着ているんですが、その部分が身体に出ている場合がある。それを一枚一枚取っていかなきゃいけないんだけど、人によっては取られたくないとか触れてほしくないとかがある。そういう場合、心に触れられたくないなら、身体に触れるくらいは許してほしい、だから、触れさせてください、見させてくださいっていう感じになりますね。

篠原　例えば、どんなふうにですか。

今泉　教科書的に言えば、胃が痛いときはこのつぼがよいと、決まったやり方がある。でも、このつぼもよいかもしれないけど、もうちょっと深く掘り下げていくと、胃が痛い背景には、どういうことがあるんだろうみたいなことを考える。そうすると、もしかしたらパソコンを打っているストレスが、まず肩にかかってて、それで背中の筋肉が張ってしまって、そこから胃の痛みが増してるんじゃないかとか、そういうことがあったりする。となると、胃の痛みに効くつぼを打つよりも、肩の疲れを取ってみようかとか考えたりするんですね。たしかにつぼの位置は決まっているものだけど、それを知った上で、自由に位置をずらして、見てもいいと思っています。

篠原　大学時代に体験したことや考えたことで、いまの職業生活に影響を与えていることはありますか。

今泉　マッサージとの関係で言うと、難しいですが、一つの事柄にこだわらないことを学んだと思いますね。和光では、物事を批判的にというか反省的に見ていくというのがとても強かった。私のなかで矛盾しているところはあるけど、批判的に見るくせはついた。教科書を疑ってみるって感じはいまでもあって、テレビで肩にはこのつぼがよいですよと言っていても、そういうのを批判的に見たりしますね。

「身体・心・社会」の相互関連性を描きたい

今泉君は、心理学を勉強したくて大学に来た。心理学では、自分の内面を見つめることのしんどさを体験したようだ。一方で、「心の働き」を測定する・客観化することに疑問を持ったとも言っている。だから、心理学から社会学へと興味・関心を移していくのだが、ぼくの側から言うと、おこがましいが、「シメシメ、だから心理学からはじまってよかった」という感じがある。彼の興味・関心は、一見「心」から「社会」へ移動しているのだが、彼は、自分の得手の領域・関心事として、「身体」という場と媒体を終始持っていたので、まもなく、〝マッサージ〟という、世俗のなかで庶民の心身の世界に付き合う仕事に従事していくことになる。

たしかに、ここへの道は、盲人の世界から脱出して、「晴眼」者中心社会に参加することを意図したが、うまくいかなかったことの結果でもあったのだが、すでに見たように、彼の興味・関心の変遷からいって必然、自然に思われてくる。つまり、戻るべくして戻った盲人の伝統的な職業なのである。

とはいえ、そこは「視覚障害」者も「晴眼」者もいる世界になっていたし、「晴眼」者との関係をどのように作っていくか、また、彼らとどう競争していくかという非伝統的で商業主義的な課題を抱えている場所でもあった。かくて、いま、彼は、そのような課題の渦中で、自分の身体に託して、「社会」と「心」をつないで、その場となる「身体」と向き合って働いている。ぼくの関心事は、「身体・心・社会」の多様で複層的な相互関連性をどのように描くかにあるが、彼との対話は、そのための一つの大切な切り口を示唆してくれた。それは、懐かしいときだったし、貴重な思索の場であった。(二〇〇八年七月二十三日　篠原研究室にて)

第Ⅲ部 「障害」を引き受けつつ開く

〈対話12〉福田剛さんと考える

「障害」をわが身で引き受けつつ関係のなかへ

「障害」者として置かれてきた事態を振り返る

福田剛《ふくだつよし》さんは、一九九五年春に人文学部文学科に入学してきた。ぼくとは、一年のときから「障問試論」で出会っている。彼は、手足にマヒがあって、松葉杖をついて歩く「身体障害」者だが、この授業では、彼自ら、そのときまでの生活史を語りながら、「障害者＝不幸」論を議論の俎上にのせた。彼自身が語る生活史は次のようである。

福田　ぼくは、一九七四年に早産で未熟児で産まれたんですね。それで、保育器に入ったんですが、そのなかの酸素濃度がたまたま薄くって、脳に障害が残って脳性マヒになったっていうことなんです。逆に酸素濃度が濃い場合には、未熟児網膜症になったりしていたときですね。そのため、兵庫県立子ども病院に入院しましたが、ここは、全国に先駆けて一九七二年に、ダウン症など「障害」胎児の羊水診断を開始した、問題の病院だったということをあとで知るんですけど[1]。

ぼくと姉は二卵性双生児ですが、祖母の世代には「それは不吉」という感覚があって、父方の祖母は「どちらかを殺せ」、そしてぼくが脳性マヒだとわかると、「弟を……」と母親に迫って悩ませたようですよ。それを聞き及んだ父親が、それは許さんということで、だいぶ祖母ともやり合ったって聞きました。

小学校に入るときの就学前指導で「養護学校に行きなさい」と判定されて、一年間養護学校に通うんですが、姉や近所の友だちと一緒に普通校に通わせたい、通いたいという親の意向もぼくの希望もあって、二年生のとき、普通校に転校しました。どういう言葉か鮮明には覚えてないですけども、ぼくはそのことを親や先生に繰り返して訴えたことは強烈に記憶していますね。
　中学のときは、よくいじめられて登校拒否をしていて、球技大会とか期末や中間のテストぐらいしか行ってなかった。ぼくの中学にも、まだ出来たての障害児学級があって、そこに行かないかって担任に強く勧められたんですが、両親もぼくも頑なに拒否しました。中学を卒業してからは一年間、浪人して、定時制に入って四年過ごしました。

篠原　昼間の高校には入れてくれなかったの？

福田　県立高校は体育ができないだろうということで受験拒否をされました。ぼくが定時制に入るころ、筋ジストロフィーの玉置君の裁判があって、マスコミでも取り上げられていました。そこでの主張は、県立高校入試で合格点に達していながらも「入学拒否をして障害者は養護学校に行け」というのは許せないというものでした。入学拒否は違法だってなったんですが、彼は受け入れの環境が整ってないということで、私立の関西学院かに入学したような記憶があります。

篠原　福田の場合、玉置君が県立高校を拒否されていた時期と重なるんだぁ。ぼくらは、東京で「〇点でも高校へ」の思いを膨らませていたから、この主張の仕方や裁判結果では、〝勉強のできない〟者は高校に入れなくて当然であると言ってしまっているようなもので、この論理では困ると批判したことがあるよ。

「障害者＝不幸」論を語りだす福田の生きざまをめぐる議論

篠原　あのころの「障問試論」でも、いま、話してくれたようなことを発言していたけれど、その振り返り方をめぐっては、すぐには共鳴できない議論が渦巻いたんだよね。

福田　ぼくは、そういう自分の過去を否定的に捉えて反発して生きてきたんですが、授業では、山田君とか大澤さんに「福田は障害を受容してないんじゃないか」って言われたんですね。

篠原　あのとき、ぼくは、この表現には絡んだと思うけれど、「障害の受容」という言葉は、身の程をわきまえて生きろとか振る舞えとかいった意味を含んでいるし、隔離を合理化して特殊教育を推進する論理だから、その言葉は使いたくないってね。彼らは、自分の過去に反発して否定する生きざまに、自分の障害に反発して否定している危うさを感じていたんだろうね。

福田　ぼくが言いたかったのは、「障害者＝不幸」論も優生思想も胎児診断も、「障害」の原因や責任を個人に還元して個人に押し付けているということでした。すなわち、社会の側とか関係性とかに還元して問うていく、解放していく、っていう方法もあるんじゃないかと。「障害」者が生まれること自体が不幸であると言ってしまったら、いま生きている「障害」者はどうなるんだ、それでは社会が問われる契機を失ってしまうんじゃないかって……。だから、ぼく自身は、彼らの問い掛けを反発的にしか受けとれなかったんですが、でも、そこに村上君（対話13）が入ってくることで、いろいろ気付いていくんですけどね。

篠原　あなたは、自分を「障害者」として否定的、差別的に扱う、家族を含んだ周囲や社会の眼差しの下で生きてきた分だけ、今度は、社会還元論的になってしまったんだよね。授業では、そのような、個人か社会かといった二元論的な捉え方に違和感が出たんだと思うけれど。

福田　彼らは、社会の現状に反発するだけでは、そこから何も産まれないんじゃないかということを言っていたような気がしますね。先生に言われたことでよく憶えてるのは、個人と社会を対置的に捉えるだけじゃダメで、その関係は融合したり接近したり対立したり離れたりするんだから、そのへんを丁寧に見つめないと、ぼくらの暮らしの現実は解けないよ、って言われた記憶があります。

篠原　それは、村上の発想とつながるよね。

福田　そうです。彼は、先生の話を受けて、うまく語り出した感じでしたね。当初、お母さんに付き添ってもらっていたけれど、まもなく、周囲に助けを求めながら、周囲との関係を築いて、小便をしたり階段を上り下りしたり、そして演劇サークルで活躍したりしていく、そんな体験を語る彼の姿に非常に感銘を受けたというか、リアリティを感じましたね。個人と社会を切り結ぶときの結び方としては、そこに自らの体験を置いていくしかないんじゃないかっていうことですよね。

学園祭で全速疾走に障害を忘れて

篠原　ちょっと話が飛ぶかもしれないけど、あなたは、学園祭の企画・運営と（入学登録などの）情報保障活動の二つともにリーダー的に関わっていたよね。

あなたが、学園祭の準備のときに、松葉杖をついて、汗をタラタラ流して、全速力でキャンパス中を走り回っているっていう、そういう様子を思い出すんだけど、ぼくは、たぶん当時も言ったと思うけど「そんなに無茶をするなよ」と思っていた。いま、振り返って、どうですか？

福田　そうですね。ぼくは学生運動に憧れて和光に入ってきて、高橋和己の『我が解体』で卒論を書くって決めていましたから、その活動のなかでは、障害を言い訳にできないというか、当時の自分としては、自分の生い立ちとかも含めて障害を忘れる瞬間がほしかった記憶があるんですね。

篠原　そういう点で、福田のリーダーシップはもしかすると独り合点になっちゃう、そういう話はなかったの？

福田　当時、一緒にやっていた先輩とかに、おまえはもっと堂々としてろ、って言われました。どっしり構えていて、いろんな人に指示をして動かすのが、いまの仕事だろうって……。いま、思い出すと、呼び掛けもやって、渉外局長で交渉も一手にやって、警察・消防署との救急対応とか全部やっていたので、走らざるを得なかったし、走れたことが自分にとって喜びの瞬間でもあったのかなっていう気はしますね。

「情報保障団」を作って代表へ

篠原　そうだったんだぁ。実際に走り回ることではないけれど、入学登録の情報保障団のリーダーとしての仕事でも、同じような思い出があるんだよね。

［和光では、入学式と呼ばない。創立以来、四月のある半日、一人ひとりの新入生が教員の前で入学登録のための署名をし、学部長、学長の講話を聴くしきたりがあるのだが、八〇年代前半の「障懇」では、ろう学生のためのここでの情報保障をどうするかで議論が行われた。そのなかで、大学側は、学生生活課を窓口に、情報保障をする学生たちの本格的な協力を得て、手話通訳をすることと並行して、ＯＨＰ（Over Head Projector）で原稿や資料、そして要約筆記をスクリーン上に映し出すことをした。年月を重ねるとともに、学生生活課と学生たちとの関係も変容してくるのだが、九〇年代後半、福田君は、学生側リーダーとして活動していく。以下は、そのときの思い出と議論である。］

篠原　福田たちがやっていたころのは、ボランティア集団という印象が強かったよね。つまり、あなた方は、大学側を当てにしない、その分、それに見合う格好で、それは有償であるべきという要求をしていたと思うけれど。

福田　先生が持たれている、学生の活動に対する違和感についてはうかがった記憶があるんですが、先生の違和感とぼくの持っていた違和感とは似ているところと似ていないところがありますね。

篠原　そのへんのこと、聞きたい。

福田　話は遡りますが、ぼくが、この活動に関わる最初のきっかけは、九五年で、ぼく自身の入学登録のときでした。その風景を見て、興味を持って彼らの話を聞きに行きました。それだったら、ぼくもＯＨＰくらいならできると思うのでお手伝いさせてくださいと言いながら、「障問会」に入りました。ただ、ぼくは、両手、両足にマヒがありますから、手話は無理だと思ったんですね。それで、この活動に関わって、手話のできないぼくにもやれることって何だろうって考えたわけです。

　ぼくは、一年のときから、サークル連合の事務局に出入りして、学園祭の役員などをやっていましたから、そういう経験から、学生たちの大学側との交渉具合や協力関係はどうなっているのかに意識が向かっていきました。それで、ぼくは、このことについても、学生生活課の職員の方と話していくんですが、そのなかで強く感じたのは、たしかにこれは学生が自発的にボランティアでやるべきだし、事実、やってきたものだけれども、それにしても、余りにも大学側との協力関係とか信頼関係がうまくできてないんじゃないかということでした。学生がボランティアでやっていることに大学側は事務的に協力をしているっていう感じだったんですね。

　一方、学生の方はといえば、手話班は「サイレンス」（手話サークル）が、ＯＨＰ班は「障問会」が役割分担していて、それぞれのサークル活動の延長線上にあるものだったんです。

　これではダメだとぼくは思ったんです。情報保障をするという共通の目的の下に、サークルの枠を超えて、なおかつ大学側と協力関係・信頼関係を築いていかないといけないと強く思ったんです。それで、自分がこの活動に関わっていくとしたら、大学側との協力・信頼関係を築くための交渉役を引き受けてもいいいんじゃないかって思いだしました。まず、二つのサークルの枠を取っ払って、一つのまとまりとしての「情報保障団」を設立することにして、初代の代表はぼくが引き受けました。

「情報保障団」と学生生活課の協力関係を構築するために

篠原　それで、最初にどんなことをしたんですか。
福田　学生生活課には、これから、この活動をちゃんとやっていく上で、大学側との合意文書を作っていきたいと申し入れました。
篠原　それはどういう内容なんですか？
福田　例えば、それまでは、練習場所として教室を毎回直前に予約していたんですが、手話班、ＯＨＰ班、二つをまとめて、一定期間、特定の教室を使わせてくださいとか、物品は一括で使用許可をくださいとか、あとは、当日のためのリハーサルをやりたいので、予定の会場の使用許可をくださいとかですね。また、情報保障のためのスタッフ配置や機材設置の場所については、それまで大学側が自分たちのセッティングが終わったあとに、余ったスペースでやり繰りすることになっていたんですが、ぼくのときからは、学生、学生生活課、学部事務室、教務委員（教員）の立ち会いの下で、準備させてほしいとお願いして、そのようにしました。

そういう諸々の実務的に必要な一〇項目ぐらいを全部文書化して出したんですね。そしたら、課長は、対等関係のなかで交わされはずの合意文書などは、対等と認められない学生からは受け取れないと言うんです。学生の自主、自発的な活動に大学が善意で協力しているに過ぎないんだと。

篠原　情報保障は、本来、大学側がやることなんだけれども、そこは経過上からも実力的にも学生の本格的な協力を得て、一緒にやっていこうということではじまったというのがぼくの理解なのね。ところが、話は大分違ってきている。ぼくの感想を言うと、課長の姿勢はもちろん不快だけれど、君たちの側も、これは基本的には学生が主体的にやる活動であって、サークル活動の一端になっているわけだから、両者とも都合よく筋が通ってくるという面があったんじゃないの？

福田　あると思いますが、だから、ぼくは、「情報保障団」という一つの目的を持った団体として、大学側とも理解しあいながら協力してやるべきだって思ったんですね。

篠原　結果的にどうなったの？

福田　ぼくは、課長を飛ばして、部長のリケット先生に見てもらったんですが、先生は「問題なし」と言われて、結果的には公文書として認められました。ただ、部長と係長が署名をしたけれど、課長はしなかったので、変則的なものになりました。

「情報保障団」活動は、「聴覚障害」者のためかお互いのためではないか

篠原　話が戻るけれど、あのとき、学生の要求を受けて、リケットさんは交通費ぐらいは出してやりたいという気持ちだったよね。

福田　他の学生はみんな、やっぱり出してほしいって言ってましたけど、ぼくは、最後まで交通費をもらうことには反対でした。大学側といかに理解、協力し合ってや

っていけるかということを議論しているときに、交通費を出せっていうのはどういうことだって、ぼくは一貫して主張していました。そして、もらうんだったら、ぼくが代表をやめてからにしてくれって……。

篠原　結果的には？

福田　出たみたいですよ。ぼくが学校をやめてからですけど。

福田　最後に、もう一つ、情報保障に関わる理念的な部分で話したいことがあります。ぼくは代表になる前から主張してきたことですが、なぜ学生の自主的、自発的な活動であるにもかかわらず、大学側に協力を求めるのかということです。情報保障ということは、どうしても「聴覚障害」学生のためのものというふうに捉えられがちだけれども、入学登録などで先生方が提供するいくつもの情報を「聴覚障害」学生を含めたすべての学生にしっかり提供していくということだと思うんですね。その手助けをするのが手話通訳や要約筆記じゃないかと。もっと言えば、情報の発信者たる先生方のためでもあるわけだから、そこは、情報を発する側、受ける側相互の利益になるものだと。

　ぼくは、本来的には、その理念的な部分を公文書に盛り込みたかったんですが、ただ、そのことについては、学生のなかにも異論があって、あくまで情報保障は「聴覚障害」学生のためのものであって、「健聴」者は彼らの手となり足となって情報を保証していくんだっていう考え方が強かったんですね。

篠原　多分、そういうことを主張する側から言うと、手話もできない、ノートテイカーも器用にはできない福田が偉そうに団長をやってるっていうのは、何とも納得できないといった感想なり雰囲気があったんじゃないの？

福田　相当反発を受けました。特に後輩のろう学生たちからは、何を言ってるんだ、手話もできないくせに、ということを散々言われました。

篠原　ぼくが、手話も点字もろくろくできないくせに「手話・点字」を厚かましくも二十数年にわたって担当し続けるなんてって言われるのと同じだね。「情報保障」の連発など、言葉遣いは大分違うけれど、君の理念に賛成だよ。

福田　いま振り返って、とりもなおさず手話もできなかったぼくが、「聴覚障害」学生と一緒に情報保障の活動をやる過程で、お互いが理解し合い、共感し合い、またときに反発し合いながらも、共にあり続けられたことによって、ぼく自身の「障害」を後ろ向きだけではなくて、もっと前向きに捉えていくことが必要じゃないか、また、それができるんじゃないかっていう思いを強く持つことができましたね。

篠原　そんな話を聞くと、「障問試論」での「障害者＝不幸」論をめぐるギクシャクした議論が、「情報保障団」活動を介して、実践的に検証されたんだという感慨を持つなぁ。

「介助者＝障害者の手足」論に引っ掛かって

篠原　ところで、あなたは、四年間では単位不足で卒業できなかったんだけど、留年はしないで、中退したんだよね。

福田　そうです。中退して、聴講生になりながら就職活動をするんですが、ぼくの場合、最終面接まで行ったのが五十五社のうち二社ありまして、一つは、友だちが有償ボランティアで介助をやっていた関係もあって有利に選考が進んだと思うんですが、ある自立生活センター（CIL）でした。最終面接で、車イスに乗った方でしたが、代表の人とお話をして、結局、お断りしました。そのときの話は、「介助者は障害者の手足にならないといけない」、「私たちは、そのために介助者に金銭を払ってお願いをしてるんだから」ということでした。

そのとき思い出したんですが、その友だちに一回だけ相談をされたことがあったんですが、「介助に入ってる障害を持たれた方から、自慰行為の手伝いをしてくれって言われてるんだけど、どうしたらいいだろう？」って。このとき、ぼくは、彼に「自分が、その関係のなかで、やってあげたいとか必要だと思ったら、それはすればいいけれど、どうしてもすべきこととは思わない」って答えたら、「ぼくには断れないんだよ」「ぼくは、お金をもらって家事手伝いをしたり身体介助をしているからね」と言うんです。そのとき、ぼくは、「お金をもらっているから何でもしなくてはならないというのはおかしい。自分にはできないって言えてもいいんじゃないか」っていう話をしたんですが、面接の最中、そんなことを思い出してしまって、ぼくのほうからお断りしました。

そこで露骨に思い出したのが、何人かの「聴覚障害」学生たちが「通訳者は私たちの耳なんだ、手足なんだ」、「私たちのために通訳をするんだ」って言っていたことなんですね。それとこれとが非常にだぶったんです。障害の問題やそこでの介助・介護の問題を、やっぱり個人に押し付けるのは間違いじゃないかって、ぼくは感じたんですが、そこには多様な関係のあり様があっていいんじゃないかって、就職活動のなかでも改めて痛感しました。

篠原　「介助者＝障害者の手足」論は、八〇年代のノーマライゼーションの流れのなかで主張されてきた介助の有償化、システム化とともに入ってくるんだけど、ぼくにはずっと違和感があった。共鳴者がいて、励まされるなぁ。このことに限らず、人と人の関係が「どうしても一方が他方の手段・道具になりがち」という重い現実を反省的に見つめながら、どこでも、いつでも、そんな関係から自由になりたいと思い続けてきたんだけどね。

大企業に就職して個別査定の徹底に戸惑う

福田　最終的にNTTコミュニケーションズに入るんですけども、この会社は、九九年にNTTから分社化して二〇〇〇年に初めて新人採用をしました。ぼくは「障害者」枠の正式採用第一号だそうです。「君は新卒じゃないし、年も食ってるから、即戦力採用だよ」って言われたんですね。ぼくは、その一年前に、同系列のコールセンターでテレフォン・アポインターとして仕事をしていましたから、そんな実務経験もあってと思いますが、高倍率でしたけれども、合格しました。

篠原　それはどんな仕事？

福田　最初は、現場のオペレーターからスタートするわけですが、正社員ですから、ずっと現場にいるわけにもいかず、センターの運営管理という、現場のオペレータを管理、監督、指導する立場になっていくわけですね。そのなかで一番問題として感じたことは、現場からまったく離れてセンターの運営管理に専念しだして気付いたんですが、自分も他の人も、課せられた仕事に対してどれだけの成果が出たかって言うことで、個々に査定されて、給料やボーナスが決まるということです。現場にはオペレーター、現場監督者、そしてスーパーバイザーがいて、その上にぼくたち正社員がいるわけですから、自分一人だけで仕事が完結することはまずあり得ないんですが、にもかかわらず、個々人の能力や成果や達成目標を基に査定されています。

それは、ぼくが学生時代に考えていた、「障害」を個体に還元するんではなくて、関係性のなかで解いていくと思っていたこととはまったく逆のことでした。そして、ぼくも、そのことをさせられているんだなぁと思って、そこの違和感や葛藤をずっと深めていきました。

加えて、ぼくの場合、職場では、障害者を受け入れるのが最初だということで、どういうふうに接してよいかわからないし、ぼくは新卒採用ではなかったので、新入社員教育をまったく受けずに、何の知識も経験もなしに現場に放り込まれた形ですから、会社のほうもどう配慮してよいのか、どう評価してよいのかがなかなかわからなかったらしくて、それが現場の上司や先輩社員との人間関係のもつれっていうか軋轢になっていきました。

「うつ病」と診断されていよいよ個人の問題へ

福田　そこで、人間関係に行き詰まりを感じて会社に行けなくなって、それで心療内科を受診したら、うつ病だって言われました。そして会社側からは入院を勧められました。

篠原　でも、入院はしなかったよね。

福田　ＮＴＴの関連病院に、空きベッドまで用意されて入院させられそうになったんですけど、土壇場で、ぼくが「やっぱりイヤです、入院しません」と言うと、「じゃあ実家で療養してください」と言われて休職しました。それで、休職満了が三年なんですが、二年半ぐらいして会社の方から、復職する気があるんだったら、どうぞ、って言われました。

ただし、今回、君がうつ病になった原因は、職場から産業医も含めてヒアリングをしたけれども、職場の環境に何か問題があったと言うよりは、君が、職場で、個人的に適応できなくなり、人間関係でうまくコミュニケーションが図れなくなって、うつ病になったと、こちらは判断するから、復職する気があるんなら、もう一回、元の職場で同じ人間関係のなかに戻ってくださいと。そこでやっていけて初めて、君のうつ病なりが治ったというふうに判断しますからって言われたんですね。

篠原　君のいままでの生き方と、そこで求められた仕事とか人間関係のギャップがあなたの心身の世界のなかで引き裂かれてしまって、とても職場に行けるような状態じゃなくなっちゃったんだぁ。状態で言えば、「うつ病」なのかもしれないけれど、その強調は、問題を個人化するだけだよね。

福田　そうですね。君のせい、君の個人的資質だよって。

篠原　昨今、会社は、社員を「うつ状態」に追い込み、自殺にまで至らせたといった具合に告発されるようになったから、会社としては、なおさら、そのような牽制球を投げるようになったんだなぁ。

福田　ぼくは、そのことで、人事担当の部長と課長が来たときに、「復職する気はあります。ただし、元のままの職場と人間関係に戻っていけるかどうか、そこで仕事ができるかどうかは不安です。お願いですから、職場を変えてください」って言ったんですけど、それは受け入れられませんでした。なぜならば、今回の件は、職場環境に原因があったのではなくて、君の個人的な資質の問題なんだからと言われました。君に対して高圧的な上司や先輩の態度があったと産業医から聞いたけれども、職場にヒアリングしたら、あくまで指導の一環だったと。

それで、やむをえず、元の職場に戻ったんですが、また、再発してしまって、一昨年の暮れに退職しました。

職場での挫折は、大学生活のせいかおかげか

篠原　この企業でうまくやっていくのはもともと無理な話だったのかもしれないね。
福田　そうですね。学生時代に運動や活動を一緒にやってきた仲間からは、福田が活動や運動でやってきたことや主義主張してきたことと、親方日の丸でしかも公務員的体質のＮＴＴの職場とは相容れないはずだ、福田にはちょっと厳しいんじゃないかって言われたんですが、ぼくはそこしか受からなかったので、最後の賭として、ただ生活のために就職したんです。
篠原　いまの話を聞きながら、福田はいろんな意味で、学力的・能力的に優秀だし、意欲的、積極的だから、その限りで、雇用側は掘り出し物の感じで採用したんだと思うのね。だけど、君の生き方・考え方・感じ方からすれば、ＣＩＬの職場は就職に先んじて早くも受け付けられなかったんだよね。ＮＴＴコミュニケーションの職場は、短い時間の内に、どうしても肌合いどころか心身の状態が受け付けることができなくなったわけだ。そう考えると、君の主義主張や生き方を培ってきた、大学のキャンパス・ライフをはじめとした、そのときまでの生活史のせいだし、おかげだと思うんだよ。教員の立場で、こんなことを言っていいのか迷うけれどもね。
福田　そうですね。やっぱり自分とは相容れないというか、自分の考えてきたことややってきたこととは異質な世界に自分が入っていくっていうか、昔の言い方で言えば、転向していくっていうようなところもありながら、でもそこで挫折していくっていう、そんな経験をしたような気がしましたね。
篠原　福田は、転向をしてはいけないし、挫折はしたくない、そんなしんどい境界を生きてきたし、いま生きているんだと思ったけれど、そんな臨界的な場面に立ち合わせてもらった感じだよ。これからこそ、何かとやりとりができれば有り難い。（二〇〇八年三月三十一日　兵庫県明石市、レストラン・サンマルクにて）

（1）篠原「胎児のうちに処分する行政化」子供問題研究会編『自主講座　実践的主体形成の模索〜教育差別と特殊教育』自主出版　一九七二年

〈対話13〉村上健一さんと語る

寄って集って「障害」を越える

「和光は障害学生に何もしていない」という受験生ガイダンスでの衝撃

一九九四年秋のある日、この時間帯は人間関係学科推薦制入試の小論文試験のときだった。ぼくは試験監督として、この会場にいたが、ここには車イスに乗ったまま、口に鉛筆を加えて、休むことなく書き続ける男がいた。彼は、八〇〇字までは書ける用紙を早々といっぱいにして、まだ書き足りなかったようで、(普通は挙手するのだが)大柄な体躯を揺り動かしてサインを送って、第二枚目を要求した。彼は、それを要求した最初の人だった。

男の名は村上健一《むらかみけんいち》というのだが、ぼくは、面接会場でも対面することになる。このたびのインタビューのとき、彼は、ぼくが試験監督をしていたことを覚えていなかったが、ぼくのほうは、面接をしたことを忘れていた。面接時、彼は、なぜ、この大学、この学科に入りたいと思ったかについて、次のようなことを述べたらしい。

村上　和光を受ける経緯には、大学には行きたいというのと、心理学をやってみたいというぼんやりとした思いがあって、実力的に受けられそうないくつかの大学の受験生ガイダンスに行ってみたんですが、和光の説明会があまりにも衝撃的だったんですね。

あのときは、岩城先生が話されたと思うんですけれども、この大学には障害を持った学生がたくさんいると。たくさんいるけれども、別にぼくたちは何もしない、それどころか、大学側がスロープをつけるという話を出したときも、それは差別だということで、障害者のほうから反対運動が起こったことがあるのだと。こんなふうに、移動に困難な人、耳の「聞こえない」人、目の「見えない」人はいるけれども、学生同士がやり繰りし合ってきたし、そのなかで、いまの和光大学はあるのだという話を聞いたんですね。

都立大二部とか、ほかの大学に行ったときには、「（どこどこに）エレベーターがありますよ」「（どこどこに）障害者用便所がありますよ」という話からはじまって、すごく丁寧は丁寧だったのですけれども、和光のガイダンスは、「エーッ、どういうことなのだろう?!」と思ってしまって、ショックでしたね。

ぼくは、まだ「障害者」と言われるのも恥ずかしいくらいで、そのことを自覚的に引き受けている状態でなかったし、高校までは学校側が介助を付けてくれていたので、大学に入ったら介助のことはどうしようと、親とも話しながら悩んでいた。それで、学校のなかでやり繰りし合う関係があるというのは面白そう、やってみたいなって思ったんですね。

篠原　ぼくが面接したの？

村上　そうですよ。篠原さんには、「それがいいと言うのは危険だと思うのだけれどなぁ」って言われたんですけどね。

篠原　ぼくも、岩城さんが言ったようなことをあちこちで話して、和光のオリジナリティや問題提起性を宣伝してきたけれど、大学をユートピア的に語って、幻想を売る危うさを思ってきたのね。特に「障害者に理解のある大学」という受けとめられ方はイヤだったなぁ。

初めて三階まで担いでもらったときの戸惑いと開放感

篠原　和光に入って一番困ったことは何だったんですか。

村上　トイレのことだけは母親が昼と夕方に来るという約束の下ではじまったんですが、もう一つ、階段の移動ですよね。たしかに、障害を持った学生も周囲の学生に手伝ってもらって、何とかやっていけるよという話はあったけれども、自分の取った授業の多くが二階、三階の教室だったので、やはり「じゃあ、どうしようかなぁ」と迷っていました。そんなとき、「障問会」の先輩になる森下さんが声をかけてきて、「私たちが人を集めるよ」と言って、そうしてくれました。高校までは、電動式車イスだったんですが、このキャンパスでは、三輪木馬みたいなものに乗りかえました。それで、何とか自分の脚力で移動できるのではないかと考えたのですが、階段の移動で他人に運んでもらうとなると、今度は手動の車イスに乗らなくてはならないなぁと思いました。実は、その以前から、「三輪木馬」では、棟から棟の移動は敷居や段差などがあるので無理でした。いったん車イスに乗ったら、ぼくの場合、手漕ぎができませんから、自分一人では動けなくなった。これが、最初にぶつかった問題でした。

母親からは、小さいときから、「健一はお願いしていかなくてはならないのだから、そのときは、大きな声ではっきりと頼まなくてはいけないんだよ」って言われてきたんですど、大学でも、それが、なかなかできなかったですね。

そこを変えてくれたのが、小講堂（三階）で学園祭の話し合いに出ようと思っていたときでした。アメフト部の人たちがその階段を上がろうとしていたとき、ぼくが、彼らに「すみません。上に上がりたいんですけれども」と言うと、「いいっすよ」って、ヒョイと四人で上げてくれました。「結構、重いっすね」、「ここで大丈夫?」と簡単なセリフを残して行ってしまいました。本当は、目的の会場まで連れて行ってほしかったのに、「ありがとうございました。ここで、いいです」と思わず言ってしまいました。はっきり言い切れない自分に、一週間くらい悩みました。やっぱり、キャンパスでも介助してくれるヴォランティアの人を探さなくてはならないかなぁとか思いましたねぇ。

一方で、大学が培ってきた、そういう伝統というか流れにぼくはフッと乗っかって救われていいんだって思ったんですね。そして、間もなく「アッ、この感じ。この学校では平気なんだ」、「これがスタンダードなんだ」、「アレッ、介助のボランティアはいらないという、この感じは何なんだろう?!」と思っていくんです。

「三階の授業は障害者差別である」という発言をめぐって

篠原　君が入ってきた年、同じ小講堂で、小関さんと一緒だったけれど、ぼくは、「手話・点字」を担当したんだけど、授業がはじまるや否や、ある女子学生が、三階で、この授業をやるなんて、障害者に対する差別であると発言して、一階に下りるべきだって発言したことがあるんだけど、覚えている?

村上　ああ、ありましたね。

篠原　そのとき、村上が言ったこと、覚えている?

村上　ぼくは、そのような発言に対して心からは反発しなかったと思うんです。ただ、この大学に、助け合いということがあるのだとしたら、わざわざ、一階に下りる必要はないのではないか、下りないほうに賭けてみてもいいのではないか、とうっすらと思っていて、先生たちの意見に乗っかったような感じがあったですね。それでも、たしか、自分の意見を言わせてもらうのだったら、いや、別に、手伝ってくれる人がいたらいいんじゃないかって言いましたよ。

篠原　あのときは、彼女の意見に対して、ぼくのほうから話し出したんだよね。そのときにも頭にあったと思うけれど、ぼくは、九〇年代当初まで、結構長く、埼玉大学の非常勤講師で臨床心理学や青年心理学を担当をしていたんだけど、なぜか教室は三階が多かったのね。ある年度、車イスに乗った学生が受講するんだけれど、教務担当の職員が来て、お父さんがおんぶして、教室まで連れて行かなくてならない、大変だから、今年度は一階に移ってもらえないかと言った。ぼくは、講義中心だから、同様のスペースさえあれば、一階でもどこでもいいけれど、もし理科の実験室や音楽室が三階にしかなくて、彼が当該の科目をとりたいとしたら、彼には諦めてもらう他なくなるのではないかと思ったのね。そもそもお父さんがおんぶするんではなくて、四人の学生が入れ替わりで車イスごと担ぎ上げればいいではないかと思ったし、そもそも彼に恩を着せて、教室を一階に変えるのはイヤだった。

それで、その職員には、少し考えさせてほしいと言って、学生たちと話し合うことにした。当の車イスに乗る学生もぼくの思いがわかったようだったけれど、周囲の学生に気を遣って、なかなかウンと言わなかった。そのおかげで、いろいろに議論が広がった。この議論には数時間かけたけれど、結局、この教室に留まって、学生たちが彼の上り下りを手伝うことにした。

そんなことがあったもので、車イスに乗る村上と一緒に、三階から一階に下りようという彼女の提案にはどうしても乗れなかった。もっとも、埼玉大での議論の前提には、すでに和光での体験があったんだけどね（対話2）。もう一つ、「手話・点字」は障害者関係の科目なのだからといった理屈付けもいただけなかったしねぇ。

村上　いまの篠原さんの話を聞いても思うけれど、ぼくには、もう少し気楽なところがあって、自分が未体験だったことで、これから経験していく、ゴチャゴチャとした和光のなかで、お互いがプレッシャーをかけあって生きていく、そんな世界のほうに踏み込みたいという感じでしたね。だから、篠原さんに「車イスに乗っている村上はどう思うんだ?」と聞かれて、そのとき、ぼくは、ちょっと格好をつけたというより意気込んで、「いや、上がれなかったら上がれなくていいんですから」って言ったと思うんですね。

篠原　ぼくには、きみは、ぼくたちの立場を弁護して、中身のある歯止め的な発言をしてくれたなぁという印象があるんだけど……。

トイレは母親が面倒を見ていたけれど、ある日のこと

篠原　階段の移動と並んで、もう一つの心配ごとは、トイレのことだったんだよね。当初、お母さんを呼び出しては、面倒をみてもらっていたよね。

村上　そうですね。高校までだと、介助の先生がずっと付いていていたので、その人に頼むのが当たり前だと思っていました。大学では、最初、図書館で、母親と待ち合わせをしてたんですが、その図書館へ行くにもいろいろな人に押してもらわないといけなかった。ある日、あるとき、約束の時間に母親が間に合わなくて、もう漏れそうで、体を揺らしているとき、はす向かいに座っていた見知らぬ男の人がいたので、焦って「オシッコ、間に合わないんです。手伝ってもらえますか」ととっさに頼みました。彼は、気楽に「いいよ、どうやってやるの？」と聞いたので、「便器の前に立たせてください。そしたら、そこに寄りかかって立っていますから、ズボンの前を下ろしてください」って言ったら、彼は「わかった」って、やってくれました。

ただ、それまでの介助の先生とかうちの親だとかは、前だけ上手にチャックを開けてくれていたのですけど、彼は、ひざまでパンツもベローッと下ろしちゃいましたね。トイレでお尻を出しているというのは恥ずかしかったんですが、でもオシッコをチャーッと出して緩んでいくなかで、「アッ、こうやれば親に来てもらわなくて済む」というところがつかめましたね。

篠原　なるほどね。

村上　そしたら昼にわざわざ落ち合ってということをしないで済む。母親が来ているというのは、有り難い話でしたけれども、自分のなかでは格好悪いと思っていましたしね。このことが最初で、だんだん、こういうトイレット・フレンドを増やしていくんです。

篠原　でも、いつも、そういうふうにうまくいくわけにはいかなかったでしょう？

村上　いかない、いかない！　立たせてもらったけれど、転ぶこともあったし、断られることもあった。でもそれも仕方ねえよなって思うようになりましたね。母親からは、あんただって緊張しながら頼んでるんだから、向こうだって同じように緊張するわよと言われて育ってきましたからね。

篠原　とうとう失敗しちゃったということはあるの？
村上　学校でもらしたことはないですね。
篠原　断られたら、次の人に頼めたわけだ。
村上　そうですね。

演研の新入生歓迎の飲み会のとき、そして青部合宿のとき

篠原　サークルはどうしたの？
村上　高校時代から、演劇に関心を持ちました。演劇には、いろんな役割があって、役者でなくても、タイムキーパーであったり、練習相手になったりとか、そんなに動かなくても、いろいろできることがあると思っていました。逆に、動かないで見ているほうがいろいろと見えてくることがあるということもわかってきて、芝居はやりたいなと思いました。
　それで、大学に入って、障問会にだけ入るのはイヤだったということもあって、演劇研究会に入りました。その当時の部長さんがまた面白い人で、「役者はやらないの？」と言われて、「でも、動けないですから」と言うと、「イヤッ、そのまま出てみればいいじゃん。しゃべれるし、受けるんじゃないかなぁ」って言うんですね。その先輩は、そのあと、要所要所で、キーマンになってくれるんですけれども、例えば、村上がいるから、演研の新入生歓迎の飲み会のときには、「今年は、一階でテーブルのある店にしよう」っていつものあの店はやめて、一階でテーブルのある店にしよう」ってなったんですが、二年目に入ったら、「別にいいんじゃねえの。村上はそんなに気を遣うほどの人間じゃないしよ」ってなって、また、いつもの店に戻っていくんです。
篠原　いつもの店ってどんな店なの。
村上　堀ごたつで二階か三階ですね。
篠原　周りはどういうふうに付き合ったの？
村上　最初、二階にどうやって上げるのだろうって迷ったようですね。誰かがおぶえばいいではないかという話になるんだけれど、「それは、危ないよ」と言う先輩たちもいたようですね。その部長は、「イヤッ、やってみていいんじゃねえの。本人に聞いてみようよ」って言うんですが、「でも、そういうのって、親の話も聞いたほうがいいんじゃないの？」と言う先輩もいて、なかなかまとまらなかったようですよ。
篠原　そんなとき、君はいなかったの？
村上　ぼくはいなかった。演研は、いつも青部セミナーハウス（静岡県・川根本町）に行ってたんですが、ぼくが最初に参加するときにも、ぼくがいないところで、議論があったようですね。その合宿までに、一本、芝居をや

ったのですけれども、「あいつ、よくしゃべるし面白そうじゃねぇ。親とか別にいなくても、連れて行っちゃおうよ」と、部長の鶴の一声で、ゴチャゴチャしていた意見をまとめてくれて行くことになりました。

篠原　最初の青部はどうだったの？

村上　それはもう楽しかったですよ。まず親と離れられたのもあるし、いつまでも酔っぱらっていられるとか、川（大井川）に放っておかれるとか、風呂に放っておかれるとか……。「楽しい、楽しい、最高じゃないか。何だ、皆と一緒の、この一体感は！」ってね。

こんなことがありましたね。先輩が酔っ払いながら、ぼくをおぶって、あの一〇〇メートルのつり橋を渡って行ったのはいいんですが、真ん中あたりに来ると揺れがひどくなりますよね。そしたら、「ごめんね、健一君、ごめんね、健一君、怖いよ、怖いよ」って言い出したんです。途中で、そう言われたときには、ぼくも、本当に怖くなって「ヤバイッ、どうしようっ！」と思いましたね。

篠原　君たちに限らず、学生たちのなかには、酔っ払って、夜中に、あのつり橋を渡るのがいたんだよね。あそこで懸垂をしたりするバカなヤツがいてね、あとから聞いてゾッとしたことがあった。落っこちたら絶体絶命だからね。

「障害者」を忘れて同じ立場で演ずる楽しみ

篠原　演劇そのものはどうだったんですか。

村上　演劇そのものは、順に、演出助手とか、そういうサポート役からはじまって、何かできることを探そうとしていました。間もなくタイムキーパーになって、ストップウォッチを与えられましたね。舞台裏の楽屋から舞台に出るときに、どうしても段差があったのですけれども、大道具の人たちが「そこにスロープを付けたら、健一、出られるんじゃねえの」っていう話になって、「じゃあ、そうやって作ってみようか」となったり、「衣装も、『三輪木馬』に合わせて作っちゃえば別にいいんじゃねえの」となって、少しずつ舞台にも出るようになるんですね。最初は、顔だけ白塗りで、壁に穴を開けて、そこから顔を出して、司会者みたいな感じで話をしました。そのあとは「三輪木馬」に座りながら、役者として学生ホールの舞台に二、三回立ちましたよ。

篠原　どんな芝居？

村上　夢枕獏原作の『陰陽師』とかで脇役だけれど、声と顔も一番目立っていたよと言われました。滑舌もすごくよかったのですよ。ですから、教えたりして、結構信頼されていた。

篠原　それで、いま思い出したのだけれども、君がいたときの議論だったかどうか覚えてないけれど、たしかぼくの授業で、竹中という男が、「障害」者だけの芝居をやるグループがあるけど、それはつまらないと言いだして、いろいろな人間がいるから面白いのだと。彼は脳性マヒの人で、芝居をやる人だったけれどもね。村上が、それこそ「障害者が演劇をする」ということを多少理屈っぽく言うとどんなふうになるんですか。

村上　竹中さんは、五、六年上の先輩ですけど、恰好よかったですよ。ぼくの場合、自分がスポットライトを浴びているときは、「障害者」だと思ってないんです。

篠原　ああ、なるほどね。

村上　そういうふうに、先輩が道を作ってくれたわけで、有り難かったですね。何よりも、あんたは手足が不自由なのだから一歩引いて、そこで、できない人を助けてあげなさいというような教えられ方から抜け出して、同じ場所で勝負したことが楽しかったですね。

「見えない」今泉さんと「手足が動かない」オレとで

篠原　障問会での付き合いとか議論はどうなっていたんですか。

村上　そうですね。ずっと普通学級できたので、大学に来るまでは、目の見えない人とか手話を使う人とかと話したことがない。最初、手が動かないぼくは手話を覚えられないしどうするのだろうというのはありましたね。でも、親しくなったろうの先輩とは、彼は手話で話をするけれども、ぼくはもう口話で話すしかなくて、口を大きく開けて何とか伝えようとしていきました。場合によっては筆談もしましたよ。目の見えない先輩に今泉さん（対話11）がいて、あの人からは、ずいぶん刺激を受けましたね。

篠原　どんな刺激？

村上　彼は「介助なんて、うまくいくと思うな」、「そのへんまで、適当に押してもらえればそれでいいんじゃねえの」とか言うんですね。ある日、「今日は、頼める人がつかまらなくて、授業に行けませんでした」って言ったら、「お前、バカだな。そんなにまじめに授業、受けたいのかよ」とか返しながら、タバコをプカーッてやる。「お前も吸うか」と火をつけてくれようとするんだけれども、彼はぼくがどこにくわえてるか見えないし、ぼくはぼくで、手で適当に振り払えないもんだから、あぶないといったらない。この人はなぜこんなにゆっくりしているのだろう、焦らないんだろう、なにせホッとさせてくれる、そんな先輩でしたね。

「村上の車イスをオレが押してたら、周りがちょっとびっくりするのかな」みたいな感じで、そのまま下北沢とかに遊びに行ったりもしましたよ。「オレが目」で、「アンタがエンジン」とか言ってね。

障問会のなかでは、点字とか手話とかを覚えるということもありましたけれども、結局ぼくは点字も手話も覚え切れなかった。だから、今泉さんとの年賀状のやり取りでも、ぼくは墨字で送って、向こうは点字で寄こした。それから「何て書いてあるんだよ〜」って、お互いに電話したりして聞きましたね。

〝手話も口話も〟のプレッシャーの下でろう学生と

村上　ぼくは、障問会の部長もやりましたから、幾人ものろうの学生が手話で話しかけてくるんですけれども、「ごめんね、手話はわからないんだ。だけれども口話でだったら、いいんだけど」って言うんですが、当時の手話の考え方はすごかったですね。声に出せるのに声に出さないで手話でばかり話す者たちがいっぱいだった。

障問会では、伝統的に学園祭で手話劇をやってきたんですが、三年になったとき、ぼくは自分で脚本を書いて、演出もやることになりました。当時のろう学生や障問会のイメージでは、手話劇とは、聴者もろう者も皆、無声で行うものだったんですけど、ぼくは、出せる声があるんだったら声も出して、いろんな学生が各自の持ってる力を出し合ってごちゃごちゃと演じ合うという図を描きました。これには経過があるんですが、「健聴」学生がこの手話劇に向けて手話を覚えさせられる伝統があって、ぼくも、一年生のときに先輩たちにしごかれましたよ。手の使えないぼくは手話ができない、しかも、声を出してはいけないでは、じゃあ、どう参加するんだ、一方的ではないか、これまでの伝統を打ち破って、お相子にしてみようと思い出したんです。いまになって思うんですけど、このような演劇を目指すならば、車イス学生は車イスから降りて、例えばいざってでも動くという発想があってよかったんですよね。

ぼくのやり方は、ろうの学生たちにはすごいプレッシャーになったようで、このとき、彼らの半分くらいは、障問会をやめていきました。彼らには、車イスに乗りっぱなしで演じようとしていたぼくが突かれていたのかもしれません。

伊藤さんというろう学生は、声を出してつながるということも大切かもしれないと迷いながら、今泉さんと一生懸命話していましたよね。指点字を使いながらね。

篠原　ああ、そうか。今泉君が手話で話して、彼女が声を出せば、やりとりができるんだけど、彼女の場合、ろう者のアイデンティティを守ろうとする一方で、彼の側に立とうとしたから指点字になったんだ。律儀な、いい感じだなぁ。

自分の考えを整理してくれたゼミ、その前提にあったサークル活動と仲間たち

篠原　ぼくのゼミでは、夏は青部セミナーハウスで、冬は御岳山（東京・青梅市）の宿坊・能保利で、それぞれ二泊三日の合宿をやってきたけれど、ある冬の御岳山でのこと、「見えない」大河内（対話10）が車イスに乗った村上を押して、急な坂を歩いていたし、大河内たちも一緒に、寄って集って君の巨体を風呂に入れていたよね。ぼくは、震える手で、メシを君の口に運んだけど、ぼくにしては不思議とこぼすことなく、メシは君の口に入ってくれて、自分でも感心していた。あのとき、村上は思いっきり口をでっかくあけて、メシの行き先を追ってくれたからなんだよね。これだけ世話されている君が、ゼミがはじまるやいなや論客になるんだよね。こんな風景をリアルに描写すると、すごく面白い絵になると思うなぁ。

村上　篠原さんにとって、村上健一をダイレクトに感じたのは御岳だったのでしょうけれども、ぼくは、演研の青部合宿でもっとすごい結構な扱いを受けていますからね。御岳の皆は優しいなと思いました。

あのときの議論が面白かったですね。佐々木さんが、自分史を語りながら、マズローの「自己実現論」を話すと、篠原さんがしつこく絡むんだよね。佐々木さんは、その付き合いに涙することがあると、桑江さんが「イヤらしい、イヤらしい」と言いながらちゃちゃを入れていた。しんどかったけれども、こんなにふうに、一人ひとりの発表に、二時間も三時間もかけて議論する、あの姿勢はもう贅沢で仕方なかったですよ。

社会はこうあってほしいなぁという自分の考えが、もやもやしながらもだんだんと芽生えてきたときに整理していってくれたのがゼミの連中でしたね。その整理ができていった前提には、障問会や演研のサークル活動があったりとか、しっかりと付き合ってくれて、どういうことなのだと問うてくる福田（対話12）だとかがいましたからね。

篠原　「障問試論」では、福田が「障害者＝不幸」論を批判しだして、君たちが絡んでいく議論（対話12）があったね。

村上　ありましたね。あのとき、ぼくは、福田が「自分も障害者で不幸だ」と言っているような気がして、そん

なに後ろ向きに考えていたら、だれもニコニコして寄ってこないよというふうに思っていたんですね。
　そのあと、彼とすごく付き合うなかで、山田も大澤もいたのですけれども、彼は、自分の不幸だった話とか希望が実現できなかった話とか絶対戻りたくないけれど親のことを考えると実家に戻らなきゃいけない話だとかを次々と聞かせるんですよ。ある日、「じゃあ、オレらも、お前のお母さんに手紙を書くよ」となったんですね。

篠原　で書いたの？

村上　書きましたよ。「福田は福田の人生だと思います。閉じ込めないでやってください。こっちで十二分でやっていけると思いますから」ってね。これは破られたらしいですけど。たしかに、そんなに簡単な問題ではなかったんですけど、ぼくたちは、友だちとして何ができるか、もう動くしかないとなって動いたんです。やはり熱かった時代ですね。

就活から逃げて「言葉」にすがったころだったけれど

村上　大学四年になって、何カ所かの会社を訪問したけれども、どこも、身辺自立ができることと、自主通勤ができるということが条件でしたね。「身辺自立」というところでは、じゃあ会社では小便は駄目なんだということで、以後、就活から逃げてしまいました。

篠原　それで、研究生になるんだ。

村上　先生に拾ってもらってね。あのときは、学部の卒論を詰めることをしたんですけど、「言葉」というところにすがっていたかもしれません。

篠原　「バリアーフリー社会の体験と思索」というタイトルだったけれど、ぼくも納得して、学部の紀要に載せたんだよね。(1) 当時、ユさん（同僚の教員）が編集委員をしていて、滅多に褒めない彼が、「なかなかの論文ですね」と言ってくれて、うれしかったなぁ。あの論文の反響はあったの？

村上　ありましたよ。障害を持っている人から「バリアフリー化」を問題にするというのはすごく面白いし刺激的だって言われた。一、二年の間は、何カ所かで講演に呼んでくれて十万円くらいの収入はありましたよ。

お世話になってきた要倉さんからお声が掛かって

篠原　そのころ、要倉《かなめ》さんたちからお声が掛かるんでしょう？

村上　そうです。

［要倉大三さんは、七〇年代後半から八〇年代前半

にかけて、町田市立金井小学校で校長をしていて、その立場から、地域の学校は、そこに住むどの子も引き受けるべきだと広言して、共鳴する教職員と一緒に、「共に学ぶ学校」を模索していたが、[2] ぼくは、要倉さんの思いに共鳴して、一九八〇年秋、同校で「教育実習」をさせてもらっている。[3] 一方、同市の住人、村上君親子は、小学校入学時（一九八三年）、要倉さんに親身に相談に乗ってもらっている。そんなわけで、彼もぼくも、要倉さんをずっと敬愛してきた。」

篠原　要倉さんは何をはじめたかったの？

村上　要倉さんは、校長を辞めてから、一時、教育委員会の仕事をされていましたけど、まもなくして「知的障害」者の福祉作業所の施設長を引き受けられましたね。でも、その仕事に行き詰まりを感じていたらしいんです。ここでは、彼らは、毎日三時には帰宅しなくてはならないのだけれど、むしろ大切なのはそのあとの余暇の部分ではないかと考えたようですね。その意味で、障害を持った人の一時預かりやショートステイもやりたかったのでしょうし、親御さんにも参加してもらえるようなお店もやりたかっただろうしと、そんないろいろな思いがあったようですよ。

篠原　それで、ここ「ひまつぶしdeすぷーん」が開かれるのね？　実際には、どんなことをはじめるんですか。

村上　「レスパイト」と言って、親御さんがひと休みをしたいとか用事があるときとかに、障害を持った人を一時的に預かる事業です。

そして、いま、村上君は仲間と一緒に、町田市で、ここ「ひまつぶしdeすぷーん」をNPO法人化して、行政からの委託事業としての「ガイドヘルプ」および「ホームヘルプ」という派遣事業をしている。前者は、障害者を街中に連れ出すことで、後者は、障害者の家事及び身体の介護をすることだが、もう一つ、「レスパイト」も続けている。が、「レスパイト」では、行政からの財政支援を受けられないということもあって、経営上からは、この二つの派遣事業が軸になっている。

「地域で生きるために」活動のなかの幾重もの矛盾に留まって

篠原　「障害」児・者が収容施設ではなくて、地域で生きるときの現実的工夫として、このような事業が「障害」児・者側からも行政側からも成立してくることには、一応納得する他ないと思うのだけれど、一方で、彼らの具体的な暮らしのあり方から言うと、このようなサービス事業を介して、「健常」児・者側と「障害」児・者が改めて分けられていくという矛盾にぶつかると思うんだけれど……。

村上　ぼくのなかでは、演研や障問会などの活動やゼミでの様々な出会いや体験が大きかった分だけ、ここで感じている矛盾は深刻ですね。たしかに、ここは、親の切実なリアリティに付き合っているんですが、例えば、ここで障害をもった子どもたちを預かることで、それまでは公園で他の子どもたちと普通に遊べていたのに、それをできなくさせてしまっているんですね。そして、ぼくらスタッフは、実際に障害をもった子たちと関わっていくわけだけど、それは、たしかにお互いに楽しいことなんですが、逆に、地域のなかでの普通の遊びの世界から子どもたちを引き離してしまっていることになるんですね。

もっと言うと、残念ながら、どんどん「健常」児の親と「障害」児の親は分かれてきているし、「障害」児の親たちは、うちの子にはどういうサービスがあるのか、受けられるのか、といった具合に権利意識に取り囲まれて、そこにすがってきているように思うんです。地域のなかで、周囲に頼んでいく、周囲が頼まれていく緊張感がなくなっていくことと並行して、ぼくらのビジネスが成り立っているところがあって、ぼくは面白くないですね。

あるときまでの村上君の語りは、ぼくにはそうだったが、読者にも通して楽しく面白かったのではなかろうか。自分の「障害」を周囲の人々のなかへさらし、頼み、頼まれる関係を普段に幾重にも築きながら、楽観的にゴチャゴチャ生きてしまおうとする、ダイナミックでチャレンジングな生きるスタイルに担保されているからと思われる。

しかしながら、彼が、現在の仕事を語るとき、その口調は重く澱んでくる。彼は、この活動が「障害」児・者側が街中で生きるためのリアルな仕事であると認識しながらも、そのことによって、「街中での隔離・分断」という新たに生み出されてくる、もう一つのリアリティに直面せざるを得なくなっているからである。したがって、彼は、そのときまでの語りのなかでは発することのなかった「面白くないですね」というセリフを吐いている。

ところで、彼は、ここで、〝まあまあ一人前の〟サラリーマンになれている。このリアルな事情は、（彼がボソリと語った）「面白くない」職場に留まっている理由の一つであるに違いない。ぼくは、村上君がこれらいくつもの矛盾に留まって、そこでも体験している、人々との楽しみに慰められながら、これらを解くカギをなんとか見つけてほしいと願ってやまない。（二〇〇八年七月十日 NPO法人「ひまつぶしdeすぷーん」にて）

（1）村上・篠原「バリアフリー社会の体験と思索」『エスキス 九九』人文学部・人間関係学部紀要・別冊 一七〇～一八七。

（2）要倉『ひびきあう子どもたち――教育の原姿を求めて』現代書館 一九八四

（3）篠原「ぼくの〝教育実習〟日記・五年一組」『ゆきわたり』九五号（一九八〇・一二）――九九号（一九八一・〇三）

〈対話14〉渡邊健さんと振り返る

口話、手話、そして電子化を考える

入学後、半期で手話を覚えて

渡邊健《わたなべけん》君は、一九九六年春、人間関係学科に入学した。当時は、まだよくある場合だったが、和光学園の小、中、高と進んで、同じ学園の大学に入ってきた。「耳の聞こえない」者たちで言えば、同様なコースを経て、三人がいた。このほかに、二人がろう学校から、二人が普通高校の出身だった。渡邊君は、「ぼくのころは賑やかだった」と振り返っている。

入学時、彼は、指文字程度はできたが、手話はできなかった。上記七人の内、四人までは、彼と同様の状態だった。入学早々、深海久美子先生（旧姓・西村　本書対話者、鈴木君、兵藤君の同期）担当の「手話の世界」（当時、人間関係学科専門科目）を受講しながら、同期や先輩の「聞こえない」人たちと主として手話を介しておしゃべりをしていた。こうして、「夏休みぐらいまでには大体ひと通りの手話を覚えた」とのことである。

ノートテイカー不足の下で

以上でわかるように、渡邊君は、高校まで、読唇・口話を中心に、そして筆談で補いながら、授業を受けてきたし日常生活を送ってきた。その分、大学の授業でも苦労をした。

渡邊　ゼミだったら、ある程度はお互いに勝手を知っているからだいたいわかるのですが、普段の講義はやはり先生の話が速いからノートテイクがないとわからないんですよ。先生が多数を相手にしゃべりっぱなしだと、ちゃんとしたノートテイカーがほしかったですね。

ぼくらのころは、全学でろう学生が十五人くらいは常時いましたから、ノートテイカーが足りなくなり、一人に一コマつくのが精一杯でした。

［ノートテイクのシステム化をめぐっては、八〇年代後半、主としてぼくもかかわって「障懇」で議論されだしたが、学生生活主任などとしてぼくも一緒に考えていた。また、八〇年代を通して、「障問試論」では、授業に情報保障制度を導入してはならない、お互いが配慮し合うことが必要だという意見と、手話通訳導入も含んだ制度化は実施されなくてはならないという意見がしつこく交差して議論と試行が続いた。前者の意見は、手話、口話、板書、ノートテイクなど、お互いの得手、不得手を活用しながら、臨機応変にやりとりしていこうというもので、その実践は性懲りもなく数年にわたって試行されている。

九〇年代当初になって、この制度は発足した。このとき、ぼくは学生生活部長をしていたが、ぼくも、お互いが工夫し合うことのリアリティに惹かれつつも、ろう者の切実なシステム化要求との妥協点を探していた。そのような模索の中で、学生生活課が窓口になって、「健聴」学生の申し出を待ち、当該学生は、ろう学生を中心とした講習を受けつつ、ノートテイカーのプールに登録されることになった。そして、ゼミなど、小さな教室での授業は、従来どおり、お互いのやり繰りでやっていくことを呼び掛けつつ、大人数の講義を中心に、一、二年生は三コマ、三、四年生は二コマまで利用することができることとした。］

篠原　渡邊君はノートテイカーをどんな授業で頼んだのですか。

渡邊　主に一般教養。ぼくは一年のとき英語を取ったのですが、学生のノートテイカーが足りず、同級生の伊藤さん（ろう学生）のお母さんが手話通訳やノートテイクをしてくれましたね。ぼくと伊藤さんと、あと一、二人が一緒でした。

篠原　手話通訳もノーテイクもない授業はどうしていたの？

渡邊　サークルの先輩とかにノートを見せてもらいました。先生の話がわからなくてもノートを見れば大体のことがわかりました。その代わり、ぼくがノートテイクしてもらった講義ノートを見せてあげたりと、融通しあいました。

手話にこだわっていなかったけど手話通訳はありがたかった

篠原　ぼくの授業には、どんなふうに出ていたっけ？

渡邊　プロゼミ、「手話・点字」、「障問試論」、そして、ゼミと出ましたよ。

篠原　「手話・点字」やゼミで一緒だったという記憶はあるんだけど。「手話・点字」では、どんなことがあったっけ？

渡邊　それまでぼくは、手話があることは知っていましたけれども、手話の奥深さとかを具体的にはまだ知らなかった。点字はあることさえ知らなかったし、どうやって打つかもわからなかった。実際に打ったら、そのまま読めると思っていた。あとから考えれば当たり前なんだけど、「視覚障害」者は紙を裏返して、凸面を読むんですよね。あと、盲ろうの学生の話は勉強になりましたね。

篠原　彼は、全盲で難聴、そして、足を引きずって歩いていた学生だったね。

渡邊　あのころ、ろうの学生たち二、三人が、彼に「盲ろう者でも手話を使え」って迫っていたので、彼はかなり悩んだという話を聞きましたね。あのとき、篠原先生は、多分そのへんのことをみんなに考えてもらいたくて、話してもらったと思うんですよ。

篠原　彼が、そのへんの悩みを語ったのは覚えていないけれど、彼は、もともと見えなくて、次第に聞こえなくなっている状態だったと思う。大声を出すと、何とか聞こえてはいたんだよね。手話を勉強する余裕はなかったろうね。

渡邊　ぼくは手話にあまりこだわっていなかった。さっきも話したように、もともと手話ができませんでしたからね。手話ができる人に対しては手話で話すし、そうでなければ筆談とか口話でコミュニケーションしていました。先生のゼミに入ったときは、手話のできる大澤さんや飪冨さんとかが手話通訳をしてくれました。

［本書では、五人の「聞こえない」者たちと対話している。彼とだけは、口話・読唇で、聞きづらいところは近くの黒板や手元のメモ用紙に書きあって進めた。ぼくは、彼の場合も、もはや手話通訳を入れたほうが便利であると認識していたが、彼は、あえて、昔からの流儀に付き合ってくれたことになる。］

ゼミには、いろいろな障害を持った人たちがいて

篠原　なるほど。あそこのゼミで、議論しあったり合宿

に行ったりということがあったけれども、渡邊君にとってゼミというのはどんな体験だったのかなぁ。

渡邊　先生がいつもおっしゃっているせめぎ合いがあったのではないですか。

篠原　どういうふうに？

渡邊　世間で言う優しい人たちかどうかはわからないけれども、やはり居心地がいい場所でしたね。ぼくがゼミにいたときは、自分で言うのもなんだけれども、いろんな障害をもっている人たちが多かった。車イスに乗っていた村上君（対話13）とか五十嵐さん、車イスでいつもお母さんが付いていた鈴木君。そして、ぼくは聞こえないし、あと、知的障害の女の子もいましたね。

篠原　彼女は山口さんと言うんだけど聴講生だった（対話10）。そして、「見えない」大河内君（対話10）がまだ研究生で出入りしていたんじゃないかなぁ。

渡邊　いましたね。大河内さんは手話を使っていたし、ぼくは声を出して話していたので、彼も大体はわかってくれたみたいで、あまり普段は困らなかった。だから、そういういろいろな人が本当にごちゃまぜになって、議論に入れるかどうかは別にして、そこに誰がいてもいいという雰囲気があったから、優しいと思いましたね。

篠原　ゼミ合宿をやったのだけれども、そのときのことでは、どんなことがありましたか。

渡邊　そうですね。本当に夜遅くまでやったではないですか。そこまでやるのかよと思いましたね。

篠原　ハハハ。それでも、ぼくはあくる日の体力を考えて、十二時までには終わろうと心掛けていたけどね。君たちは、それから徹夜で飲み明かすのだから、翌日の午前中は、話しているのはぼくとリポーターだけで、あとの人たちはしっかり眠っているということもよくあったなぁ。

渡邊　ぼくはいいのですけれども、手話ができる人が大澤さんと飪冨さんの二人しかいなくて、本当にずっと替わり番こでやってくれたから、ちょっと大変で悪いなと思いましたね。たしかに、ぼくも手話を読むのに疲れますけれども、それ以上に、手話をやってくれる二人のほうが大変だなと。

篠原　でも、それのほうがあなたにとっては便利だったわけでしょ。

渡邊　そうですね。本当に手話通訳してくれたおかげで議論がよくわかった。

篠原　逆に、聞きながらあなたが反論したくなったり意見を言いたくなったりするのだけれども、話がどんどん先に進んじゃって、返しきれなかった体験はあったのでしょ？

渡邊　それはありますよ。やはり手話だとワンクッション遅れますからね。手話が終わってから話そうと思っても、周りがポンポンと話が続くとなかなか入り込めないというのはあります。たまたま皆が黙っているときだったらOKだけれども。

篠原　先日、小野君と話したんだけど（対話15）、ぼくらは手話通訳を介して話したのね。彼との約束で、三十分ほど話して五分休み、そして四ラウンド、合わせて約二時間半話した。このスタイルは、議論する双方にとって適当かつ快適と思ったけれど、特に手話通訳者に配慮したやり方だと思った。あれから十年近く経った今頃、そんなことを言っても後の祭りだけれど、大澤さん、飪富さんには、改めて、疲れただろうなぁ、ありがとうございましたと言いたい気持ちだなぁ。

「学ぶ権利」を主張して全国をまわる

篠原　当時の授業の様子を話してもらったけれど、今度は、学生同士の関係についてしゃべってくれますか。

渡邊　大学にいる間、授業よりは学生同士の生活のほうが多かったたって言ったほうがいいかもしれない。ゼミのことはまだ印象に残っていますけれども。

篠原　渡邊君にとって、学生同士のことででかい体験というと何ですか。

渡邊　ぼくの場合、和光大学のなかに留まらないで、大学一年のときから先輩に誘われて、「関東聴覚障害学生懇談会」という団体で活動をはじめました。ぼくは関東の責任者をやるようになって、あと全国のほうも役員になりました。だから、そっちのほうが忙しくて、大学での勉強はそっちのけだったというのが本当の話。

篠原　そこではどんな活動をしたの？

渡邊　「学生の集い」というのがありまして、夏に一回、冬に一回、夏はだいたい百人規模、冬は三十人くらいで、それを全国各地で持ち回りでやるんですが、準備や実行委員会のために一年に二、三回は北海道に行ったり九州に行ったりとかしました。

篠原　なるほどね。そこではどんな議論があったんですか。

渡邊　やはり中心は講義保障のことですね。「聴く権利」と「学ぶ権利」を保障してほしいということですね。

篠原　「聴く権利」って、「聴講」するという権利ということだと思うんだけれど、ろう者が「視る」を「聴く」に置き換えて主張した論理は何だったんですか。

渡邊　「耳が聞こえる」聴者は、視る権利と言われても何のことかわからない。むしろ、聴く権利として、聴者と同じようには講義を聴くことができない私たちがいることを知ってもらいたかったんですね。

篠原　なるほど。それは具体的にはノートテイキングとか手話通訳とかを学校側のシステムとして入れさせていくということ？

渡邊　そうですね。いまでこそ、いろんな大学がサポートセンターを作ったとかの話を聞きますけれど、ぼくらの頃は、和光にノートテイク制度があるのがやっとといった感じで、なかでも、ぼくらの大学には、「聞こえない」学生が沢山いて、この制度もありましたから、他の大学の学生からの関心がありましたね。どうすればノートテイクを付けてもらえるかとか、ろう学生がたくさん集まるには何が必要かとか、そういう話し合いをしました。

篠原　二つ、質問があるんだけど、一つ目は、ろう学生自身が、自分たちの大学にろう学生を沢山集めたいと思ったのはどうしてですか。そのために、どんなことをしたんですか。二つ目は、情報保障の制度化は、あなた自身も体験した、やり繰りしながら学び合うという模索とは矛盾することがあるし、やり繰りを放棄していくということがあると思うけれど、このあたりについては、いま、どんなふうに考えていますか。

渡邊　ろう学生が一人だけでは、「情報に乏しい」のと大学に働きかける力が弱いので、全国的な組織、全日本ろう学生懇談会では三本柱の一つに「独りぼっちのろう学生をなくそう」があって、情報の交換や提供をしました。具体的には全国各地の大学の情報保障制度の現状を調査して報告書をまとめました。この調査報告は当時の筑波技術短期大学に関心を持たれて、ぼくが教授たちの前で講演したこともありました。ぼく自身、ノートテーカー不足に悩まされて、ノートテーカー募集のチラシを作って配ったり説明会を学生の手で開いたり、いろいろとやりましたが大変でした。聴者の協力がなければ成り立たない制度ですから、ろう学生側の努力が重要ですね。そういう意味ではやり繰りを放棄するどころではありませんでした。

篠原　そうかぁ。聴学生とのせめぎ合い、やり繰りのなかで、やっとのことでこの制度が成り立っていたんだ。ところが、いま、聴学生もろう学生も、この制度は既成事実と思い込んでいるから、前者はこの制度任せ、後者は受身的利用者になってしまっていると思うなあ。

手話の習得は生活のなかでかろう教育でか

篠原　ちょっと理屈っぽいことを聞きたいのだけれども、

渡邊君の場合には、手話をろう学校教育で学ぶとか特別な訓練を受けるとかということをしないで、ろう者同士が付き合って自然に身に付けてきて、結果的には、ろう者同士がしゃべる場合には手話のほうが便利であるとか、あるいは手話通訳が入ると話がわかりやすいとかいうことだよね。

それで、聞きたいのは、「そういうふうに手話は自然な関係の中で必要に応じて身に付けていくべきだ」という考え方と、「いや、そうではなくて、ろう者の母語なのだから、手話はきちんと学校教育で学ぶべきである」という考え方の二つがあると思うのだけれども、渡邊君は、このあたり、どのように考えますか。

渡邊　ぼくにとって、手話は学校で教えている英語と同じと思っている。英語も、「聞こえない」人でも「聞こえる」人でも覚えたほうが便利な場合もあるけれど、要らない場合もあると思うんですね。でも、生活のなかで目に触れる英語はやはりその意味がわからないと困ると思うので、ちょっと覚えていれば助かると思います。それで、もっと知りたかったらもっと勉強すればいいだけの話です。手話も、それと同じで、やはりきっかけという意味では、指文字とか簡単な手話くらいは覚えておいても損はないと思います。もっと言えば、「そのくらいは教えてほしい」って思いますね。

篠原　ぼくは、「聞こえない」者が手話をどんな場所でどんな方法で学んだほうがいいかと聞いたつもりだけれど、あなたは、いま、「聞こえる」側は、必要に応じて、気楽に手話を覚えればいいと言っているように聞いたんだけど、誤解しているかなぁ。「聞こえない」者の手話も同じことですか。

渡邊　「聞こえない」人の聞こえの程度は、人それぞれですから、手話の習得を強制できないと思います。「聞こえない」人がすべて、ろう学校へ通う訳でもないし、普通学校でも入門的な手話学習をしているところもあります。せっかく学習しても「聞こえない」人も「聞こえる」人も使わなければ忘れますから、本人のニーズ次第ですね。そもそもろう学校で、きちんと手話を教えられる教員が確保できるのかどうか難しいと思いますよ。

篠原　小野君などは、大学の授業などで高度に抽象的な言葉を使って物を考え表現していく場合には、自分たちの母語である手話をちゃんと使っていく必要があると言っているよね（対話15）。つまりそういうふうに考えたときには、そのための手話は、やはりろう学校教育を通してきちんと自分たちの言語として勉強すべきであるとなると思うんだけど、そのへんはどうですか。

渡邊　普段、付き合っている人のなかには、「聞こえる」人も「聞こえない」人もいるんだけれど、ぼくはそんななかで手話で話しながら、同時に声も出しています。たぶん「聞こえる」人は、ぼくの肉声を主に聞いていると思うし、「聞こえない」人は、手話を主に見ていると思うんですね。だから、「聞こえる」人も「聞こえない」人もいるときに、ぼくの言いたいことをちゃんと伝えたいと思ったら、肉声に加えて、手話も使ったほうがよいと考えています。

篠原　とすると、渡邊君の場合、肉声で話すか手話でかは、相手がだれかによって自ずと決まってくると言うんだね。そして、あなたの場合、成育史的に言っても「健聴」者中心の学校教育から言っても、日本語から出発しているし、それが前提になっていると考えていいのかなぁ。お父さんは途中から難聴になられたとうかがっているけれど、ご両親とは、いまでも口話と筆談でしょ。

渡邊　そうですね。日本語を先に習得したということもあって、ぼくは肉声で話すことに抵抗はありませんから。

手話を教えるべきかどうかという話なのですが、いま、各地域で手話講習会というのがあります。手話講習会では、初級・中級・上級と三年間やるのですが、それを覚えるとだいたい一通りの手話は勉強できるようになっています。ただ、そこには高校生以上でないと入れないところが多いのですよ。

篠原　この種の講習会は、「健聴」者のためということだからですか。

渡邊　そうです。「聞こえる」人たちはそれまで覚えられなくてもあまり困らないと思うんですけど、でも逆に、「聞こえない」人たちは高校生まで覚えられないというのはかなり酷かなと思いますね。いま、小さいときに聞こえなくなった人が手話を勉強したいと思っても、手話を教えてくれるところがあまりないのですよ。

篠原　とすると、渡邊君も、やはり小さいときから手話を教えてくれるところがあったらよかったと思うわけね。

渡邊　手話を早くから覚えると、今度は、周りと手話で話せるようになるから、もっと自分の世界が広がっていくと思いますね。

篠原　渡邊君の場合、小学校からずっと和光学園だよね。とすると、そこへ、あるいは、それと並行して、手話教育があったほうがよかったと考えるんですか、それとも、ろう学校での早期教育が必要だったと思うんですか。ただし、ろう学校が手話教育を本格的に実施していることが前提だけれどね。

渡邊　ろう学校でも、子どもたちは手話を使っていますよ。先生は手話で教えるだけで、手話そのものを教えていませんけれどもね。手話を教えるということは、専門知識や技術が必要ですから、手話ができる人なら誰でもできるわけじゃない。学校のなかでやるよりは、せめて各県に一つくらいは、小学生・中学生向けの手話講習会があってもいいと思う。「聞こえない」子どもが中心だけど、その兄弟姉妹で「聞こえる」子どもも一緒に学べるといいなぁと思う。

篠原　子どものころに、地域で「聞こえる」者と「聞こえない」者とが一緒に学ぶ手話講習会のイメージ、素敵だなぁ。

コンビニのシステム開発に関わることから

篠原　卒業は丁度二〇〇〇年だよね。そのあと、どんなふうに職業生活をしてきたんですか。

渡邊　ぼくは、大学にいたときは、都道府県とか政令指定都市ごとにある「聴覚障害」者の情報提供施設で働きたいなと思っていたんです。

篠原　そこはどんなことをするんですか。

渡邊　「聴覚障害」者の相談にのったり、ビデオに字幕を付けたりします。ところが、ぼくは学生で、そういう経験がないから無理だと言われて、二月になって慌てて一般企業を探しだした。三月の頭くらいの合同面接会で、ある会社に声を掛けてもらって、書類を送ったらすぐに面接になり、卒業式のあとにやっと入社が決まった。

篠原　その会社はどんな会社なの。

渡邊　システムエンジニアの会社で、そこで四年間、ローソンのシステム開発・保守をした。コンビニは二四時間営業ですから、ほかの部署に比べてすごく忙しかった。例えば夜中の二時とか三時に、システムのトラブルが発生すると電話がかかってくる。少しでも速く直さないとえらいことになりますからね。例えば、売り上げの計算とかいろいろなシステムがあるんだけれど、その内のどれか一つが止まっちゃうと、ほかのシステムにも影響が出てきますからね。

篠原　それがうまくいかなくなったときには、あなた方が応援に入るわけね。

渡邊　応援というよりも、自分が担当したシステムは自分で最後まで面倒を見ろというわけです。

篠原　その仕事はどんなふうに面白かったんですか。

渡邊　コンビニのシステム開発に関わって、新しい仕事を任されて、新サービスをコンビニで提供できるようになったとき、「これは渡邊が作りました」とは知られないけれど、実際にはぼくが作ったということで、自分のなかでは誇りがありましたね。

篠原　四年で辞めたのは？

渡邊　ぼくが運転中、車で後ろからぶつけられたのですよ。そのときに首を痛めちゃって、いまでも首に後遺症がある。だから、いまもそうなのだけれども、朝から晩までずっとパソコンを打ちっぱなしだと肩や腕に痛みが出てきて、仕事が続けられなくなった。そのことを会社と相談したのだけれども、九九％くらいがシステムエンジニアの会社だから、ほかの部署にかわれなかったんですね。

　ここで、四年間働いたあと、今度は小平市にある東京障害者職業能力開発校に入った。そこでビジネス経理を勉強するんですが、幅広く簿記やパソコン、あとは社会保険とか。そのとき、ＮＥＣのグループ会社のほうに就職が決まった。

篠原　そこではどんなことをやったの。

渡邊　以前にコンビニのシステムの開発・保守をやっていたということで、そこでも給料計算とか人事関係のシステムのことをやってみないかと言われて……。

篠原　それのプログラミングを作るのね。そういう点では、その前の仕事とつながっているんだ。その仕事はいまでも続いているんですね。

いま、「聞こえない」側に立ったリレーサービス会社を起ち上げる

渡邊　いまは、また別の仕事をはじめています。実は「聞こえない」者たちにとって限界かなと思うことがあるんですね。例えば、クレジットカードを申し込むと電話で確認がくる。ぼくは耳が聞こえないから電話はできませんと書いて申し込むと、それならお断りしますと言われます。

　いまはファックス可のところもあるんですが、まだまだ電話中心です。ぼくら「聞こえない」者の場合、それで終わりじゃ困るから、そうならないように、例えば、本人確認をしたい会社と本人の間に入って、テレビ画面を通して手話で通訳する方法で電話リレーサービスをする会社を作りました。まだ日本では本格的な事業ははじまっていないのですけれど、アメリカではかなり進んでいます。

篠原　これは「聞こえない」人ばかりではじめたの？

渡邊　全部で五人ですが、ほとんどそうです。

篠原　（名刺を読みながら）「ジャパン・サイナー・サービス合同会社」。あなたが副社長なんだぁ。

渡邊　肩書きは自分たちで作れますからね（笑）。来週

の九月十日からアメリカに行って、リレーサービス会社の見学をしてきます。

篠原　これは、「聞こえない」人が「聞こえる」人たちの沢山いる社会に入っていく有効な方法と考えていいかなぁ。

渡邊　そうですね。すでに「聞こえる」側の立場で作った会社はあるんですけど。

篠原　「聞こえる」側の立場でリレーサービスする場合と「聞こえない」人の立場でする場合で、どういうふうに違うのですか。

渡邊　例えば、「聞こえる」側の発想だと、手話をメインにする場合、画面上で、お互いの顔や手話が見られれば、それでいいと思ってしまう。でもぼくたちは、そうではなくて、お互いの手話が滑らかでなくてはならないし、きちんと話ができるくらいに見えなくちゃ意味がないと考えるんですが、そういうところはやはりずれていますね。

篠原　リレーサービスの中心は主に手話ですか。

渡邊　手話だけではないのだけれども、いまの技術ではまだ文字か手話かどっちかしかできない。でも、ぼくたちは画面があって下の方に文字も打ちながら、手話で話せるようにしたい。つまり、一つの手段だけではなくて、いろいろな方法でコミュニケーションができるようにね。

篠原　まだ十分に理解できていないかもしれないのだけれども、そうすると、そういう画面というかパソコンみたいなものを使わないで、手話通訳者が真ん中に生のままでいればつながるのではないかというふうに、ぼくなどは思うのだけれども、それとは違うの？

渡邊　その方法ももちろんありますね。ただその場合はあらかじめどちらかが手話通訳を用意しなければいけない。でも、手話通訳も、いつも一緒にいるわけではないから、いますぐ用事があるときには、それでは、やはり困るではないですか。

篠原　そうすると、例えば渡邊君とぼくとが「さあ、困った」と言ったときに、サービス会社に連絡入れると、ここに画面がポンと入って、そこが通訳の仕事をやってくれたり書いてくれたりノートテイキングしてくれたりと、そういうことをするわけね。そんなふうに、全国各地にネットを張ろうというわけだ。

渡邊　そうそう。

篠原　この事業で、儲かる展望とか可能性はどんなふうにありそうですか。

渡邊　ぼくは儲けようとは考えていません。だれかがやらなくちゃいけないと思っているんです。

篠原　サービス会社にお金はだれが払うのですか。

渡邊　基本的には電話と同じように、例えば三分十円とかいう通信料だけで済ませたいんです。

篠原　それは福祉サービスでもあるので国の補助も、って考えているわけ？

渡邊　公共サービスだと思っています。警察の一一〇番や消防の一一九番とか、ないと生活に困るものの位置付けにしてほしいと思っている。

篠原　うまく展開するといいね。

渡邊　アメリカでは国の支援により、無料でリレーサービスを受けられますが、一方でリレーサービス会社同士の競争も激しいです。リレーサービスに必要な機器、テレビ電話も国の支援により、リレーサービス会社を通じて無料で使えます。これが日米の大きな違いですが、テレビ電話の技術に関しては、日本の場合は携帯電話で使うことができるので、技術面では日本のほうが優れています。しかし、携帯電話の料金は従量制です。そこに着目して、いつでもどこでもいくらでも使えるテレビ電話を日本に広められるよう、着々と準備を進めています。

電子化社会のバリアフリー化を検証するという宿題

渡邊君は、上記の職業としての仕事のほかに、聴覚障害児の早期教育をしている「聴覚障害児と共に歩む会・トライアングル」の会長として活躍している。この会は、「聞こえない」人たちの「本人部会」、「聞こえない」子どもを持つ両親の「両親部会」、様々な専門家が集まる「専門家部会」の三部会から構成されているが、その主なる仕事は、すぐれて臨床的で、親の相談にのり、子どもの発音訓練をし、親のための手話講習会も企画している。

こうして、職業としても運動としても、彼は、「聞こえない」者同士や、「聞こえない」者と「聞こえる」者のコミュニケーションをどのように作っていくかに集中しているように思われた。彼の場合、今日的状況では電子化が大きな貢献をすると期待している。

ぼくは、渡邊君の話を聞きながら、電子化社会の現実のなかで、その知識・技術を活用したバリアフリー化が進行している事実を改めて確認した。本書では、各処で、バリアフリー化の問題・課題を考えてきたが、彼との対話でも、そのための電子化ということについて、そのことを問題化し、課題化する必要があると思った。

その思索に先んじる原像は、「生身の人間同士の肌身の関係」にあるのではないかと思えてならないが、自信があるわけではない。目と目を合わせ、両手・十本の指を動かし、折々の表情に納得したり戸惑ったりする手話の世界、さらには、口と顔面を使い、そして手振り、身振りもして、相手の目に訴える口話・読唇の世界もまた、その原点的関係であると想い描かれてくる。このあたりについては、渡邊君とも改めて語らってみたい。(二〇〇八年九月五日　篠原研究室にて)

〈対話15〉小野広祐さんと考える

口話を拒否して手話中心でシャバに生きる

平行線で終わった前回の〈対論〉を越える為に

小野《おの》広祐《こうすけ》君は、一九九九年度の「手話・点字」を受講している。このとき、彼は人間関係学科二年生で、この授業における「手話の実習」セクションでリーダーシップを取ってくれたし、「手話の魅力」という問題提起をしてくれた。このとき、小野君は、「日本語対応手話」を批判しながら、「日本手話」はろう者の母語であって、ろう文化の軸にあり、その習得によって、ろう者のアイデンティティを形成しようと呼び掛けた「ろう文化宣言」（一九九五年）に共鳴して、そのことを語ったのだ。[1]

なお、ぼくの理解で言えば、「日本語対応手話」とは、「健聴」者中心の日本語の語彙、語順に対応して翻訳された手話で、「日本手話」とは、ろう者社会のなかで、ろう者同士が培ってきた、独自の言語体系をもった「見る」言語である。

さて、彼は、この問題提起のとき、キャンパス内で付き合いのある「健聴」学生の手話通訳付きで話したが、普段は口話や筆談でも話をしていた。三年になると、彼は、誰に対しても声を出すことを止め、口話を拒否して、手話、手話通訳、そして筆談のいずれかで話しだした。

ぼくは戸惑った。そのなかで、お互いは、「日本手話・ろう文化・ろう学校をめぐって」対論をしているが、このとき、お互いの意見は交わることなく平行線で終わっている。[2]

ぼくは、当時、パソコンを使っておらず、メールの使用には縁がなかったので、〈対論〉するためにファックスでのやり取りを提案して、彼には、その仕方に付き合ってもらった。ぼくは、手話で話す小野君と手話のできないぼくがコミュニケーションするためには、こんなやり繰りも仕方がないではないかと思ったし、小野君には、「読唇・口話」を相当程度に身に付けてしまっているのだから、それも使ってもらえないかとお願いしている。もちろん、彼は同意しなかった。そして、この〈対論〉を「筆談もいいですが、手話にもう一度挑戦してくださいい」と締めくくっている。

その後、ぼくは、彼の要請に応えられないままである。だから、再び、〈対論〉することに忸怩たる思いがあった。でも、あれから八年の歳月が経った。いま、再び、お互いは、「聞こえる」者中心の社会における「聞こえる」者と「聞こえない」者のコミュニケーションをどのように考えるか体験しているかを振り返ってみたくなった。さらに言えば、ぼくは、「日本手話」に対する理解を深める必要があるのではないかと思うようになっていた。

小野君は快諾してくれた。そして、このたびは、和光の卒業生で、小野君の通訳を折々にしてきたプロの通訳者、荒井美香さんに、二人の間に入っていただいた。こうして、彼は、思う存分日本手話で、ぼくは普段通り日本語で話した。

両親の厳しい訓練で川本口話賞まで

篠原　あなたに対する口話教育はどんなふうにはじまるんですか。

小野　ぼくの両親は、四、五歳まで、ぼくが聞こえていないのではないかと思いながらも医者の診断は受けておらず、そのころになって、やっと大学病院に行って、わかったんですね。それで、ろう学校幼稚部の第三年目に入るんですが、先生には「息子さんは（口話の習得には）手遅れです」と言われたようですよ。

両親は、それを取り返さなければいけないということで、家では非常に厳しい口話訓練がはじまりました。父は音楽家なんですが、父には、小学部一年から六年まで毎週土曜日に、必ずピアノの練習と発音の訓練をさせられていました。その訓練のときは、お父さんではなくて「先生」と呼ばなきゃいけなかった。家のなかでも、手話は使っちゃいけないと言われて、口話だけで会話していました。すごい努力をしてというか厳しい訓練に耐えたために口話が上手くなったんだと思いますね。

篠原　ぼくは、君の学生時代、読唇も口話も見事なんで、音声言語をある程度身に付けてから失聴したのかなと思っていたんだよね。

小野　川本口話賞という、全国から選ばれた口話の上手い学生に与えられる賞があるんですが、実は中等部のときに、それを受けています。

篠原　なるほど、そういう賞があるんだ。川本宇之助は、戦後のろう学校教育を口話教育中心に推進してきたろう教育界の大御所だった人だよね。

高校生のとき言語である日本手話に目覚める

小野　でも、ぼくの場合、口話への疑問は高等部に進むとまもなく生まれてきました。中等部までは、都立杉並ろう学校だったんですが、高等部からは都立大田ろう学校に行きました。そこには、いろんなところからいろんな生徒が来ていて、例えば、インテグレーションしていた（普通学校に通っていた）生徒で戻って来た人もいましたし、反対に手話も上手いし頭もいいし考えもしっかりしている、ろう学校教育を受け続けてきた人もいました。後者の彼は、政治のこと、スポーツのこと、何でも手話で話せるんですね。ぼくはと言えば、ろう学校の先輩を見習って手話自体は使っていたんですが、簡単な会話程度でした。それまで手話は猿真似みたいなもので、使ってはいけないものと言われてきたんですけど、その彼は、手話を自分たちの言語として理解していたんですね。だから、非常にいろんな刺激がありました。

先生たちは、口話の上手い生徒は頭がいい、勉強ができると見ていましたが、ぼくから見るとそれは違うのではと思いました。ある先生から「川本口話賞というのは頭がいい人が貰うんだよ」と言われたんですが、「口話が上手い＝頭がいい」ことなのかなぁと疑問を持ちはじめました。

篠原　口話への疑問は高校生になるや早くも持ち出すんだぁ。

小野　高校二年生になったとき、木村晴美さんの講演に友人の誘いで参加したんです。

篠原　木村さんって、九〇年代半ばに「ろう文化宣言」を起草したひとだよね[1]。

小野　そうです。そこで初めて、ろう文化が存在するとか手話は言語であるとかいった講演を聞きました。当時は言語とは何かと話されてもあまり理解できなかったんですが、ろう文化に関しては非常に興味をもちました。自分の生活のなかに「そうだ！　ろう文化というものがある！」ってね。例えば、人を呼ぶときに声ではなくて肩を叩くとか、注目の集め方には聴者とは違うろう者のやり方があると。また、木村さんの講演を見て、手話でこういった深い内容の講演ができるということにも感動を覚えましたし、自分もそうなりたいと思いました。

木村さんは、そのころすでに、「Dプロ」という団体で日本手話やろう文化を普及する活動をされていたので、ぜひ、ぼくも、という思いで、その活動に参加させてもらうようになりました。

大学に入って、口話を止めて手話を軸に

小野　その後、大学に入るわけですけれども、大学に入ったら初めて「聞こえる」人と一緒に勉強することになるので、当初非常に不安を持っていました。手話サークルや「障問会」、講義などに参加して少しずつ友だちを増やしていったんですが、口話では、初めて会った人と「どうもっ！」みたいな挨拶程度のことしかできず、「聞こえる」人と深い話や議論はできませんでした。口話は、もともと耳から得て自然に身に付けた言葉ではないので、結局、無理があったんですね。自分にとって自然な言葉は何だろうと思ったときに、それは、自然に目から入って身に付けた手話なのではないか、ぼくたちろう者の母語は手話であり、第一言語は手話であると考えていました。ただ、やはり日本に住んでいる以上、大学の授業を受けるとか仕事をするとか社会に参加するという意味で、日本語も当然身に付けていなければいけないとは思っていました。つまり、ぼくらにとって日本語は第二言語ということですね。だから、バイリンガル教育が必要だと思うようになりました。

篠原　そんなことに気付くなかで、大学では、口話を止めて手話へと決断していったんだと思うけれど、そのあたりの経過を振り返ってくれますか。

小野　「何で声を出さなくなったの⁉」と聞かれることが多かったですね。高校二年生のときに木村晴美さんの講演を聞いて、手話はろう者の言語だと知ってからも、聴者に対しては口話を使っていましたから。ただ、そのときも、口話というものにすごく抵抗を持っていたんです。手話で話せばいくらでも話せるし、自分の考えが深まっていくことがわかるんですけれども、口話で話しているとどうも自分の考えが浅くなり、表面的な会話になってしまって、どうしたらよいものかと悩んでいました。でも、このころはまだ聴者に対しては口話を使わなければいけないという思い込みもあったかもしれません。

それでも、大学に入ってから、いろいろな聴者と会うようになって少しずつ筆談することも増えてきました。口話だけではなくて、手話もあれば身振りも筆談もあるんだって思うようになり、声を使わないと決めたんです。

篠原　あの授業「手話・点字」では、あなたは口話もオッケー、手話もオッケーの人と思っていたし、ぼくの側からは、口話はありがたいので、余り気を遣わないで口話を要求していたんだなぁって、いまは気が付くんだけ

どね。

抽象的思考には手話のほうが都合がいい

小野　「手話の魅力」を話した翌週あたりの授業で、先生から質問を受けたんですが、そのときは通訳がいなかったんですね。質問の内容ははっきり覚えていませんが、多分、日本手話とかろう文化に関わる、かなりやっかいな説明を求められたんだと思います。でも、口話では結局、自分の思いを伝え切れませんでした。口話で、マイクを使って話したのをよく覚えています。

篠原　あなたの状況を受けとめきれずに、口話でマイクさえ使わせたということは無慈悲だったなぁと、いまにして忸怩たる思いで聞きました。でも、こんな事態は、あなたも主張しきれていなかったし、ぼくも傾聴しきれていなかった当時のお互いの事情にもありそうだね。「聞こえない」人にマイクを持ってもらうことについては、当時から申し訳ないと思っていたけれど、仕方がないのかなぁとも思っていたんだ。もしかすると、この授業のなかで、こんなふうにして小野君とそれなりに議論をしていたということもあって、口話から手話へと決断をしていく、一つのきっかけになったということがあるのかなぁ？

小野　そうですね。それも、一つですね。

篠原　開き直った言い方で聞き苦しいと思うけれど、それほどに、ぼくは、あなたの提起に真面目に絡んだっていうことでもあるんだよ（笑）。

ぼくも、あるときまで、大学っていう場は、物事を論理的、抽象的に、概念化を試みながら考えるところである、だから、手話ではなくて口話がベターだって考えてきたんだよね。ぼくがこんな話をするときに、いまでも思い出すんだけど、「附属ろう」から来た兵藤君に対する高校側が書いた推薦内容は「本人は口話能力が高いので、大学教育に十分に耐えられる」といったものだった（対話5）。ぼくらも、そのことを疑わなかった。

それに対して、小野君は、一方で、自分たちの言語としての手話を主張するという立場もあったと思うけれど、他方で、大学生活に本格的に入るにつれて、いろいろ学ぶ、考える、表現するにあたっては、実際に、口話ではうまくいかず、手話のほうがはるかに都合がいいということを体験してきたんだよね。

小野　そうですね。

発声を止めることで、周囲と家族とぶつかりながら

小野　ただ、学生のころは、「手話が必要だ」っていう

気持ちが強くなり過ぎて、聴者とぶつかることが多かったかもしれません。

篠原　どんなふうにぶつかったんですか?

小野　例えば、「聞こえる」人がいるときは声を出さないといけないと言われて、「いや、ぼくは出しません」というふうに。多分、篠原先生とも同じようなぶつかり合いがあったと思うんですけど。

篠原　いま、思い出した風景なんだけど、キャンパスで立ち話になって、それまでと同様に口話で話しかけたら、あなたがノートをスッと出して筆談を要求したんだよね。そんなとき、ぼくの手指は強張ってしまってスラスラ書けない。あのときは、不快というよりもすまないという感じのほうが強かったような気がするなぁ。

小野　聴者からすると、いきなり声を止められると、何か拒絶されたように思われるのかも知れませんね。

篠原　うん、そんな感じはあったね。

小野　大学に入って突然声を止めたときに、やはり親ともぶつかりました。「いままで、これほどまでに口話を教えてきたのに、突然手話だけになってしまって、社会に入る気はないのか⁉」って、否定されました。

篠原　ご両親の側からいえば、「健聴」者中心社会に入って生きていくために、あえてハードな口話訓練をしてきたんだから、落胆されたろうし、君とは当然、ぶつかったろうなぁ。

小野　ろう者は、手話言語を共通して持っている言語的少数者であるという見方ができると思うんです。社会がそのことを認識していかなければいけないし、そのためのアピールも必要だと思っています。それが自分の役目だという使命感があるんですが、当時は、そのあたりの言動がちょっと行き過ぎていたかもしれません。

篠原　問題に新しく気がつくときって、激しくなるものだよ。そんなことを言ったら、ぼくには、いくつも思い当たることがあるよ(笑)。それに、軟弱になればいいというものでもないしね。そんな使命感があって、学生時代に、龍の子学園の活動をはじめているよね。ここは、これまでの口話教育中心のろう教育を批判して、日本手話を軸にしたろう文化を学ぶフリースクールであるという理解でいいかな?

小野　ろう児に自分と同じ思いをさせたくない、これからのろう教育を変えたいという気持ちで、授業が終わったらすぐに龍の子学園に向かってどっぷり、という感じでしたね。

ろう学校での教育実習――手話禁止のなかで手話で授業を強行

篠原　龍の子学園は、現在の明晴学園の前身だと思うけれど、この二つをつなげて、あとで詳しく聞きたいので、その前に、ろう学校での教育実習の話をしてくれますか。

小野　ぼくは、母校の杉並ろう学校で教育実習をさせてもらいたいと思って、その打ち合わせに行ったんですが、そのときも補聴器も付けず、声も出さずに行ったんですね。会ってくれた副校長は、突然、「ろう学校では手話は使っちゃいけません、手話でなんか授業はできません」、「声は出せますか?」、「なんで補聴器を付けていないんですか?」って、ぼくの話を聞こうともせずに、矢継ぎ早やに話しはじめたんです。結局、「広祐君は、いまのろう学校教師のモデルにはならないので、ここでは受け入れられない。もし手話で授業をしたいのであれば、アメリカかどこかに行って下さい」とも言われました。

「小野さん」までは言わずとも「小野君」とも言わずに「広祐君」と呼ばれる始末だし、挙句の果てに、「ご両親の電話番号を教えて下さい。私からご両親にお話しますから……」って言うんですからね。成人した人間に対する対応ではありませんよ。非常に腹が立って、すぐ教育委員会にFAXで訴えたところ、教育委員会から「声を出さず手話で授業するからといって実習を断れるという規定はない、そういったことはできない」といった忠告が学校側にあったそうです。

これで実習ができるかと思ったら、今度は一週間後に和光大学の教務課から呼び出しがありました。そして、教務課職員が「ちょっといま、声を出してくれますか?」って言うんです。その副校長から電話があって「声を出せるかどうか、そっちで確認しておいて下さい」と言われたらしいんです。そこまでするのかよって、また腹が立ちまして、「ちょっとひどいんじゃないですか?」って返しながら、手話が必要だという話をしたんですが、教務課の方はわかってくださいました。

結局、ろう学校には、教育実習に先んじて三回話し合いに行きました。話し合いの間、通して筆談をしましたけれど、教育実習をお願いするにあたり、いろいろあったように思います。

篠原　結果は、どうだったんですか。

小野　二週間の教育実習の間、絶対に声を出さず手話だけでやりました。何度も呼び出されて怒られましたけどね。

篠原　そこはきちんと突っ張りながらやり切ったんだ。

子どもたちの感想はどうだったの？
小野　杉並ろう学校のなかでは初めて手話で授業が行われたと思うんですが、子どもたちは「小野先生の授業は楽しかった、わかりやすかった」って言ってくれて、すごくうれしかったですね。教育実習最後の研究授業で、大学からも先生が来てくれたのですが、先生たちの意見は、子どもたちの感想とは逆でした。口話が必要、マイクもちゃんとしなくては駄目と言われました。当時のろう学校の先生たちは手話ができないので、手話で授業なんてできないんですよね。
篠原　ろう学校の先生になるんだから、なおのこと、手話はダメである、口話でなくてはならないとなるんだね。よく考えてみると、ぼくもそうだろうけれど、手話だけの授業なんだから、手話がわからなければ、当然、わからないしつまらないよね。そのあたり、あなた方の運動もあって、少しは変わってきているんじゃないの？
小野　はい、二〇〇〇年に入って、全国ろう児をもつ親の会が、手話教育を実施していないろう学校教育はろう児の教育を受ける権利、学習する権利を侵害している、といった「ろう児の人権宣言」をして、日弁連に対して人権救済の申し立てをするのですが、その数年後に、日弁連は、「手話教育の充実を求める意見書」（二〇〇五年）を発表しているんですね。そんなこともあり、いまは、ろう学校としては表立って手話を排除することはできません。また手話を導入していると言っているろう学校もあるんですけど、その手話は日本手話ではなくて、日本語や口話を重視してか、日本語対応手話です。まあ、日本手話ができるろう学校の先生はほとんどいないんですけれどね。
篠原　口話一辺倒はまずいという雰囲気は一応出てきているんだ。

会社に就職してからは筆談中心で

篠原　卒業して就職するよね。どんなところにですか。
小野　トランスコスモス株式会社というアウトソーシングの会社の管理サポート課で採用に関わる業務を担当していました。
　でも、龍の子学園がどんどん大きくなり、そちらに専念したいということがあって、二年間で辞めましたが、この会社に入るとき、ぼくは声を出さないと決めていました。同期には口話ができるろうの人がいたんですが、彼は、聴者に対しては口話で、ぼくとは手話でと使い分けていました。ぼくの場合、最初は、口話をしないのは周りに対する配慮がない、優しくないって言われたんですけど、だんだんと周りが筆談をしてくれるようになりましたね。そして仕事以外のところでは、身振りや簡単な手話で話し掛けてくれるようになりました。もう一人に対しては、「この人はけっこう聞こえているんだ」と思うようになり、筆談もせず口話ばかりになっていきました。彼は口話がわからないのは恥ずかしいという思いがあるので、わかったふりをしてしまうことが多かったようです。辛かったと思いますね。「わからないんだったら、書いてほしいと言わなきゃ駄目だよ」って言ったんですけれどね。一方、ぼくの場合、筆談で聞けば向こうも筆談で返してくれるという関係が生まれていきました。

篠原　口話を止めるということは、ろう者社会に留まって「健聴」者中心社会に参加しないと思いがちだけど、あなたの場合は逆で、そのことは、「聞こえない」まま、その社会に生きていくことの一つのスタイルだったんだ。それに、口話と手話の間に筆談ということがあるんだよね。これだと、かなりの聴者がついていけるというわけだ。

龍の子学園をＮＰＯ法人化、そして学校法人明晴学園へ

篠原　会社を辞めて、「龍の子学園」に専心するようになるようだけど、そして、今年（二〇〇八年）から、その継承、発展という形で、学校法人「明晴学園」が生まれるんだよね。そのへんの話をしてくれますか。

小野　龍の子学園は一九九九年に設立されました。ぼくが大学に入って一年後ですね。実はその前年に、ろう教育は今のままでは駄目だと思ったろう者の仲間たちが「ろう教育を考える会」を立ち上げました。ろう児たちは自分たちの言語である手話で教育を受ける権利を奪われているということで、まず日弁連に人権救済の申し立てをしました。ろう教育界や世間一般にアピールしていこうと考えたのです。そして、もう一つ、日本手話で教育を受けたいという子どもたちを集めてフリースクールを作ろうという話になりました。それが龍の子学園の始まりなのですが、その九年後の二〇〇八年四月に品川区の廃校を利用して学校法人「明晴学園」となりました。

［バイリンガルろう教育を標榜した、この学校は、小泉内閣時代に打ち出された教育特区制度の一環として法人化されたのだが、小野君の回顧によると、これは、当時の塩崎官房長官をはじめとした政府関係者や国会議員への親たちの熱心な働きかけと石原都知事の

理解によって実現している。」

篠原　そんななかで、どんなことに気付いてきましたか。

小野　「龍の子学園」がスタートしたとき、スタッフは皆ボランティアという形で来ていたんですが、ボランティアでは限度がありますし、やはりNPO法人にしてきちんと教職員に給料を払えるようにしたほうがいいんじゃないかということもあって、このNPO法人化の活動が始まりました。当初は一カ月に一回だった活動がNPO法人化されるころにはほぼ毎日となりました。いま、成長した子どもたちを見ていると本当に感慨深いものがあります。

ぼくが同じ年令のころ、いまの子どもたちと同じようなことができたかというと、まったくでしたね。彼らは、社会問題、自然現象など、本当に深いことまで考えられるし、自分の意見を自分の言葉できちんと伝えることができるんです。ぼくが小学部のときは思いつきもしなかったようなことを、彼らは話すことができるんですね。ぼくが友だちと口話で話せることなんて、ごく簡単なことだけで、「このマンガ、面白いね」といった程度のものでしたから。日本手話で教育を受けている明晴学園の子どもたちは幼稚部でさえケンカをしても、話し合いながら解決することができるようになっているんです。これまでの道のりが平坦だったとは言えませんが、子どもたちの変化や成長があったからこそ、ぼくたち教職員も、また行政も、ここまで来られたんだと思います。

篠原　自分たちの言葉で、しかも毎日、集団で勉強し遊ぶんだから、そのような展開はさもありなんと想像できるなぁ。もう一つ、これは、いまの課題になっているかわからないんだけど、どんなふうに考えているんですか？「健聴」の子どもたちとの交流活動などは、どんなふうに考えているんですか?

小野　もちろん、ずっとろう児だけの集団でいることはできないので、「聞こえる」子どもたちとの交流も大切だと考えています。ちょうど、同じ建物内に品川区が運営している「マイスクール」という不登校児のための学校があるんですが、一緒に活動したり遊んだりしています。また、明晴学園のポリシーである「バイリンガル・バイカルチュラルろう教育」というのは、二言語二文化の習得を目指していますが、その一環として、品川区独自の教科である総合的な学習と道徳などを合わせた「市民科」では、自らのアイデンティティを確立することで社会に主体的、積極的に参加できる人を育てることを目的として、ろう者と聴者の違いを学んだり、ろう者として生きていくための術《すべ》を学んでいます。

篠原　品川区の公立学校の教育内容と重ねているんだぁ。一般校とつながる小さな窓口の感じもする。

母は手話を覚え出し、父は身振りも加えて筆談で

篠原　今日は、母語としての手話を使っていく、それを広めていくっていうあなたの思いとか生き方をより深く共感しながら聞けたような気がします。でもねぇ、それを言っているだけでは、ぼくとしてはちょっと引け目があるんだなぁ。つまり、手話を母語とする小野君と日本語を母語とするぼくが、どんなふうにコミュニケーションしていけるかが、いままでのところでは上手く見えないんだよね。今日の場合で言えば、荒井さんという手話通訳者がいて、あなたと議論できているし、これも、一つの現実的なやり方だと思うのね。でも、いつでも、どこでも、気楽に、というスタイルではないよね。そのへんのこと、一緒に考えてもらえるとありがたい。

小野　そうですね。話はちょっと飛びますが、母は、二年ほど前から手話を習いはじめました。ぼくが「龍の子」で働いたり「NHK手話ニュース」のキャスターという仕事をするなかで、もっと息子ときちんとコミュニケーションをとりたい、もしかしたらお嫁さんもろう者かも知れないという思いからずっと手話を勉強したいと思っていたらしいのですが、六十歳を目前にして、やっと手話をはじめたんですね。母は、ずっと厳しく口話、口話でやってきたのに、なぜか突然手話で話し掛けてくるようになったもんですから何か不思議な気分でした。

実は、先日、親戚の法事に行ったんですが、周りの人たちはずっと日本語で話していて、ぼくは所在なかったわけです。最初は、口話で話し掛けてきた親戚も頼むと、筆談してくれる人もいました。しかし当然、大勢が集まる場ですし、日本語でどんどん会話は進んでいきますので、それを筆談でちょっと説明してくれっていうのも限界がありますよね。そのときに、なんと母が初めて手話で通訳してくれたんです。当然プロの通訳者のようにとはいかないですけれど、本当にうれしかったですね。

篠原　素敵な話だなぁ。お父さんも、厳格な口話主義者だったんだよね。昨今はどうなんですか。

小野　父に関しても、口話だけではなくなって、手話じゃないけれど身振りみたいなことも加えて、筆談でやってくれるようになりました。

篠原　ご両親とも、息子と、もしかすると、ろう者であるかもしれないお嫁さんとコミュニケーションしていきたい一心で、お母さんは、長い年月が経ったけれども、気が付いたように手話を覚え出しているし、お父さんは

口話一辺倒を反省されているようだね。そんな昨今、法事になって、お母さんが、息子と親戚の者たちとの間に入って通訳することで、あなたも招き込んで、ひとの輪が一挙に広がっていったんだぁ。

小野　そうなんです！　親戚のなかでもそんな話になりました。昔、母は「手話なんて恥ずかしい」と言っていたのに、今度は、「私、手話の勉強しているんだぁ」って自慢し出したんですからね。余談になりますが、この夏に結婚することになりました。母の予想とは違って、「聞こえる」ひとでしたけれど……。

篠原　それは、おめでとう！　君の話を聞きながら、ぼくの大学時代の友人親子のことを思い出した。彼はろう者で、奥さんもお子さんたちも聴者なんだけれど、まず関係ありきで、その間に、自ずと手話が作られてきたという感じなんだよね。それから、もう一つ、今回、十年前に、あなたがあの教室で語った「手話の魅力」という言葉を思い出したんだけど、あなたは、周囲の者たちをそれこそ「手話の魅力」に絶えず巻き込み続けているよね。

「日本手話に対する理解ある聴者」の立場になれたような気がするけれど

さあ、そろそろおしまいにしようか。前回の〈対論〉は、平行線のまま続いた議論の記録に留まっていたけれど、今日は、小野君のその後の体験を含めて、さらにじっくり聞けて、「日本手話に対する理解ある聴者」の立場になれたような気がしているのね。でもね、この立場はえらそうで、高見にいるような気もしている。まあ、そんなことを気にしながら、あわてず、ゆっくり、折々に語り合いたいし、考え続けたいので、これからも、よろしくね。今日は、本当にありがとう。荒井さん、ご苦労さまでした。

追記　今回、小野君とぼくとは手話通訳を介して語り合った。本書を見わたすと、例えば、ぼくは、「聞こえない」渡邊健一君と口話を中心に、折に筆談で補って話している（対話14）。「見えない」古賀典夫君は「聞こえない」仲間と手話で話し、彼らには発声してもらって討論してきた体験を語っている（対話8）。「見えない」大河内直之君は盲ろうのひとたちと指点字で職場の内外で話している報告をしている（対話10）。すなわち、まずは関係ありき、なのだと気づく。そのなかに、手話も手話通訳も、筆談も口話も指点字も、あるのである。

実は、ぼくの在職中、最後の授業（二〇〇八年度）「手話・

点字」における「手話の実習」セクションでは気になることが起こった。すなわち、そこでは、ろう学生は手話を教えるリーダー、手話のできる聴学生はアシスタントで通訳、そして大半の聴学生たちは、その下で実習に参加していた。この授業では、かなり長い間、ろう者と付き合いながら手話を習得して、それで日常のなかで会話している聴学生もリーダーをしていたし、リーダーグループの中心にいたこともある。

ぼくは、手話もまた、ろう者同士の間だけではなく、聴者との間にもあって、それらの関係のなかで共有されてきた言語であると理解してきたが、その意味で、このような階層化された関係は再考されなくてはならないと、そこでも問い掛けたが、今さらのごとく改めて思うのである。

この授業では、「健常」者と「障害」者、そして異なった「障害」をもった者同士の、さまざまな関係に着目して、そこでのコミュニケーションの種々相を体験し、関連する幾つもの問題を考えてきた。そこでは、「手話と点字」に触れながら（実習）、ということを忘れなかったが、必然的に、筆談や身振り・手振り、パソコンによる音声化、触ることなども考えざるを得なかった。

したがって、ここは「手話と点字」の習得の場そのものではなかった。しかしながら、ここには、手話や点字で考え表現し、コミュニケーションしている学生たちやゲストスピーカーが次々と登場したし、彼らに触発されて、「手話や点字」を実地に学ぼうとする者を輩出させてきた。

小野君は、この舞台でも「手話の魅力」を語り、何人もの者たちをそこに惹きつけていったが、ぼくは、そんな場に飽きることなく、最後まで関わり続けられたのだと感慨と感謝の念を深くしている。（二〇〇八年六月一日
篠原研究室にて）

（1）木村晴美・市田恭弘「ろう文化宣言—言語的少数者としてのろう者」『現代思想　総特集　ろう文化』24巻5号　一九九六年

（2）篠原・小野「〈対論〉日本手話・ろう文化・ろう学校をめぐって」和光大学人間関係学科『かわら版 R-WAKO 2000』二〇〇〇年

〈対話16〉松山智さんと考える

聴者とろう者のはざまでろう者として生きる

いま、ろう学校の授業では手話も口話も

二〇〇八年の五月、ぼくは、横浜市立ろう特別支援学校を訪問した。二〇〇四年春に人間関係学科を卒業した松山智君《まつやまさとし》が二〇〇七年春から、ここで教員をしているので、彼に再会するためである。彼には、学生時代、「障問試論」で、ろう者の現在を報告してもらったことがある。そして、卒業して間もなく出版した『ぼくはサイボーグ』（新風舎　二〇〇四年）を読んでいる。当該書でも詳しく紹介しているが、彼は人工内耳を埋め込んでいる。この対話における一つの軸のテーマになっている。

彼との対話に先んじて、ぼくは、彼や彼の同僚の授業をのぞかせてもらった。この日の語らいは、このときの感想からはじまった。

篠原　昔、ろう学校を訪ねたときのイメージで言うと、学校には聴者の先生が多く、各学年の子どもたちは少人数でひとクラス。教室では、先生が口を大きく開けてゆっくり話しながら教えている。そこでは、先生も生徒も手話をしてはいけない。だけれど、授業が終わって、先生がいなくなると、子どもたちは手話でおしゃべりをはじめるといった感じなんだよね。

そのあたり、いまは違ってきていると聞いてきたけれど、それにしても、いまでも少しはそんなところがあるのかなと思っていたんだ。しかし、そうでもなくて、「聞こえる」先生も、手話もやるし口話もやるし指文字もやるし板書も使うし、ということでしたね。これは、この学校の独特な雰囲気なんですか、それとも、いまは、どこのろう学校も大体、こんなふうなんですか。

松山　そうですね。どこの学校でも、教室では手話を使

いながら授業をしていますが、聴覚活用のできる子もいるし、一般学校など外部から入って来た子で手話がまったくわからない者もいるので、そういう子どものことも配慮して、手話と声のダブルで教えています。日本手話でやっているところも少しはありますが、ほとんどは日本語対応手話ですね（対話15参照）。今日もやっていますが、うちの学校では、教職員に対する手話研修会もかなり盛んで、口話一辺倒というのはもうないですね。

デフ・コミュニティのなかで手話は習得されていく

篠原　それにしても、和光に来るろうの学生たちのすべてではないけれども、入学時には、手話ができない人たちが結構いるよ。

松山　それはインテグレーションしてるからですよ。

篠原　ろう学校出身者でも手話ができないのがいない？

松山　おそらくほとんど一般高校の出身者だと思いますよ。うちの学校で言えば、例えば中学三年まで一般校にいた高校一年生がいますが、彼は、いまのところ、手話ができません。でも、ここでは、ほとんどの生徒同士は手話で話しているし意見を言わなければならないので、手話ができないとどうしても自分の言いたいことを相手に伝えることができません。ですから覚えようということになるんですね。そこには、教師たちの介入はありませんし、生徒同士の間で自然に覚えていくんです。

篠原　あぁ、わかった。和光でも、入学時には手話のできなかったろう学生たちが、まもなく手話を覚えて、その年度の後半には、「手話・点字」では「手話の実習」セクションのリーダー・グループに入っているひとがいるよね。彼らの場合、大学に来て初めて、デフ・コミュニティ（ろう者社会）の体験がはじまるわけだ。もう一つ、このキャンパスには、「障問会」などが代表例だと思うけれど、ろう者と聴者が付き合い続ける場があるので、手話で話せる範囲がろう者同士に限られていないということもあるだろうね。

私は「聞こえない」人間です?!

篠原　ところで、松山君は、学生時代、授業で、ろう者が置かれている現状を、学生の通訳を介して、話してくれたと思うのだけれど、今日、あなたに会うまで、そのときのイメージのままだったので、ここに来て、正直、戸惑ったのね。あなたが人工内耳を入れていることについては承知していたけれど、それにしても、どこかでそんなに役に立つものではないという感じもあって、当然手話を中心に暮らしているのだろうと思っていて、口話を要求するのは失礼だなとか、それは無理ではないかと思っていたのね。それにしても、メール上での打ち合わせでは、このことについては何もなかった。同僚の人が通訳をしてくれるのかなぁと思ってきたのね。

ところが、いま、あなたとぼくは、手話も手話通訳も筆談もなしで、聴者同士と同じような会話をしている。最初から、ぶしつけな質問だけど、そうすると、あなたが「聞こえない」人というか「ろう者」である、ということはどういうことですか。

松山　私は「聞こえない」人間であると思っていて、「聞こえる」人間であるとは思っていないんですよ。人工内耳で聴覚活用しているにしか過ぎません。あともう一つ、ろうの集団は私にとって切っても切れない帰属集団ですから。

篠原　今日は、一対一だけれど、それ以外の場面ではどうなんですか。

松山　集団の場所で、あちこちでバーッと話されているときには聞き取れないですね。また、お風呂とか蒸気の多いところでは、精密機械なので、人工内耳を外さねばならず、まったく聞こえないんです。それに、一対一というのはフィードバックできますけれども、多人数になってきちゃうと、それが難しいですからね。

ろう学校高等部時代に人工内耳を知った

篠原　ぼくの浅い知識では、人工内耳というのは、小さいときに手術をして、それに慣れながら、次第に聞くことに役立たせていくというイメージだったけれども、あなたの場合、大学に入ってからだよね。勝手に想像するんだけれど、あなたの場合も、人工内耳を付ける、付けないの話は、もっと小さいときからあって、家族をはじめとしたいろいろな人たちの葛藤や躊躇があり、そして、あなた自身も長じて、このことについて悩み、その結果、大学生になってやっと実行したということですか。

松山　私は、高校一年の九月にろう学校へ変わったんですが、それまでは一般高校に通っていたんです。中学の頃には聴力がどんどん落ちてきました。補聴器を付けてみたんですが、それも全然役に立たない状態でした。と言って、そのころ、人工内耳について知っていたかというと、まったく知りませんでした。

篠原　ご両親も？

松山　それは当然ですね。友だちと話していても「エッ？　エッ？」といった繰り返しで、もう学校に行く気がなくなっちゃった。それで、お袋のほうから「じゃあ、ろう学校に変わってみる？」みたいなことを言い出したんです。

転校先は、近くの横須賀ろう学校でしたが、高等部一年には、私を含めて二人しかいなかった。そんなちっぽけなところに行って面白くないだろうなと自分では思っていましたが、自分に必要だったのは精神的な安らぎだったんですね。先生たちは、勉強にもていねいに付き合ってくれて、休まず通い続けましたよ。

篠原　とすると、人工内耳について知るのはいつだったの？

松山　人工内耳について知るのはろう学校に移ってからですが、新聞でちょっと紹介されていて、テレビでも「私の聴覚がよみがえった」みたいな感じの特番があったんですね。そのとき、音楽や映画の効果音などを、かつてのようにもう一回、聞きたいなぁという気持ちになってしまいました。当時、私は、まだインターネットができませんでしたけれど、いろいろ情報を収集しながら、高三のときに、担任と両親に人工内耳をやりたいって言いました。しかし、先生は、そんなに実施例もないということもあって慎重で制止しましたね。母ももうちょっと待って、大学に入っても、そういう気持ちがあるのならば、受けてもいいんじゃないのといった感じでした。

ろう者の仲間に反対されながらも人工内耳を埋める

篠原　大学に入っても、その希望を変えないまま手術を受けることになるんだよね。どこでですか。

松山　人工内耳の埋め込む手術をちゃんとできる病院のリストがあるんですが、自分の家の近くがいいということで、茅ヶ崎の中央病院にしました。

篠原　医者とはいろいろ相談しながら決断していくわけでしょ？

松山　補聴器が有効であれば、それのほうがいいけれども、これほど聴力がわるいとちょっと無理かなということでした。「じゃあ、もう人工内耳しかないですか」と聞いたら、「まぁ、そうだね。あとは、君の気持ち次第だ」ということで決心しました。とは言っても、全身麻酔とか大がかりな手術のようでしたから、手術日が近づくにつれて不安とか迷いとかがありましたね。

篠原　大学一年の何月にやったの？

松山　大学一年生の夏休みの間。

篠原　そのときには、和光のなかで、すでにろうの学生たちと出会っていたんでしょ？

松山　彼らには反発されましたよ。あと、障問会の先輩たちからも、やはり反対されました。「聞こえなくていいじゃぁないか。手話があるんだし……」みたいな感じでね。でも、やはり聞きたいというのがあったので、そっちのほうがやはり強かった。人工内耳を入れたところで「聞こえる」人にはなれないというのは分かっていたんですが、これは補聴器の延長上だと思ったんです。ろうの人が補聴器を付けて「自分はろう者」と言っているのと同じで、私の場合は、補聴器が利かないから人工内耳にしただけという感じでした。

篠原　その手術後の体験、ちょっとしゃべってくれる。

松山　すべてが聞こえるようになったとは言いませんけれども、楽しめるようになりましたね。

篠原　人工内耳を入れることによって、いわゆる副作用はないの。

松山　やはり行動範囲が制限されてしまいますね。

篠原　例えば？

松山　体内に機械が入っているということなので、柔道なんか激しいスポーツは駄目です。あと、スキューバダイビングも…。一応ライセンスは持っているんですけれども、一〇メートル以上潜ると、水圧の関係でちょっと厳しくなるようです。

人工内耳以前に、声を止めてろう者をアピール

篠原　話はちょっと戻るけれど、あなたは、大学に入って、人工内耳を埋め込むまでに、声を出さないで筆談と手話に徹することを決断していく経過があるでしょう？　そのあたりのことを話してくれますか。

松山　周囲から、「君の声はわかるよ」と言われて、いったん声で話しちゃうと、当然相手も声で話しかけてきますよね。でも、どうしても読唇がうまくできなくて、聞き返すんですが、そうすると「また聞くなよ！」とか最終的には「何でもない！」とか言われてしまうこともありました。それで、今度は「書いて」って頼んでも「もういいよ、何でもないよ」って言われてしまった。あぁ、人間というのは面倒くさがる生き物なんだ、こんなんじゃもう疲れた、というふうになっていきましたね。自分は補聴器を付けても意味がないとわかったんで、口話でいこうとしたんですが、こんな具合に、口話というものがもどかしくなったんですね。

　だったら、もう初めから声を止めて、ろう者ということをちゃんとアッピールしてしまったほうがいいのかなって気付いたんです。「ぼくは耳がわるいから、できるだけ書いてください」って。声を出しちゃったらもう絶

対書いてくれませんからね。ぼくの場合、二年先輩の小野さんがロールモデルでしたけど（対話15）。

日本手話より日本語ではないかと思いだして

篠原　大学に入るや否や、先輩たちにも励まされて、声を出すのを止めたんだよね。そして、一年の夏には、人工内耳を埋めることで聴力をかなり回復している。そして、いまは、関係や状況によっては、こうして声を出して話している。その意味では、いったんは影響を受けた小野君たちとは違うスタイルをとっていると思うけれど、そのへんの話をしてもらえるかなぁ。

松山　大学に入って、私が、自分って何かなというのを気付くのに四年間かかったわけですが、そういう世界にどっぷり浸かって感情任せに生きてきたんではないかと思うようになりました。三年、四年になって、いろいろな学会やシンポジウムに出ながら、自分のそれまでの体験とかを重ねていくと、声を止めるというのはちょっと違うだろうと思い出すんですね。四年の終わりころには、自分は、そういう世界だけに居続ける者ではないのだなって思っていきました。

篠原　「そういう世界」というのは、日本手話やろう文化を主張する考えや実践のことね。どうして、「そういう世界」に疑問を持ち出すんですか。

松山　私は、日本手話という、当事者が確立した、日本語から独立した言語は素晴らしいと思っていますが、やはりろう教育の現場では、それよりも大事なことは日本語だと思うんです。ろう者と聴者が対等になるためには日本語の習得が大切です。といって、その発音では「聞こえる」人に勝てるわけがないから、上手でなくていいんですが、とにかく日本語の力を身に付けようと。特に、私のように、ろう者の先生であるならば、ろうモデルになりますから、日本語ができないのはおかしいと思うし、日本語を教えられる必要があります。そんなことを思い出したのは、大学四年のときからですけど。

篠原　卒業して、どこに就職したんだっけ。

松山　リクルートの広告代理店で契約社員になりました。そこには、それまで「聴覚障害」者はいませんでした。バリバリ仕事もしました。可愛がってもらいましたね。

篠原　そこでは、どんなふうにコミュニケーションしていたんですか。

松山　筆談とメールです。それとあと口話ですね。

手話が飛び交う職場の居心地のよさ

篠原　といって、手話を止めたわけではないよね。

松山　人工内耳を付けているいまでも、「聞こえる」人たちがあちこちで話しているときには、私にはわかりませんから、彼らだけがコソコソ話をしている感じに見えるんです。でも、手話が飛び交えば、全部見えますから、よくわかります。その意味で、手話の世界はやはり楽しいですし、すごく居心地がいいんです。

篠原　いまの職場は、そんな感じなの？

松山　そうですよ。職員室などでは、「聞こえる」先生同士でも、できる限り手話で話しています。ろうの先生が見ているかもしれませんしね。そんなことを〝盗み聞き〟しながら、あそこでは、いま、こういう問題が起こっているんだなといったことがわかってくるんですが、それはやはり大切なことですよね。高等部の忘年会とか新年会とかでは、「聞こえる」先生たちもちゃんと手話をしながら話してくれます。そういう意味では、音というのは見える形にちゃんと変えないといけないと思っています。

篠原　職員会議のときでも？

松山　そうですよ。自分が発言するときには手話のできる先生にお願いします。

篠原　なるほど、それはマナー以上に、もうちょっと習慣化しているわけね。

ろうの子どもたちに生きる武器としての日本語を教えたい

篠原　一度は会社勤めをしながら、ろう教育の現場に入ったことには、どういう経過や事情があったんですか。

松山　この学校にいるろうの先生と以前から知り合いだったんですが、たまたま欠員ができたということで、その方から声を掛けてもらいました。学生時代に、教職課程を取っていて、実習も終えていたんです。そのころ、ろう教育界では、手話教育を求める動きがあって口話教育が批判される状況で混乱していたんですが、私は、さっきお話ししたような経過もあって、ろう学校の先生になる気はなくなっていきました。

　でも、そういうときでも、やはりろう学校の先生になりたいという夢が忘れられなかったんですね。会社勤めをする傍ら、ろう教育とは何かなどのシンポジウムに出ていました。そこでも、相変わらず、ろう者か聴覚障害者か、手話か口話か、日本手話か日本語対応手話かといった論争が続いていましたが、私には、またかぁ、まだかぁという思いが強くて、興味が湧きませんでした。

　やはり、ろう学校の幼稚部では、感情を豊かにしてイメージを膨らませられるようにすることが必要で、小学部では、日本語を覚えて日本語で文章が書けるようになることが大事と思うようになりました。日本語がちゃんとできる子どもたちになってほしいなぁって。

篠原　とすれば、普通学校の日本語教師になって、そこで「聞こえる」者も「聞こえない」者も一緒に日本語を教えるというイメージはなかったんですか。

松山　なかったですね。

篠原　それはどうして？

松山　「聞こえる」子どもたちにとって日本語は母語で自然言語ですから、教えなくても、まずは日常生活のなかで話し言葉は身に付けていけますからね。それに対して、「聞こえない」子どもたちにとっては、話し言葉にしても書き言葉にしても、どれも教育しなくてはならないし学習しなくてはならない。そして、日本語がいかに自分の生きる武器であるかというのを認識してもらいたいし、自分の思いや意見をちゃんと書けるようになってほしいと思うんです。手話には書き言葉がありませんからね。

ろう者アイデンティティに留まって自分流を探る

篠原　松山君の話を聞きながら思ったんだけど、あなたは、ぼくとのことがそうであるように、手話も手話通訳も筆談もなしで聴者と会話ができるよね。にもかかわらず、「オレは、ろう者のアイデンティティーを持って生きている」と言っているととても感じる。ろうの生徒の教師になりたい、なっているという話もそうだけど、ろう者同士の連帯とかつながりとかの思いが伝わってくる。

一方で、人工内耳を入れない、口話をしない、日本手話を中心に自分たちの文化を作っていく、その場所としてろう学校をろう文化の拠点として再生させていく、こういう主張があるよね。この話と、あなたから伝わってくるろう者アイデンティティーとは違うように思うのだけれども、そこはどうですか。

松山　まずは、ろう者であることにそんなにこだわる必要があるのかなって思いますね。だから、ある生徒が「ぼくは難聴なんですか、ろうなんですか」で悩んでいたら、「どっちでもいいいじゃないか」と励ましてやりたいですね。それは自分の経験から言えるんですけど。

例えば、ろう者のなかには「難聴」と言われるのがイヤな人がいますけれど、「難聴」者は手話が下手くそとか、そういうイメージがあるらしいんです。だから、難聴かろうかで悩むことがあって、自分にもそんなときがありましたけれど、いまでは、そこまでのこだわりはありません。ただ自分にも「聞こえない」者としての誇りはありますから、同情されたり、逆に、頑張って生きている、エライねぇとか言われたりすることには、それは違うよと思います。可哀想と言われる筋合いはないし、頑張っている人は自分だけでなくて、他にもいっぱいいますからね。

篠原　あなたの話を聞きながら、いったんは囚われたろう者としてのアイデンティティから自由になろうとしながらも、いまなお「聞こえない」自分自身でありつつ、ろう者同士のつながりのなかに生きていて、「聞こえない」者としての、自分流の生き方をもがきつつも希望をもって探っているんだなぁって感じたんだよね。

ろう学校は口話主義を越えて書記言語を教える場へ

篠原　ろう者の社会が小さくあって、そこに覆いかぶさるように聴者の世界がでっかくあるということは、一つの現実だと思うけれど、そこで、食っていく、生きていく、働いていく、勉強していくといったことがあるから、あなたが言うように、とにかく日本語をちゃんと身に付けなきゃしょうがないだろうという話は分かる。

最近の理念的な言葉で言えば、「聞こえない」者も隔離・分断されないで、「聞こえる」者中心の社会へ統合（インテグレーション）されていく、そこは、日本語がでんとして存在する社会だよね。最近では、「統合社会」とか「共生社会」とか言うようだけれど、ぼくは、一緒に暮らす社会を願いつつも、一方で、そこには「マジョリティ－マイノリティ」、「強者－弱者」の関係になっている現実があるんで、そこはどうするか、どう考えるかっていう問題はあり続けていると思っているのね。

ところで、伝統的なろう学校は、この社会に適応することを前提に口話教育を進めてきたわけだけど、そのなかから、アンチテーゼ的に、日本手話・ろう文化の主張と運動が出てきたと思うのね。松山君の「日本語をちゃんとマスターしなきゃしょうがないではないか」という話は、伝統的なろう学校の「適応」理念と重なってくるような気がするけど、そのへんはどういうふうに考えていますか。

松山　私たちは、誰も、日本で共に生きているんであって、日本語がわからなければならないわけですよね。ろう者は、いつも手話通訳を呼ぶわけにはいかないんですから、ろう学校では、まずは日本語教育ありきだと思いますね。日本に生きるための武器ですよ。

篠原　そうすると、口話主義教育と重なってくるよね。

松山　いや、私は、口話がうまくなることを言っているんではないんですよ。発音は「聞こえる」人に絶対に勝てない。勝負できるのは日本語そのものです。

篠原　書き言葉ということ?

松山　そうです、書記言語です。それさえちゃんと身に付けていれば、日本で生きていけますからね。会社に入っても困らない。

筆談の限界とそれを越えるコミュニケーションの模索

篠原　例えば、ろう者とぼくがしゃべろうとするときに、ぼくは手話ができないし、相手は口話が苦手とすると、筆談をするよね。そのとき、聴者の側から言うと、話し言葉を書き言葉に置き換えて、相手に伝えるわけだよ。肉声で話そうとするときの感情とか、いろいろなアクセントとかは文字にした途端に、感情もアクセントもない静的な言葉になってしまうことがあるんだよ。

もっとも、あるろう学生とけんか腰の論争になったときがあったんだけど、そのときは、手はいよいよブルブル震えるし、字はでっかくなったり乱れたりで、そのときの感情やアクセントはヴィヴィドに伝わっていたようだけどね。でも、滅多に紙の上で泣いたり怒ったりすることはしないだろうし、このへんのことは、どうやって考えたらいいだろねぇ。

松山　「聞こえる」人間が書くときは、やはり違った感じになるんでしょうね。それに、ろう者のなかでも、話すのが本当に苦手な人っていますからね。お互いに面倒くさいことですね。そこのところで、どう折り合うのかということですが、本当に難しいなと思います。

篠原　話すことも書くこともしないでいけるコミュニケーションってないかなぁ。気楽に遊ぶとか、一緒に飲んでおしゃべりするとか。

松山　飲みの仲ってそんなに多くを話しませんよ。そのへんをトントンと叩きながら、「飲めよ、飲めよ」って合図しながらやっているだけで、もう十分に楽しい。そういうところにまた何かが生まれるのかなというふうに私は思うんですけれども。

篠原　〝ノミニケーション〟というやつだと思うけれど、ぼくは飲めない人だから、そんなのがうまくやれないんだよね。でも、こんな体験は、シラフのときでも、「聞こえる」者と「聞こえない」者の関係でだけでなく、日本人と外国人の関係なんかでも、いくらでもありそうだよね。話は中途半端な気がしないでもないけれど、そろそろお終いにしようか。今日は、いろいろ考えさせもらった。本当にありがとう。

追記　読者には、小野広祐君と対話した〈対話15〉とこの対話を読み比べていただければと思うが、松山君のろう教育論は余りにもリアリスティックなので、正直戸惑っている。しかしながら、人工内耳で聴力を補いながら〝普通に〟話すので、一見、聴者側にいるかのように思わせながらも、聴者とろう者のはざまで、ろう者側で感じ考え続けていることがよく理解できた。このリアリズムは彼の生活史にも大きく負っている。

一方、ぼくは、小野君と語りながら、彼の主張に耳を傾けた。その折も、マジョリティである聴者社会は、ろう者の母語としての手話を排除してはならないのだということを納得した。とはいえ、対話を終えたいまも、聴者で手話のできないぼくは、そのままでは、彼らとコミュニケーションできないというデイレンマをどう越えるかというテーマを引きずっている。もちろん、手話通訳を入れる、筆談をするなどの実際については了解しているが、コミュニケーションが間接的になること、話し言葉を書き言葉に変えること等々の問題については、示唆的な議論しかできていない。

こうして、ぼくは、幾重にも引き裂かれた立場にいるのだけれど、このような事態は、ぼくが聴者の立場から、ろう者たちに向き合いきれていないという厳粛な事実にも関係しているような気がしている。しばらく時間をおいて、再度、語り合ってみたい。（二〇〇八年五月十五日

横浜市立ろう特別支援学校にて）

終わりに――〈対話〉を振り返って

ぼくは、退職の時期（二〇〇九年春）に先んじて、一昨年（二〇〇七年）の秋から約一年間かけて、十七人の「障害」元学生たちと対話を重ねてきた。すでに、彼らとは、彼らの学生時代にいろいろな体験をし、いろいろと語り合っているが、そんないくつもの思い出があって、当時を想起しながら、今日の課題、問題を語り合った。

〈対話〉をまとめ、読み返すたびに、余りにも沢山のテーマが出ているのに気付くのだが、「終わりに」では、次の五つのテーマに絞って、論点を整理し、ぼくの問題意識を述べることにする。これで、いったん、本書を閉じるが、ここには、読者の皆さんに開いて、読者の皆さんと共に考えていきたいとの思いが込められている。

ところで、それらは、次の通りである。（一）当初の「バリアフリー化反対」は時効か今日的か。（二）いろいろな状態の人々間のコミュニケーションを探る。（三）情報伝達と相互コミュニケーションの電子化―その現状と課題。（四）「障害」者の登場とともに変わってきた大学の断面。（五）「障害者」問題は「『健常』者と『障害』者の関係」問題である。

（一）当初の「バリアフリー化反対」は時効か今日的か

ぼくが和光大学で働きだしたのは、一九七三年春だが、それから二、三年して、車イスに乗る境屋さんが入学してきた。彼女の登場を契機に、大学側が「障害者用スロープ」を作ろうとしたとき、彼女と彼女に連帯する学生たちは、このことに反対した。

〈対話2〉で語られているが、「健常」者中心社会は、「障害」者側の「隔離収容を拒否して街中で暮らす」願いや運動を一応受けとめつつも、スロープなどの物理的設備を〝端っこ〟に安易に作ることで処理しようとしていたので、彼女らは、このような動きをここでも警戒したのだった。

と同時に、スロープ設置反対の表明は、彼女ら自身が養護学校のなかで保護され育てられてきたがゆえに形成してしまった消極的、受身的生き方を、このキャンパス・ライフのなかで捉え直すための第一歩でもあった。それは、キャンパスに入る際、正面に〝聳え立つ〟階段を出入りする周囲の学生たちに声を掛けながら、担ぎ担がれて上り下りする〝オミコシ〟スタイルを作り上げることだった。

それは、「障害」学生が「健常者ノイローゼ」から解放されていく過程であるとすれば（対話2）、他方で、多くの「健常」学生にとっては「障害」者と付き合うことが初めての体験だったので、そのような来たし方を振り返る衝撃の時期でもあった。

ところで、「歩けないと普通学校、ましてや大学に行けない」ということは、当時のだれもが持っていた常識だったのだから、境屋さんが車イスで大学キャンパスに登場したことは大きな励まし、戸惑い、そして、問題提起だった。このときまで、天野君は無理をして松葉杖でキャンパス・ライフを送っていたが、車イスに乗りかえている（対話2）。次の年、鈴木君は、「歩けなくても入れる大学」という理由だけ（?!）で、この大学を受験し合格している（対話4）。

こうして、間もなく、「車イス」学生たちが増えてきたし、キャンパス内を車イスが走る風景は当たり前となった。八〇年前後、大学の玄関の夕刻には、キャンパス・ライフ用車イス十数台が乱雑に乗り捨てられている風景は壮観であった。

ところで、今日、キャンパス内でも、〝オミコシ〟の風景はまずは見られなくなっている。というのは、「車イス」は手押しから電動式になってひどく重くなっているし、エレベータやスロープなどのバリアフリー化が進行している。そして、「車イス」学生は雇用した介助者とともに通学するほどなので、当該の学生も周囲の者たちも、介助は学生同士のことという意識を限りなく希薄にしているからである。

さて、和光大学では、いつまでも「バリアフリー化反対」だったのではない。〈対話4〉で振り返っているが、八〇年前後から、「障害」者のためではなく「皆が使える」坂道やトイレを作るという主張と模索がなされていく。それにしても、当初の「関係的に共に生きる」ということにはこだわっている。さらに、八〇年代を通して、日常の教室のなかでは、ノートテーキング、手話、口話など、お互いがやり繰りして、ろう学生と一緒に学んでいる風景はあり続けたのだが、九〇年代当初には、このことを原風景としながら、そのことを踏まえてノートテーキング制度を慎重に導入している（対話14）。

しかしながら、次第に、共用の道〝遊歩道〟は「障害者用スロープ」として機能し出している。また、「皆のトイレ」も車イスマークこそついていないがイメージや実態として「障害者用トイレ」になっている。また、今日、ノートテーキング制度は〝充実〟してきている。当初、一、二年生に対しては三コマ、三、四年生については二コマだったが、現在では、誰に対しても十コマである。すなわち、日常のやり繰りを補うことを意図して出発したこの制度は、いまでは、ろう学生の権利としての情報保障という文脈に位置付いている。一方、ノートテーカー側（聴学生）はボランティアでありつつ有償制によって担保されているが、その人数は不足している。実は、この制度の外で、いろんなことが起きている。例えば、教室内では、求め、求められるノートテーキングが、共に学ぶ者としてのろう学生の学習を支えているということがある。制度に預けない、このような関係を改めて掘り起こすときなのかもしれない。

ところで、一般社会でも、「共用」の思想に立つバリアフリー化が進行してきたかのようである。例えば、ろう者たちが要求して実現した電車のなかの電光掲示板や、「車イス障害」者たちがところどころに設置させてきた駅構内のエレベータは、いまや誰にも便利なものとして普及している（対話4、6）。

もっとも、「誰にも便利」の強調のなかで、それらがある場所に、「障害」者の移動が限定されがちであることも事実である。また、そこにあやかれない一群がいよいよ確定されていっていることを忘れてはならない。「便利」というキーワードは、ここでも問い直されていかなくてはならない（対話2、10）。

かくて、今日、次の事態にも着目しておきたい。すなわち、「障害」者側は、周囲の人々に協力、応援を求めなくなってきているし、周囲の人々は、協力、応援することに無関心になってきている。一般社会の協力、応援は、バリアフリー化、ボランティア化、専門職化を介して実施されてきているのだが、後者の拡充は前者の無関心を悪循環的にふくらませている。

もう一つ想起しておきたいが、「バリアフリー化」は、かつてはスロープ化に代表され象徴されたように、物理的障壁を取り除くことだけだった。しかし、昨今では、それに留まらず、「健常」者の「(特に知的)障害」者に対する無関心、無知、無理解などを「心のバリア」と呼んで、それらの解消を「心のバリアフリー化」などと呼んでいる。両者間の障壁は「健常」者の心掛け次第で解けるという横柄さと安易さが気になるし、差別や偏見の社会的・経済的仕組みが隠されていくことが恐ろしい。

かくて、かつて和光大学で試行錯誤したような、「障害」者と「健常」者がリアルに迫真的に出会う体験と展望を、今日、塞いでしまっている。そんなこんなを考えると、当時の「バリアフリー化反対」という問題提起は、今日でも依然として、いや、今日だからこそ、時効ではないし、今日的状況と問題を逆照射している。

(二) いろいろな状態の人々間のコミュニケーションを探る

この職場に入ってまもなく、ぼくは、教室で、ある「聞こえない」学生と出会うのだが、あるとき、彼女は、マイクを使われると口の動きが隠れるので「読唇」ができなくなると言った。そのとき以来、教室中央の最前列に座る彼女のまん前に立って、マイクなしで大きく口を開けて話すように心掛けた。その位置と肉声はだれにも聴きやすい状態になったように思われたが、一方で、これでは、毎回、彼女だけが出欠をとられることになり、彼女には気の毒のようにも思えた。その後、ぼくは、この事態を折々に想起しながら、長年、大きな教室でもマイクを使わずに話すように心掛けた[1]。あるとき、疲れていて、大声を出す元気もないままマイクを使ってみると体がずいぶん楽になると気付くのだが、それから、マイクを使うとき、あのときを想起しながら折に弁明してきた。

この話で気付かれたように、あるときまで、ぼくには、「聞こえない」学生は読唇し口話することができるという前提があった。ところが、本書でも、ろう者たちは、読唇・口話によるコミュニケーションの無理さ、不自然さを語っている（対話5、15）。特に、九〇年代後半に入ると、彼らのなかには、ろう者同士の関係のなかで培ってきた彼らの母語である手話（日本手話）が聴者たちにとっての日本語に対応する独自の言語であると宣言して、読唇・口話を拒否する者たちが出てきた。こうして、ぼくは、口話を当然と思ってきたことの不覚を恥じることになるのだが、じつは、このときから、ぼくは、ろう者とのコミュニケーション問題でいよいよ格闘することになる。その様子については、〈対話15〉などで振り返っているが、ここで、そのことを簡単にまとめておく。

話は戻るが、八〇年前後になると、ろう者たちと彼らとつながった聴者たちは、「見えない」者たちを含む聴者たちに対して手話の習得を要求していくのだが、キャンパス内では草根運動的な手話講習会などを介して、手話の使える者たちが増えている。その結果、ろう学生が受講する教室には、ノートテーキングに加えて、手話通訳をする学生たちの風景がよく見られるようになった。おかげで、ぼくたち教員は、彼らの応援を得ながら、ろう学生を含む受講生に講義することができた。ぼくの側からは、ノートテーキングや手話通訳をしやすい話し方を意識する程度だったし、そのことも忘れがちで、すまなく思ったりしてきた（対話5）。ただ、あるときから、講義にあたって、丁寧なレジメや原稿を作るように心掛けた。この習慣は、ぼくの場合、たしかに「聞こえない」学生に対する配慮からはじまっているが、いずれの受講生に対しても親切なことと思われた。

ところで、比較的当初から、授業「障問試論」や「手話・点字」などでは、「聞こえない」者と、「聞こえる」者、「見えない」者、「手指の動かない」者それぞれとのコミュニケーションのあり方が語られているが、八〇年代前半のぼくのゼミでは、「聞こえない」者の情報保障という観点からではなく、「聞こえない」者を含むゼミナリスト同士のコミュニケーションのあり方を探っている。そこでは、有償の手話通訳を導入する意見も出たが、手話、大きな口でゆっくり話すこと、板書・ノートテーキング等の試行がしつこく繰り返されている。ただし、ここではまだ、口話の問題点はだれからも提起されていない（対話14）。

前後して、「障問試論」では、越智君など「聞こえない」学生側から「健聴」者に対して手話の習得を要求する提起がされていく（対話6）。しかし、その提起に応えて、「聞こえる」が「見えない」久保田さんや「手指の動かない」境屋さんは、そのような要求は、自分たちとのコミュニケーションを求めていないことになっていないかと問うている（対話3）。越智君は、このような反問に戸惑ったことを述懐しているが、一方で、筑波盲ろう短大設置反対運動などでは、盲人が手話でろう者が口話で話すことが起こったこと、「手指の動かない」勝又君が自らは手指を動かせないが、卒業が間近になるにつれて、越智君の手話を読むに至ったことで励まされたと振り返っている（対話6、8）。

ところが、九〇年代後半になるにつれて、一群のろう者たちは、口話の無理さ、不自然さを訴えるようになったし、母語としての手話（日本手話）で話すことを宣言した。すなわち、読唇・口話を拒否して声を出すことを止めることになった。彼らは、いよいよ聴者が手話を習得することを希望したし、手話通訳か筆談かを求めるようになった（対話15）。

このような場合、ろう者と多くの聴者の間で戸惑いや葛藤が生じざるを得ないのだが、「手指の動かない」村上君は、「障問会」が学園祭で演ずる手話劇で、演出の立場から、声を出せる者はだれでも声を出しながら手話でも話すことを提案して実行している。その結果、半分のろう者が退部していった苦い体験を振り返っている（対話13）。そこで紹介されている「見えない」今泉君とあるろう学生のコミュニケーションに関するエピソードは印象的である。声をいったん止めた彼女は、それでも葛藤していたらしく、彼は、見えないまま、何とか手話で話し、彼女は、無声のまま彼の両手の指の上で点字（指点字）を打っている。

このように対話を重ねることで、ぼくは、「健常」者と「障害」者の間や、異なった「障害」者同士やのコミュニケーションは、かくほどに葛藤の歴史を担ってきたことを改めて振り返ることができた。

ぼくは、そんなことを反芻しながら、声を止めて手話を軸にして、書記言語としての日本語を第二言語として暮らし、そのための教育活動に従事する小野君との対話をしている（対話15）。じつは、これで二回目なのだが、一回目（二〇〇〇年）では、両者の言い分は対立して平行線のままであった[2]。今回、ぼくは、手話で考えること、話すことの便利さ、自然さをより深く理解することができたし、長い間口話を要求してきたろう教育の過ちをいよいよ確認することができた。その意味で言えば、ぼくは、日本語中心社会の中で手話で話す人たちの考えや立場をより深く理解できたと思っている。

とはいえ、ぼくがそれに対応して手話で話せるわけではないし、すでに紹介したが、「手話では困る」人々とのことも気掛かりのままである。ぼくの場合、筆談がその代替可能性としてあるし、そうしてきたが、ぼくは、少しでも緊張すると手が強張り震えるので、筆談はとても苦手である。今回の〈対話5、6、14〉では、手話通訳をお願いしたが、お互いのコミュニケーションはすごく助けられた。

問題は、日常的な会話は、いつも通訳を介するわけにはいかないことである。小野君は、口話の訓練に厳しかった母親が、最近になって手話を身に付けて、手話で息子と話し、そして手話で息子と周囲の人々をつないでいると報告している（対話14）。「見えない」大河内君は、「障問会」での付き合い上、〝ブロークンな〟手話で話しだした体験を語っている（対話10）。いずれも刺激的でホッとさせる話である。

といって、それでならば誰でも可能と言っているのではない。やはり、寄って集って、お互いの得手・不得手、身振り・手振り、筆談、手話、手話通訳、そして口話などで補い合わなくてはならないのではないか。ぼくは、授業「手話・点字」で、手話も点字もできないまま、それらをさまざまなコミュニケーションのなかに位置付け相対化しながら考える作業を、「聞こえない」者、「見えない」者、そして「健常」者たちと一緒に重ねてきた。手話・点字ができないくせに、そのような授業を担当するのはおこがましいと自分でも思ったことがあるし周囲からも言われたことがある。あるときまでは、できるようになろうとしたが、結局失敗している。でも、担当から降りることはしなかった。まずは関係ありきなのである。その関係のなかに留まることで、結果として種々様々なコミュニケーション体験が生まれてくるのであって、手話・点字ができて後に関係がはじまるのではないと言い聞かせてきたし、そのことはいくら強調しても足りない。

もう一つ、大学のなかで、コミュニケーションを考えていると、どうしても、日本語、手話、外国語のいずれかで、あるいは混用でといった、言語至上主義的なコミュニケーション論になる。大河内君は、「見えない」彼と「日本語のとても苦手な」知恵おくれの聴講生山口さんとのコミュニケーション体験を振り返っているが（対話10）、さまざまな人々のコミュニケーションは、身振り、手ぶり、表情、握手、抱擁などによる非言語的で感情表出的な間身体的交流を土台に、場面と関係によって、これらの言語を重ねて相互に探っていくことなのだった。そして、前者だけでもコミュニケーションはあると言わなくてはならない。

（三）情報伝達と相互コミュニケーションの電子化——その現状と課題

九〇年代後半、ぼくは、「見えない」大河内君が研究生修了にあたって紀要論文を書くというので、その完成に向かって本格的な応援に入った。当時、ぼくは未だワープロを使っていたが、彼は、すでにパソコンを駆使していた。ぼくのワープロで彼が書き込んだフロッピーを読みながら、当該論文の加筆修正案を繰り返して交換したが、この新鮮な事態は、ぼくにとってはとても便利でありがたいことだった（対話10）。そのころ、彼は、ぼくの還暦を祝って長い点字の手紙をくれたが、ぼくは、これだけは自力で墨訳しなくてはと手引きを片手に読破（?!）した。ひるがえって、彼の論文に付き合うほうは、普段通りで困ることは何もなかった。

彼の場合、高校時代から、パソコンを習得していたので、点字で書くほうが苦手と言うほどの人だったが、それでも、点字を打ち触読するという、「見えない」者にとって都合のよい読み書きの仕方とは違っているのだから、パソコン上で音声化された文献やぼくの意見を耳で参照しながら、「見えない」まま、音声を頼りに墨字を打っていくことは、不自然であり不合理であると想像しないわけにはいかなかった。特に、日本語には漢字の活用が必須で重要であるのだが、「見えない」者にとって視覚的な表意文字である漢字を的確に使い分けていくことは至難なことと思われた。

「見える」ぼくは、相互のコミュニケーションや情報伝達の電子化を、「見えない」者とコミュニケーションするのにとても都合のよいものとして味を占めていくのだが、一方で、マジョリティとしての「見える」側がマイノリティとしての「見えない」者に対して、自分たちの墨字文化への適応を強いていることになっていないかと考えるようになった。

今回の一連の〈対話〉でうかがえるが、「見えない」者たちの間でも、電子化問題に対する受け止め方はいろいろだが、新井君や久保田さんの場合、就職してから、仕事上、ワープロ、そしてパソコンを覚えていく。でも、やはり、きちんととか楽しくとか読み書きする場合には、点字に戻っている。しかも、いまは、パソコンが点字化した文章をプリントアウトしてくれるので、従来のような時間や手間を掛ける必要はなくなっている（対話1、3、9、11）。

触りながら、一文一文を確かめたり戻ったりして読み書きすることは、「見えない」者にとって長い間の習慣であるが、彼らの誰にとっても合理的で自然なことと思われる。なお、ここの「触りながら」を「見ながら」に置き換えれば、それ以下のことは、「見える」ぼくにとってもまったく同じことが言える。

ところで、新井君は、公務のなかで、新しく次々と開発されてきたソフトに翻弄されて苦闘してきたさまを語っている。電子化（音声化）によって墨字文化にアクセスしやすくなったことは、一つの福音でもあるようだが、新井君が体験してきた事態は、そんな枠を遥かに越えている。つまり、これは「晴眼」者中心社会への適応を強いられている事態であると言えよう。ただ、「障害者の社会参加と自立」という今日的文脈のなかで、この困難な事態を補助する職員が雇用されているのだが、不十分とはいえ、職場におけるバリアフリー化の一端になっているとは言える（対話1）。

梁君は、卒業論文をワープロで書いた世代である。やはり漢字の変換には大変な苦労をしているし、そのチェックは「晴眼」学生に依頼している。彼は、やがて、広大な領域からなる墨字文化にアクセスできる歓びを体験していくが、その延長上で、いまでは、ネットサーフィンを楽しんでいるくらいである。

一方で、彼は、対面朗読と点訳作業を応援してもらう、そんな頼み、頼まれる関係がなくなっていくことを寂しいと思っているが、そんな気持ちを越えた危機意識を持っているようである。すなわち、彼は、いまこそ、そんな関係の再開を主張しているのだが、それは、電子化のなかに情報の伝達と相互のコミュニケーションが囲われてきていて、それゆえにもたらされる生身の人間同士の関係の切断を切実に体験しているからである（対話9）。

すなわち、梁君たちは、電子化が進むいまだからこそ、点字こそ自分たちの文字という確認を自他に求めているが、そのためにはかえって「晴眼」者との関係の再構築が大切な課題であると思っている。

ろう者にとっても、電子化は、日常の業務に関わる情報交換やいろいろな人々との会話を豊かで確かなものにし効率化してきている。兵藤君は、八〇年代後半、職場で率先してEメールのソフト開発をしているが、このことによって、聴者と同じ情報を共有し、仕事への意見表明も容易になったと語っている（対話6）。また、渡邊君は、卒業以来、二つほどの一般企業のシステムエンジニアリングに従事して、システムの開発・保守やパソコン操作など、電子化に関わる多様な能力を磨いていくのだが、いま、彼は、それらを応用しながら、ろう者が「健聴」者中心社会にメインストリーミング（合流）していくための電話リレーサービス業務を開始している（対話14）。

この際、このこととセットで想起しておかなくてはならないことがある。それは、兵藤君や越智君との対話（対話5、6）で語られていることだが、手話通訳制度の拡充とろう者自身の日本語の向上といった、「社会参加と自立」を目指す事業である。つまり、情報の電子化とこの事業の二本立てが、「聴覚障害」者たちの「社会参加と自立」への過程を実現すると考えられている。

一方で、兵藤君が語っているが、電子化による情報交換の高速化と業務の効率化は、日常の相互的で共同的なチームワークを分解しながら、個々人に分割された仕事を推進することに明らかに寄与している（対話5）。すなわち、ろう者が一般社会のなかで対等平等に共同の仕事をしていくための段取りとして自らもその発展に寄与してきた電子化は、いま、その逆方向になっているようにもみえる。だが、この二つの方向は相互補完的になっているのかもしれない。このことは、「聞こえる」側と「聞こえない」側の間に区切られる問題ではない。電子化も介して、分断しつつつなぐという人間関係と諸業務の今日的特徴は、だれにでも点検を迫られている課題なのである。

(四)「障害」者の登場とともに変わってきた大学の断面

さて、大学は「障害」者たちにどのように開いてきたか、そして、彼らの登場とともにどのように変わってきたかを、一連の〈対話〉を振り返って考えてみよう。

あるときまで、大学というところも、彼らを「歩けない」こと、「見えない」こと、「聞こえない」ことを理由に閉じてきた。なぜなら、大学は、足早に教室間を移動しなくてはならないし、大量の書籍や資料を読まなくてはならないし、リポートや卒論を書かなくてはならないからである。そして、講義や討論では聴かなくてはならないし、発言しなくてはならないからである。さらに、もう一つ、一般社会でしかるべき職業につくという期待にそって、それにふさわしい能力を培おうとするからである。

もちろん、和光大学も、このような大学の条件や期待から自由であったわけではない。ただし、初代学長梅根悟先生は、〝小さな実験大学〟、〝開かれた大学〟を標榜したが、この際、まずは「障害者に開かれた大学」ということを念頭においていた節がある。とはいえ、「障害者の受け入れ」には金が掛かるということについては早々と公言していた。「車イス」学生が、「見えない」者、「聞こえない」者に十年近く遅れてこの大学に登場した事情の一つに、「車イス」障害者には特に金が掛かるという常識があったからである。[1] だから、ぼくらの大学は、彼らにこじ開けられる形で開いてきたことになる(対話2)。

こう考えると、この大学は「障害」者に閉じなかったに過ぎなかったのだが、ぼくは、それでよかったと考えている。大学は「何も特別なことを準備しない」と公言するなかで、「障害」学生たちはそのことを承知でキャンパスに次々と登場してきたのだが、彼らは、かえって、この〝開かれた、空いた〟場に、周囲の学生、教職員を巻き込んで、自分たちにもお互いにも暮らしやすい、学びやすいいくつかの事態を創り上げてきた。梅根先生が願った〝小さな実験大学〟がここでも展開したと言える。

さて、ぼくも関わった場で言えば、教職員組織と学生たちとの協議機関「障害学生の生活等に関する懇談会」がある。略称は「障懇」だが、実は、ぼくも、この略称を使い慣れていて、かなり遅くまで正式名称に対する自覚が薄かった。これでは、「障害」学生の生活の為の（for）懇談会になる。事実は、「健常」者と「障害」者が共に（with）学ぶ場をどのように創るかで互いが模索していたはずである。例えば、八〇年代当初、そこでは、「見えない」学生、古賀君から、やがて「手話・点字とコミュニケーション」となる授業の開講要求が出た。そして、その開講に向けての数年にわたる議論がはじまっている（対話8）。かくて、学生と教員との共同授業が開始される（一九八八年）（対話10）。

また、「見えない」瀬川さんは、プロゼミで「私も皆のリポートを読みたい」と発言したことを軸に授業がさまざまに展開していく様子に戸惑いつつも、「大学ってこんなことも起きちゃうんだなぁ、それはそれでいいんだぁ」と思ったと述べているが（対話7）、この二つの場合に見るように、いくつかの授業では、教える教員と教えられる学生の関係が揺り動かされて、相互的、流動的、そして共同的になってきた。

それだけに、ぼくは、単位認定権という教員側が所有する権利（＝権力）を行使しなくてはならないときには、その職務に対して葛藤的にならざるをえなかった。単位認定業務に際しては、ぼくや学生が教室で提出したさまざまな問い掛けに対する応答を求めてきたし、参加し続けて考え続けた証しを求めた。これらもまた、認定基準であることに変わりはなく、認定行為は、教師が学生を褒めたりけなしたりする権威的な行為であると思わないときはなかった。この戸惑いは最後まで続いた。そのことが、やっとのことで、この権力行為を相対化するのに役立ってきたかもしれない。

さて、和光大学も、当初からいつでも、どんな「障害」者に対しても開いてきたのではないことについては既に述べた。大学の姿勢と周囲の眼差しのなかで、「見えない」者、「聞こえない」者、「松葉杖をつく」者、そして「車イスにのる」者が順番にハードルを下げさせながら入学してきた。

当初、彼らの多くは、東京教育大学（後に、筑波大学）附属盲学校・ろう学校出身者である。つまり、エリート盲学校・ろう学校からの者であって、全国各地の都道府県立からの者ではなかった。彼らの何人かは、都道府県立盲学校・ろう学校中学部から選ばれて「附属盲・ろう高等部」に入り、そして大学にやってきたのだ。

しかし、いくつかのエリート大学が、次第に「障害」者に対して開いてきたので、「付属盲・ろう」卒業生は学業成績順に、それぞれの大学に入っていくようになっていったらしい。もちろん、その後も、「附属盲・ろう」出身者もやってきたが、都道府県立盲・ろう学校からの者たちも登場してきた。そして遂に、肢体不自由養護学校から、松葉杖をついて天野君が、翌年には、車イスにのって境屋さんが登場する。それにしても彼らは、名門都立や国立の養護学校出身者だが、境屋さんの後には、神奈川県立養護学校から、当該校にとって初めての大学生、鈴木君がやってきた。

彼らは、おのれのエリート性を対象化しながら、実際的にも象徴的にも〝聳《そび》え立つ〟正面の階段に上った者として、上れなかった、かつての同級生などとどのようにつながるかを模索している（対話2）。実は、このような課題は、「健常」学生のところではなかなか実感しにくいのだが、それでも、「障害」学生たちのこのような自他への問いを引き受けていく者たちも出てきた。

いずれにしても、「障害」学生も「健常」学生も試験に合格した者たちで、大学教育を受けるにふさわしいと選ばれた者たちの集団である。ぼくは、長年、この大学に就職する前から、勉強ができてもできなくても「どの子も地域の学校へ」そして「〇点でも高校へ」という願い、主張、そして運動に共鳴して、その流れに関わってきたが[3][4][5]、この子どもたちも、長じて、何とか高校には入るのだが、こと「大学」というところは、彼らにとって余りにも高嶺の花だった。

ぼくは、大学教員の立場から、彼らの思いにつながって痛みを引きずってきたが、といって、「〇点でも大学へ」という一部の主張には共鳴することができなかった。職場では、「障害」を理由に入学を拒否することには抵抗してきたが、「特別枠」を設けて優先入学させるといういかなる考えにも同意できなかった。だれにも開かれた「公平、公正な試験」であり続けるほかないと考えてきた。

とすれば、誰にも開かれた唯一の回路は聴講生制度だった。いまは改悪されてしまったが、この制度は、高卒資格ないし同等と見なされる者であれば、担当教員が承認印を押すだけでだれでもなることができた。大河内君は、「知恵おくれ」で聴講生の山口さんとの体験を語っているが（対話10）、ぼくの退職時期までの四年間、ぼくの教室には、やはり「知恵おくれ」の二、三人が、この場合、〝ニセ学生〟のままずっと出入りしていた。

山口さんは大学が大好きだった。ぼくにはよく怒られたし、落ち着きがなくて、邪魔だと周囲の学生から嫌がられることもあった。でも、いないと寂しかったし、何人かとは、外で遊んでいたようだし、ぼくも関わる子供問題研究会が企画したアメリカ大陸横断旅行（一九九六年）に誘い出している。そして、あの〝ニセ学生〟たちは、教室の外に出て、生協、図書館、サークル部屋などで、人々との出会いを作ったし、ぼくの研究室で昼飯を一緒にすることもあった。あるサークルでは差別的にしっかり断られる体験もしている。

ところで、大学には教室があり、講義とゼミがある。そして、そこで単位を取らないと大卒の資格を取ることができない制度になっている。しかし、本書でも、いろいろな者たちが証言しているが、学生たちは、教室でもさまざまな人たちと出会いながら、そこに留まることなく、教室の外、キャンパスの外でこそ、さまざまな交流や活動を開始しているし、そのなかで、さまざまな人間関係、生き方、思想を創ってきた。その意味では、山口さんたちの体験は、〝正規の〟学生たちと重なる体験になっている。

ただし、山口さんたちには、大卒の資格がない。〝正規の〟学生たちは、その気になれば、大卒の資格を得ることができる。ぼくは、このキャンパスで培った共同の思索と実践を内に引き受けて生きることを「大卒の資格」のひ一の内実としてほしいと願ってきた。そんな証しが本書に盛り込まれていると確信する。

(五)「障害者」問題は「『健常』者と『障害』者の関係」問題である

さて、本書を書きながら、ぼくは、「障害者」と呼ばれている一群の人々をどのように表示するかで悩んできた。このことは、「障害者」という呼称は差別的で侮蔑的だから、問題のない中立的な表示法はどれかと探すことではない。

言うまでもなく、「障害者」の文字通りの意味は、「周囲や社会に差し障りのある、損害や危害を与える者」ということだから、まさに差別的、侮蔑的である。つまり、この用語は、「健常」者中心社会が、ある一群の人々をそのように見なして処遇してきた歴史的・社会的事実を的確に表現したものである。とすれば、「障害者」概念は、「健常者」概念との対比のなかで、両者をセットにして検証されなくてはならないし、みだりに、この表示を置き換えたり言い換えたりしてはならないのである。

一方で、今日、「障害者」概念は、「発達保障」、「障害者の社会参加と自立」、そしてノーマライゼーション・メインストリーミングの主張や運動のなかで、肯定的、積極的に用いられている。この文脈の「障害者」は、七〇年代以降に本格的に使われだすのだが、ぼくが、この概念に初めて出会うのは、六〇年代後半で「発達保障論に立つ障害児教育」という文脈でだが、ここでは、「特殊教育から障害児教育へ」となっている(6)。また、「障害者自立運動」は、当事者としての「障害者」たちが主体的・共同的に開始したものだが、彼らは自ら「障害者」と名乗って、その生存権を主張してきた。

また、ぼくが、「知的障害児」という言葉に初めて出会ったのは、九〇年代当初、「アメリカ障害者法」成立後のアメリカにおける取材活動をしているときだった。そのころ、彼らはもはやMental deficiency（知的欠陥）ともMental retardation（精神遅滞）とも呼ばれることがなくなった。ほかの「障害者」たちと同様に、彼らはPersons（人格）であって、したがってPersons with intellectual disabilitiesと呼ばれていた。直訳すると「知的障害（正確には知的能力の欠如）を持った人たち」ということだが、ここでは、「だれもがアメリカ市民」ということを強調するあまり、「知的障害」のほうは、その人格の付随物としてしまっている(7)。

そもそも「人格」概念には、「人間らしい人間」という価値観が伴っていることを忘れてはならない。ぼくは、〝頭のよい〟者も〝わるい〟者も「人間は人間」と考えればよいと思ってきたので、「知的障害」を人間の内側から脇に置いてしまおうとする根性に共感できない。そもそも、人間の多様な属性のうち、知的能力に着目する機能主義的・生産主義的な人間評価が気になってならない。

かくて、上記のごとく、「障害者＝邪魔者」論と「障害者＝障害を持った人格」論とでも括られる二つの文脈から引き出される「障害者」概念は、それらの問題や課題を凝視し続けるために、当分の間、しっかり表示され続ける必要がある。言うまでもなく、よく見られるようになったが、「障がい者」とか「障碍者」とかに置き換えられてはならない。これらは、そもそも「障（じゃますること）」や「碍（さまたげること）」を残したままで、頭隠して尻隠さずの滑稽な置換えでしかない。

したがって、ぼくは、「障害者」と呼ばれる一群の人々を、上記二つの文脈で表現する場合には、そのまま障害者と表示したい。しかし、「健常」者中心社会のなかで、その社会の論理で「障害者」概念が括り出されたと認識して反省的・批判的に使用する場合には、「健常」者、「障害」者と表記しようとしている。対話者が語っている文脈でも、障害者か「障害」者かを使い分けなくてならないと思ってきたが、適切になされたか自信がない。そもそも、すべての対話者が、ぼくが意図する表記法を共有しているわけではない。

何人かの対話者とは、このことについて話し合っているが、すべての者とではない。対話者には不本意に、ぼく流の表記法を押し付けている場合があるに違いない。実は、「見えない」大河内君は、ぼくの表記法に同意しながらも、「（パソコンで）音声で読んでいくぼくには、カッコは煩瑣なので、外している」と言ったが、とすると、書き手と読み手の関係において、ぼくのこだわりは大して重要なことではないのかもしれない。「障害者」という表記が置かれるいる文脈こそが最重要事であるし、その文脈の検証こそが常に問われていることであると考えていただきたい。

ところで、本書では、「聴覚障害」者をろう者、「視覚障害」者を盲人と、そのまま表記したところがある。「ろう文化宣言」（一九九五年）のなかで、自分たちは「聴覚障害者」ではない「ろう者」であるというアイデンティティの表明が、和光大学ではよく聞かれるようになって、ぼくも、「ろう者」という用法に慣れてきた。ただし、ぼくの場合、生まれつきのろう者と途中失聴者を区別しないで「ろう者」と呼んでいる。その意味で言えば、「ろう文化宣言」に見られるのだが、生まれつき聞こえず手話（日本手話）を母語として習得して駆使する者が「ろう者」であって、途中失聴で日本語対応手話や読唇・口話を話す者は「ろう者」と呼ばないとする、ろう者社会の用法には抵抗しているのかもしれない（対話6）。

「盲人」に関しては、これまで出会った「見えない」学生たちのなかでも、二つに分かれる。この言葉は差別的な感じがして、「視覚障害者」と自らを呼び呼ばれることを望む者がいる。確かに、「盲人」が置かれてきた差別的で侮蔑的な歴史的・社会的立場から規定されてきたネガティブ・イメージが、この表示に付きまとっていることを忘れてはならない。もう一方で、大河内君は、伝統的に使ってきた「盲人」という表現を失いたくないと思っている。ただ「見えない」人ということを短くそのままに表現している慣れた言葉と考えるかららしい。かくて、ぼくは、ろう者との関連で、場合によっては、カッコを付けずにそのまま、盲人、聴者を使っている。

さて、本書に対話の相方として登場した者たちはすべて、「障害」元学生である。ぼくは、「見る」社会・文化のなかで、例えば新井君は「見えない」まま、どのように暮らしてきたか、学んできたか、働いてきたか、そして、「見る」文化・社会をどのように体験し考えているかを聞きたかったし、そこに生起する諸問題、諸課題を一緒に考えたかった。こんな具合に、さらには「聞く」社会・文化のなかの「聞こえない」者たちと話したし、「歩けないと入れなかった」大学に「歩けない」まま暮らした者たちと考えた。

なかでも、「聞こえる」者と「聞こえない」者、「見える」者と「見えない」者、「見えない」者と「聞こえない」者、「車イス」に乗る者と押す者・運ぶ者、さらには、少しだけだが、「日本語を豊富に習得している」者と「日本語がうまく話せない」者などの関係やコミュニケーションについて語り合いながら考えた。

とすれば、ぼくにとって、「障害」元学生のA君、Bさんという言い方は無意味である。「視覚障害」者は「見えない」者、「聴覚障害」者は「聞こえない」者、「身体障害」者は「車イスに乗る」者、「松葉杖で歩く」者などと表示することで、問題や状況、そして他者たちとの関連・関係においてお互いが抱える現実や問題・課題をリアルに描くことができると思ったので、このような表記を多用している。

以上の議論から言えば、再確認だが、「障害」概念は、「健常」者中心社会のなかで括り出されてくる相対的・関係的概念である。こうして、ぼくにとっての「障害者」問題は、「『健常』者と『障害』者の関係」問題であったし、これからも、そうなのである。

（1）篠原「大学論としての『障害者』問題——和光大学での体験と思索」和光大学人文学部紀要一四　一九八〇年　五三～六六頁
（2）篠原・小野広祐「〈対論〉日本手話・ろう文化・ろう学校をめぐって」和光大学人間関係学科『かわら版R-WAKO 二〇〇〇』（二〇〇〇）年
（3）子供問題研究会編『俺、「普通」に行きたい』明治図書　一九七四年
（4）同会編『続・俺、「普通」に行きたい』明治図書　一九七六年
（5）篠原『「障害児」観再考——「教育＝共育」試論』明治図書　一九七六年
（6）篠原『「障害児の教育権」思想批判——関係の創造か発達の保障か』現代書館　一九八六年
（7）篠原『〈フィールド・ノート〉一九九一年、アメリカ合州国の夏』自主出版　一九九三年

❖篠原睦治（しのはら・むつはる）

1938年、東京に生まれる。和光大学名誉教授。
著書、論文に『脳死・臓器移植、何が問題か』、「ピア・カウンセリングを考える」(『カウンセリング・幻想と現実　下』所収)、「いま、なぜ、『発達障害』なのか、WISC-Ⅲなのか」(シリーズ「社会臨床の視界」４『心理主義化する社会』)、秋葉聰・篠原「『バック対ベル訴訟』とはなにか」、竹内章郎・篠原「〈対談〉『差別・抑圧としての死』を考える」(以上、２篇ともシリーズ「社会臨床の視界」３『「新優生学」時代の生老病死』所収）など。以上、いずれも現代書館)。なお、ご希望の方には「"仕事" 36年を振り返る」(『和光大学現代人間学部紀要』２ March 2009）をお届けする（E-Mail:mutu-shino@gem.hi-ho.ne.jp)。

関係の原像を描く――「障害」元学生との対話を重ねて

2010年5月15日 第1版第1刷発行

著　者　篠原睦治
発行者　菊地泰博
組　版　メイテック
印　刷　平河工業社（本文）
　　　　東光印刷所（カバー）
製　本　越後堂製本

発行所 株式会社 現代書館
〒102-0072 東京都千代田区飯田橋3-2-5
電話 03(3221)1321 FAX03(3262)5906
振替 00120-3-83725 http://www.gendaishokan.co.jp/

校正協力　迎田睦子

ISBN978-4-7684-3504-5
定価はカバーに表示してあります。乱丁・落丁本はおとりかえいたします。